教学学术（2020）

Scholarship of Teaching and Learning

上海交通大学教学发展中心

上海交通大学出版社

内容提要

　　本书围绕教学学术的研究与实践，分为如下板块：第一，"视野与理念"，以教学学术领域的战略视界、前瞻思维为主要内容。第二，"谈学论教"，教与学的策略和方法。第三，"教师发展"，聚焦教师发展方面的理论与实践。第四，"行动与研究"，教与学的实践效果研究和理论研究。第五，"动态资讯"，关注教学学术方面的重要信息和资讯。本书适合高校教师、教学发展人员、研究人员、管理人员、教育行政人员及其他感兴趣的读者。

图书在版编目（CIP）数据

教学学术 . 2020/上海交通大学教学发展中心主编. —上海：上海
交通大学出版社，2021
ISBN 978-7-313-24615-8

Ⅰ.①教…　Ⅱ.①上…　Ⅲ.①教学研究—文集　Ⅳ.①G420-53

中国版本图书馆 CIP 数据核字（2021）第 038124 号

教学学术（2020）
JIAO XUE XUE SHU

主　　编：上海交通大学教学发展中心			
出版发行：上海交通大学出版社	地　　址：上海市番禺路 951 号		
邮政编码：200030	电　　话：021-64071208		
印　　制：上海天地海设计印刷有限公司	经　　销：全国新华书店		
开　　本：787mm×1092mm　1/16	印　　张：14.25		
字　　数：320 千字			
版　　次：2021 年 3 月第 1 版	印　　次：2021 年 3 月第 1 次印刷		
书　　号：ISBN 978-7-313-24615-8			
定　　价：52.00 元			

序

教学学术(Scholarship of Teaching and Learning，SoTL)概念于 1990 年首次提出，近三十年来，在国际上已经逐步掀起了教学学术运动的热潮，时至今日仍方兴未艾。近年来，关于教学学术的研究与实践也开始在国内兴起。2016 年，教育部《关于深化高校教师考核评价制度改革的指导意见》中明确提出要"确立教学学术理念""提升教师教学学术发展能力"，这把教学学术在我国的发展推向了新高潮。

上海交通大学是国内较早开展教学学术研究与实践的高校之一。在 2011 年，学校就成立了教学发展中心，组织教师开展了教学学术研究与实践，在助力学校拔尖创新人才培养的同时，在国内相关领域占据了一席之地，特别值得一提的是，由教学发展中心主办的教学学术年会已经成为国内教学学术领域最有影响力的交流平台之一。

然而，与国际研究前沿相比，我国在教学学术领域的研究仍处于探索阶段，特别是缺乏本领域专业期刊的现状制约了教学学术的交流与思想碰撞。在这样的背景下，《教学学术》应运而生。《教学学术》旨在通过定期出版教学学术成果，为广大高校一线教师和教学发展人员、教学管理人员搭建交流与分享的平台，推动和促进国内各高校教学学术的共同发展。

《教学学术》的出版，将有助于推动我国高校教学学术融入国际教学学术运动的浪潮，同时，更将扎根中国教育教学改革的热土，通过提升广大教师的教学学术能力来切实提高高校的人才培养质量。

希望《教学学术》能通过跨学科教学学术研究与实践的成果交流，成为传播与弘扬教学学术文化的载体、沟通教与学理论及实践的桥梁、教学学术交流的平台。我相信，在广大作者、读者、编者的共同努力下，《教学学术》一定会成为兼具跨学科和重实践特色、国内引领、国际知名的教学学术交流平台。

林忠钦

2018年6月

目　录
Contents

·行动与研究·

·动态与资讯·

论大学教学研究的科学化、学科化与专业化 *

赵炬明　高筱卉

摘　要：在总结和分析美国近 30 年在"以学生为中心"的本科教学改革(SC reform)的研究基础上,结合我国实际情况,提出了推动我国大学教学研究科学化、学科化和专业化的工作框架。大学生发展研究和学习科学研究是大学教学研究的两个重要科学基础,应该把课程专门化设计研究作为大学教学研究的基本学科方法,并在此基础上设计教学设计师的培养计划,以便大批培养教学设计师来帮助一线教师进行课程设计。

关键词：大学教学；大学教学学术；科学化；学科化；专业化；学位点

本文在总结和分析欧美国家近 30 年 SC 改革研究与实践的基础上,结合我国实际情况,提出了一个推动我国大学教学研究科学化、学科化和专业化的工作框架,以推动我国的 SC 改革的发展,并最终实现我国建设世界一流本科教育的宏伟愿望。

首先界定讨论范围。"大学教学研究"主要讨论"如何教",即教学法的问题,不讨论"教什么",即课程内容的问题——这一问题主要由学科专家来决定；也不讨论大学教学管理问题,因为"如何管"和"如何教"是两件事。

一、大学教学研究的科学化

凡谈学科的科学化,必须清楚其科学基础是什么,否则就谈不上科学化。以 SC 改革为目标的大学教学研究(简称"大学教学研究")的科学基础是什么？笔者认为包括两个方面：一是大学生发展研究,即学生在大学学习期间如何发展的研究；二是学习科学研究,即关于

作者简介：赵炬明,华中科技大学教育科学研究院教授,博士生导师,教育科学研究院教授；高筱卉,华中科技大学教育科学研究院博士生、中南财经政治大学管理学院讲师。

＊本文是为北京理工大学教学促进和大学教师发展研究中心成立而作。文章修改期间得到诸多学者的反馈意见和建议,其中包括瞿振元、刘献君、叶之红、庞海芍、姜嘉乐、余东升、厉岩、桑新民、阎凤桥、郭建如、阎光才、别敦荣、陆根书、李曼丽、刘惠琴、于歆杰、宋文红、方奇志、洪成文、程星、卢晓东、范怡红、戴波、刘剑锋、雷洪德、李伟、胡保利等,他们的建议和意见对本文形成有重要贡献。特此致谢！但以上学者并不完全同意本文看法,作者对文中不足与失误负责。

人是如何学习的研究。

大学教学的任务是培养人，因此首先要知道 18～24 岁这个阶段大学生会面临哪些发展任务，然后再研究如何通过大学教育来促进其发展。根据现有文献，大学生在 18～24 岁期间主要面临四大发展任务：①生理发展，主要指大脑发展中央执行（executive function）区（EF 区）的发展和成熟；②心理发展，主要指理性和理性能力的发展，包括用理性控制情绪和意志的能力；③社会发展，主要指自我认同体系构建及认识社会和融入社会能力的发展；④专业职业能力发展，主要指培养一种专业技能，确保其毕业后能找到一份工作，然后开始人生新阶段。上述四大发展任务是由个人发展规律和社会需要两个因素共同决定的。这四大发展任务应该是大学教学的最重要目标。

关于大学生发展，在《打开黑箱：学习与发展的科学基础》一文中已经具体讨论过，不赘述。这里需要指出，如果教师知道以下知识点，将对他们理解自己工作的性质、重点和过程等有重大影响。①人脑一直发展到 25 岁，而且 18～25 岁是大脑发展的顶峰，并且是大脑发展的关键窗口期。②此期间大脑发展的主要部分位于前额叶的 EF 区，这个区域主要负责理性和理性能力。③在这个阶段，大脑通过学习各种抽象理论来发展自己的抽象思维能力和理性能力。各种理论都是某种认知模型，大学学习就是通过学习这些认知模型，并把它内化为学生心理和生理的一部分。研究表明，凡是需要长期记忆的东西，大脑都会为其建构相应的神经网。因此，从生理上看，学习是大脑神经网构建的过程。不同专业的学生因为学习了不同的知识，在大脑中构建了不同的神经网络，因此才在行为上呈现明显的不同的专业特征。从这个意义上讲，教学就是改变学生大脑。具体到高等教育，则是通过理论学习，来发展大脑的抽象能力和理性能力。④教学的本质是帮助学生在自己头脑中建立起专业认知模型，培养其模型创构能力，并通过不断检验自己头脑中认知模型的表征的准确性、逻辑的合理性、推论的真实性和可靠性等来培养批判性思维能力。⑤学生通过学习和思考后而建立的所有认知模型，会帮助学生形成一些整体性的思维模式（即"三观"），以及专业性的思维模式和工作能力。正是这些在大学学习时建立的认知模式，对学生日后能否顺利进入社会和从事专业工作至关重要。⑥有研究表明，经过和没有经过大学教育的同龄人，在使用抽象符号、进行抽象思维、分析复杂现象等方面可以相差 1～2 个标准差。而这个差距就是大学学习经验对大学生所做的最大贡献。但目前我国大多数大学教师不知道学生在大学期间是如何发展的，这令人担忧。

关于人如何学习的知识，即学习科学的知识，这个领域的研究更加深入，积累的学术成果也更加丰富。2012 年，斯普林格（Springer）出版社出版的德国符腾堡大学心理学家诺伯特·塞尔（Norbert Seel）主持编撰的《学习科学百科全书》（*Encyclopedia of Sciences of Learning*），对有关学习的各种问题的研究做了系统的梳理。该书不仅包括人类学习研究，还包括动物学习和机器学习，内容涉及脑科学、神经科学、生理学、心理学、哲学、人类学、社会学、计算机科学、信息科学、通信，以及教学、精神病学和机器人科学 3 个"应用领域"。全书共有 4 000 多个词条，长达 3 500 多页，这是目前学习科学方面最为全面的综合性参考书。

根据该书有关条目可以认为在学习研究的漫长历史中,先后形成了四个主要学术传统:哲学传统、实验科学传统、人类学/社会学传统和信息技术传统(见表1)。直到今日,这四大传统仍然主导着学习研究的发展。

表 1 学习研究的四大学术传统

传统	研究问题	研究方法	研究方法的学科属性	时 间
哲学	人如何认知和学习	哲学方法	认识论哲学	从古至今
实证科学传统	实验室/教室等规范条件下的认知与学习行为的研究	实验/试验等规范性的实证研究方法	脑科学/神经科学/认知生理学/认知心理学/学习心理学等	始于19世纪末,但1990年脑科学进步带来突破性进展
人类学/社会学传统	自然和真实条件下的认知与学习活动研究	人类学方法、社会学方法、定量/定性(质性)方法、混合方法	人类学与社会学	始于1960年左右,促进了对学习的真实性、整体性、实践性、社会化、情景化、浸润化等方面的研究
信息技术传统	技术条件支持下,人的认知与学习行为研究,包括对学习与教学的技术支持	计算机科学方法、信息科学方法,通讯方法、人工智能等	计算机科学、信息科学、通信研究、机器学习等	1990年以来经历了信息技术经历了数字化、网络化、移动化、智能化四个发展阶段,这些发展都对以营造新的学习与教学环境,帮助学生有效学习和教师有效教学产生了重要影响

由此可见,学习研究是一个有着悠久的、丰富的学术传统的学术领域,已经形成了非常坚实的研究基础。如果大学教学研究以学习科学为基础,那也许在整个高等教育研究领域中,没有任何一个领域可以比大学教学研究有更加坚实的科学基础。笔者主张大学教学研究可以科学化,就是因为大学教学研究是以大学生发展研究和学习科学为基础的。在过去半个多世纪以来这两个领域的学术发展,已经可以为大学教学研究提供坚实的科学基础。

二、大学教学研究的学科化

(一) 科学化和学科化的概念

关于学科化,首先要区别科学化和学科化这两个概念。大学教学科学化是指大学教学已经有一个非常好的科学基础,可以为大学教学研究提供丰富的理论和方法论支持。大学教学研究的学科化是指大学教学研究本身如何成为一个学科。学习科学的研究问题是"人如何学习"的问题,但大学教学研究的研究问题是"教师如何教学"的问题。学习科学可以是大学教学的基础理论,但不是大学教学研究本身,如:物理、化学可以是工程学的科学基础,但不是工程学本身;人体生理和人体解剖是临床医学的基础但不是临床医学本身。大学教学研究是一门应用学科,它的核心问题是教师如何进行有效教学。这就是大学教学研究的研究问题和学科性质。

什么是学科化?如何判断一个领域是否能学科化?对第一个问题,学术界普遍接受的看法是,学科是一个专门的知识领域,具有确定的研究对象、知识领域和特定的研究方法。根据当代科学哲学家们的看法,在研究对象、研究领域和研究方法这三个条件中,有决定意义的条件是研究方法。研究方法决定知识的性质:面对同样的自然界,物理学就是用物理方法研究产生的知识;化学就是用化学方法研究产生的知识;生物学就是生物方法研究产生的知识。社会研究领域也是如此,社会学方法产生的知识是社会学知识;经济学方法产生的知识是经济学知识;政治学方法产生的知识是政治学知识。虽然都研究社会,但由于关注问题不同,就需要不同的方法,由此形成不同的知识。尽管跨学科研究把方法作为关键区别要素的做法显得有些过时,但我们在对学生做专业训练时,仍然强调"三基",即基本概念、基本理论、基本方法,可见方法作为学科识别标志的重要性。从认知角度看,由于人的认知模型决定人如何思考和行动,因此,方法就在理论之中,理论的运用就是方法。一个学科可以引进和采用其他学科的研究方法,但必须有自己的方法论,否则会被认为学科不成熟。因此,学科方法论是学科独立程度判断的一个关键。具体到大学教学研究的学科化,我们必须回答大学教学研究的学科方法论是什么?以及大学教学研究者应该如何思考和如何做研究?

(二) 课程、设计研究法、专门化

前文已经指出,大学教学研究的核心问题是如何帮助教师进行有效教学。据此,笔者认为大学教学研究的一般学科方法应该是课程专门化设计研究方法。这个术语包括三个部分:课程、设计研究法、专门化。

1. 课程

大学教学研究的基本单位应该是课程,即教师们所教的课程。当然在特定情况下,研究单位也可以是课程的一个环节,或一组课程如专业,但基本单位应该是课程。把课程作为基本单位的最大好处是,所有教师们都可以用自己所教课程为单位开展研究,具有最大的普适性。

2. 设计研究法(design study)

设计研究是教师围绕教学目标和可能的学习问题,根据学生实际情况、学科知识以及教师自己的知识和经验,设计并实施教学方案,然后根据学生实际学习效果对设计方案进行反思和调整。这个四步模型(分析—设计—实施—反思)与著名的 ADDIE 模型相似。ADDIE 模型是:Analysis(分析)—Design(设计)—Development(发展)—Implementation(实施)—Evaluation(评价)[1]。但有两点重要的不同:一是设计研究法特别强调要根据大学生发展研究和学习科学研究的成果进行设计,而不仅仅是根据自己的经验和常识。这是把大学教学研究置于科学研究基础之上的关键。二是强调根据实施效果,对整个研究方案进行反思,并把它作为下一轮教学设计的起点。这表明大学教学研究本质上是一种行动研究和实践研究。

笔者建议把设计研究作为大学教学研究的基本研究模式主要有 3 个原因：

第一，受著名设计专家、斯坦福大学教授凯利（David Kelley）提出的"通用设计"理论影响。他认为设计不仅是一个工作方式，而是一种思想方式。某种意义上，人类的所有文明，从物质文明到制度文明再到文化文明，都和设计有或多或少的关系。因此，设计是人类的一种基本思想方式和问题解决模式。此外，所有的设计都有一个共同的五步模式：①发现客户需求；②界定要解决的问题；③寻找解决思路；④形成解决方案；⑤效果测试。然后不断迭代修改，直到满意为止。根据这个想法，他提出了通用设计（Universal Design，UD）的思想[2]。UD 思想显然得到了工程教育研究的支持，工程教育中著名的 CDIO 模式：Conceiving（构思）—Designing（设计）—Implementing（实施）—Operating（运作），就是把工程工作实践过程的 4 个环节作为基本教学要素来处理。表 2 根据通用设计模型比较了大学教学研究、工程研究、临床医学研究。

第二，受索耶（Sawyer）主编的《剑桥学习科学手册》（第二版）影响，他在第二版中把"设计"变成了学习科学的基本研究方法[3]。

第三，对美国大学 SC 改革实践的观察发现，美国高校中有一类特别的职员叫"教学设计师"（Instructional Designer，ID）。值得注意的是，实际上他们才是美国 SC 改革的主要推动者[4]。这些人是教师发展中心的主体，其主要任务就是帮助教师做课程设计。根据美国《高等教育纪事报》（*The Chronicle of Higher Education*）的一份调查，2016 年美国高校中有1 500 万大学生和约 1.3 万 ID 人员。按同比计算，目前中国大约需要 3.2 万 ID 人员，但实际上中国高校中几乎没有相关从业者。

表 2　根据通用设计模型比较工程设计研究、临床医学和大学教学研究

通用设计过程	研究客户需求	界定要解决的问题	寻找解决思路	形成解决方案	效果测试	不断迭代
工程研究过程	分析客户	确定问题	寻找解决思路	提出设计方案	实施并检验效果	不断改进设计
临床医生诊断过程	分析病人情况	确诊问题	形成治疗思路	设计医疗方案	后期效果跟踪	不断调整治疗方案
大学教学研究过程	分析学生和课程目标	确定课程任务和学生学习问题	根据学习科学和个人经验形成设计思路	设计课程教学方案	根据实施效果，反思方案有效性	不断迭代

上述课程设计研究与传统的大学教学研究有本质的不同。在"老三中心"模式下，大学教学研究是大学教师总结自己的教学经验，即从主观（教师）到主观（自己的经验）的过程，不能构成科学研究必需的"主观/客观"研究模式，因此不属于科学研究范围。由于缺少客观检验环节，这类研究结果通常都变成了"表扬与自我表扬相结合"的产物，也不可能得到学术界

的认可。但课程设计研究法不同，它是把学生的学习效果作为检验的客观标准，以此判断课程设计方案的有效性，这就构成了主观/客观研究模式。只有这样，大学教学研究才可以合理地归入科学研究范畴，成为一种真正的科学研究。

课程设计研究涉及课程内容、教学法、教学评价、教学技术和教学环境五个方面。在《聚焦设计：实践与方法》一文中，笔者曾用图1表现了课程设计研究的基本内容及其与学习科学、大学生发展研究之间的关系。根据 SC 改革的科学基础，好的课程设计应当满足 3650 框架的要求[5]。（见表3）

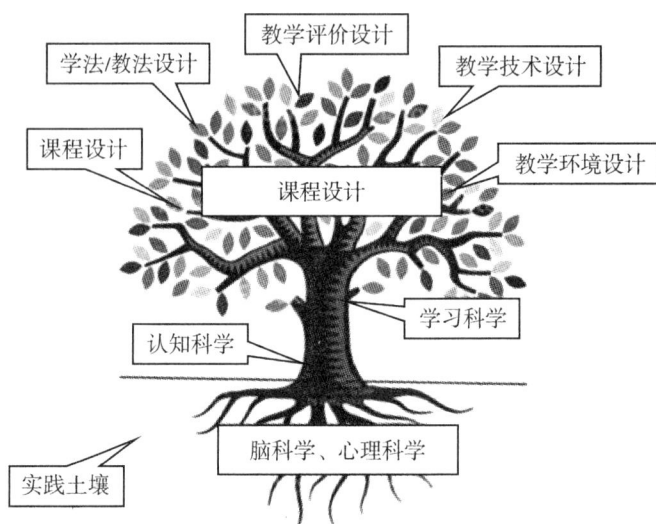

图1　课程设计研究方法论示意图

表3　3650框架

内　　容	关　键　词
新三中心（3）	学生发展、学生学习、学习效果
布鲁姆认知模型（6）	记住、理解、应用、分析、评价、创造
积极学习五要素（5）	有用性、真实性、挑战性、社会性、互动性
有效学习十法（0）	建构、自律、活动、经验、情景、学会、合作、积累、重复、个体差异

3. 专门化

课程专门化（course-specific）是指围绕不同课程寻找其特有的有效课程设计模式，不要试图跨课程寻找普适性模式（universal effective model）。例如，大学物理课研究要寻找的就是大学物理课的有效教学模式，不要试图寻找既适合大学物理课又适合大学化学课，还适合生物课的有效模式。在大学教学研究中寻求普适性模式注定是一个错误的思路。其基本理由是大学教学有效性的双因素假设，即大学教学法的有效性取决于两个要素：一是专业知识的性质与结构；二是学生的发展状态和学习规律。不寻找普适性模式，就是根据第一个要素假设的。

然而,寻找普适性模式恰恰是美国大学教学研究的特点。纵观美国大学教学研究会发现,他们特别热衷寻找具有普适性的教学模式和方法,如案例教学法、项目教学法、问题教学法、探索教学法、社区服务法等,至于某一门课应该怎样教的课程设计方案研究却很少。换言之,普适性方法研究多,课程专门化设计方案研究少。不仅如此,在美国大学教学研究文献中,关于课程专门化设计方案的研究也很少,有限的专门化研究也多停留在教师们的个人网站和兴趣小组网站中。虽然也有一些以专业教学为主的教学期刊,但若要找专门化的课程设计方案,尤其是经过有效性检验的方案更是凤毛麟角。于是,在美国大学教学研究中造成了一种特殊现象,每当教师拿着自己的课程来教师发展中心求助时,ID 人员首先想的是先给教师做一般方法培训,然后再和教师一起设计课程。这使得课程设计研究本身成了教师的巨大负担。

但如果一个物理教师来教师发展中心求助,ID 人员马上能拿出几个被证明有效的大学物理课设计方案给他做参考,这可能是对这位物理教师最直接有力的帮助。因为这些方案明显对他的课程有针对性,咨询有效性的关键是针对性。提出"专门化"这个术语的目的就是要解决针对性问题。缺少专门化课程设计方案做参考,教师又不愿多花时间,这可能是美国研究型大学中 SC 改革推进缓慢的重要原因之一。我们应吸取这个教训,倡导课程专门化设计研究,通过提高咨询的针对性,设法节约教师的时间和学习负担,这样才有利于鼓励他们更加积极地参与 SC 改革。

那么,如果以课程专门化设计研究法作为大学教学研究的基本方法,其主要成果形式是什么? 答案是可以被学生学习效果证明的课程设计方案。随着研究的深入,围绕不同课程,积累越来越多的研究案例,然后开始更深入的课程理论和教学理论方面的研究。无论何时,课程专门化设计方案都是基础,没有大量的课程设计案例研究积累为基础,要发展理论是不可能的。这和工程、医学、管理、法律等实践类学科类似,案例是最基本的经验素材,是发展更高阶理论的基础。把课程专门化设计研究法作为大学教学研究的基本方法,并不是说大学教学研究就不能有其他研究方法。研究中采用什么方法是与问题性质有关的,不同的问题采用不同的方法。但如果培养一个大学教学研究的研究生,他不会做课程设计,不会使用课程设计研究法,这个培养也是不合格的。因为学生没有掌握本学科的基本研究方法。同样,一个专业的大学教学研究者,不了解课程设计研究法,不能指导学生用课程设计研究法做课程设计研究,其也需要补课。这就是"把课程专门化设计研究法作为大学教学研究的基本学科方法"的含义。总之,通晓课程设计研究法是大学教学研究专业的基本功。

由于课程设计研究有基本的研究模式,其成果形式是经过检验的课程设计方案,因此可以根据学校、专业、课程类别等信息为这些研究案例编码,建立共享课程设计案例库,供全国所有教师共享。同时,鼓励教授相同课程的教师围绕课程组建跨校的专门化课程研究组,通过相互交流来提高课程设计水平,共同探索本门课程的最佳教学模式和教学方法。研究成果共享机制不仅可以大大降低 ID 人员的工作负担,也将明显提高教师参与课程设计研究的积极性,是推动 SC 改革的有力举措。

当然,围绕大学生发展和大学生学习的研究也可以粗略地归为大学教学研究,但严格地说,这类研究应当属于大学教学研究的基础研究,而不是大学教学研究。顾名思义,大学教学研究就是研究"如何有效教学"的问题。

以上简要介绍了把课程专门化设计研究法作为大学教学研究的基本研究方法的理由和思考。笔者认为,如果大学教学研究能把这个方法作为自己的学科基本研究方法,大学教学研究将会成为有源之水、有本之木,就可以发展成为经得起学术方法论质疑,并为学术界所接受的真正的科学学科。

三、大学教学研究专业化

大学教学研究专业化主要讨论人才培养问题,即设计一个培养体系需要做好两个任务:一是大批培养教学设计师;二是为教师们提供课程设计培训。这可以参考美国大学的一些做法①。

(一) 美国 SC 改革

美国以课程为单位的教学设计(instructional design)作为一种专业工作始于第二次世界大战中的技术兵种速成培训。20 世纪 50 年代斯金纳提出程序教学法后,教学设计得到进一步发展;1956 年布鲁姆提出教育目标分类法,强调对教学目标分析;1962 年加纳(Gagna)发表《学习的条件》,其九步教学法把每一个教学步骤都与特定认知发展任务联系起来,并强调学习效果的重要性,这些都促使人们思考教学过程的设计问题。整个 20 世纪 60 年代,布鲁姆和加纳对课程设计研究产生了重大影响。人们开始意识到科学规划课程教学过程的重要性;70 年代,人类学和社会学研究模式对真实世界学习活动的研究开始出现。例如,拉维(Jean Lave)对学徒制的研究,指出学校教育在本质上是去情景化的(decontexted),而真实世界的教育应该是情景化(situated)、整体性(holistic)、沉浸式(immersive)和实践(practiced)和社会性的,知识、技能、人格、社会能力等都是学生在实际工作中自主建构的。对真实自然条件下的学习行为的研究,促使人们反思学校正式教学过程,这对课程与教学过程设计产生了深刻影响。

这些趋势也影响了高等教育研究领域。20 世纪 90 年代起美国大学开始推动 SC 改革,美国高等教育学会组织专家编撰了《大学教学》《高等教育中的评价与评估》和《大学与学院

---

① 关于 ID 发展史参考:MOSKALT M. Instructional designers in higher education [D]. Nebraska:University of Nebraska, 2012。关于当前情况参考:参考文献[4]和 Instructional design in higher education [R]. Seattle:Intentional Futures, 2016。国际情况可参考:REUSER R, DEMPSEY J. Trends and issues in instructional design and technology (4th edition) [M]. London:Pearson, 2018。

的课程》,作为研究生课程的学习参考资料。这3本文集分别代表着大学教学研究的3个方面:教学法、教学评价与评估、课程理论;这3本文集的编撰标志着美国大学高等教育研究生培养中"大学教学研究"这个专业方向基本成型。大学教学专业主要任务之一是为各高校教师发展中心培养教学设计师,以推动SC改革。当然,一些企业和行业也需要专业的教学设计师,因此也有很多毕业生到企业和行业服务。

最近一个促使教学设计师人数大规模增长的原因是网络教学的出现。因为网络教学涉及大量教学技术知识,而大学教师通常没有这些知识,因此需要教学设计师提供教学技术方面的帮助,于是教学技术和学习技术——尤其是网络教学方面的技术和知识——也成为教学设计师培养的主要内容之一。

美国研究型大学通常都有专门的教师发展中心,像加州大学洛杉矶分校有十几个专职的ID人员,分布在教学设计、评价评估、教育技术3个部门,此外还雇了不少学生。这些高校教师发展中心的基本任务是,为教师们提供集中培训、组织教研活动,为教师们提供教学设计咨询和技术支持。

(二)我国大学教学专业人员培养的建议

就我国大学教学研究的专业化而言,目前北京大学、清华大学、厦门大学、华中科技大学、华东师范大学、北京师范大学、南京大学、南京师范大学、苏州大学等都有教师在做大学课程和教学研究,而且取得了很多成果,但是"大学教学研究"作为一个独立的专业培养方向却很少。根据华中科技大学雷洪德教授最近的一个调查,在中国教育学一级学科下共有12个二级学科,其中布点最多的是高等教育学(硕士91个点,博士15个点),其次是课程与教学论(硕士87个点,博士13个点),这两个专业都是教育学领域中的"大户",但是它们彼此很少交集。高等教育学15个博士点中,只有6所大学设立了"大学课程与教学"方向(华东师范大学、苏州大学、南京大学、厦门大学、西南大学、西北师范大学),课程与教学论的13个博士点中只有辽宁师范大学设有"大学课程与教学论"方向。91个硕士点中只有7个设有与课程与教学有关的研究方向[①]。这种情况也反映了我国大学教学研究还没有进入学科化和专业化阶段,没有成为整合力量的轴心,因此未能为大学教学一线的教师提供相应的专业帮助。但是,如果中国要推进以学生为中心的教学改革,则需要像美国那样,培养一大批致力于大学课程和教学研究的专业人员,直接在一线为教师们提供帮助和推动改革。为此,建议应尽快开始大学教学专业人员的培养,具体建议如下。

(1)目标和任务。如果我们认定中国本科教学的未来改革方向是在全国高校推动SC改革,那就需要大批培养ID人员,并为广大教师提供培训。全国所有的高等教育博士点和硕士点可能都需要参加这个工作,把大学教学研究作为一个主要专业方向,把培养教学设计师作为主要任务之一。如前所述,中国高校大约需要3.2万名ID人员,这是一个巨大的任

---

① 数据来源于2018年10月8日笔者的私人邮件。

务。"大学教学研究"或"大学课程与教学研究"这个专业，要给社会一个清晰的指向，即这个专业的毕业生会做课程设计研究，能为一线教师设计课程并提供课程设计咨询。毕业生的职业与事业定位必须十分清晰。

（2）课程。对教学设计专业，除了导论性课程如高等教育学、高等教育史外，专业基础课和专业课可以包括：大学生发展研究（包括四大发展理论）、学习科学研究（包括四大传统）、大学课程设计（包括理论、模型与方法）、大学学习研究（包括哲学、心理、方法与技术）、大学教学设计（包括理论、方法、技术与设计）、大学课程评价与评估（包括理论、方法与设计）、一元和多元统计学（为评价评估用）、大学教学环境设计（包括理论与方法），以及有可能开设的项目管理、交流与沟通等专项课程。

（3）教材。凡能编写的教材就编写，暂时不能编写的可以编文集。美国高等教育学会一直都是用编文集的办法解决教材问题。

（4）实习实训基地。大学教学研究是高度实践导向的专业，以为高校培养教学设计师为目标。因此，所有承担研究生培养任务的学校都应通过参与地方教学型高校的师资培训和发展工作，建立起相对固定的实习实训基地。参与大学教学研究项目的教师应积极参与实习基地学校的教师发展工作，通过指导和培训活动了解教学一线实际情况和教师们的需要，并与基地学校的教师共同探讨学生培养工作，这是让大学教学研究与一线教学实践保持密切联系的关键。

（5）学位项目。所有的硕士毕业研究项目应当要求学生全程参与基地学校的一个真实课程设计项目，由指导教师和基地学校任课教师联合指导。研究项目应覆盖所有主要研究环节，包括课程分析、确定设计思想、参与课程设计、设计效果检验方法，参与实施，参与效果评价，完成课程研究案例报告，确保学生获得完整的课程研究实践训练。博士生可以在一系列课程设计研究训练基础上，在基本理论研究方面有所创新。大学教学研究是实践导向的应用学科，因此对专业实践训练方面应有较高要求。

（6）专业基础。ID人员培养要注意专业基础问题，即ID人员要懂专业，这样才可能在与教师合作进行课程设计时理解教师的意图。专业基础的建议体现在三个方面：一是招收ID研究生时要注意本科专业多样化，尽可能符合高校需求。二是各高校在培养自己的ID人员时，要和本校专业布局一致，教师发展中心的ID教师，应该像大学图书馆的专业馆员制度，也实行专业ID人员对口不同的学院，实行专门化服务。最好是鼓励有志研究大学教学的专业教师参加，并逐渐把他们培养成对口的专业ID人员。三是研究生培养可以考虑主要采取委培制度和订单式培养，且研究生就在委培学校做毕业研究项目，这样有利于研究生与未来服务高校的早期融合。

（7）共享案例库。所有研究成果应当以相对统一的方式呈现，并按统一模式编码，建立全国性的共享案例库。这种案例库可以把所有教师的智慧和研究成果积累起来，不仅有助于全国教授同样课程的教师参考，还特别有助于开展更为深入的课程论和教学法研究，并最终建立起大学教学研究学科群。

（8）教师培训。各高校的教师发展中心可以研究生教育的高校为核心，构建培训网络，用类似于研究生教育的方式培训本校教师，帮助教师们自主开展教学设计研究。

（9）领导和政策。这项工作是落实教育部"以本为本"和"建设一流本科教育"规划的关键环节，故教育部高等教育司和中国高等教育学会应牵头组织这项工作，并负责全国性的统筹协调，迅速形成规模和力量，推动全国性的 SC 本科教学改革运动。

四、简 要 结 论

以上是笔者对大学教学研究科学化、学科化和专业化的一些考虑和建议。如果 SC 改革是中国建设一流本科教育的必由之路，那就需要培养大批熟知大学生发展、学习科学、现代教学技术、教学设计研究理论与实践的教学设计师，让他们在教学一线并帮助教师实施 SC 改革。

潘懋元先生曾经说道，他当年提出创立"高等教育学"这个学科的最初目的，就是希望能帮助大学教师改进教学。① 现在我们要"不忘初心"，把潘先生的这个初始愿望真正落实下来，把大学教学研究作为高等教育研究的一个基本发展方向。通过促进大学教学研究，培养大批教学设计师，并通过他们直接推动各高校的 SC 改革，争取在不久的将来，真正在高校教学中实现"课堂教学模式的转型"，并使我国本科教育质量达到世界一流水平。

参考文献

［1］赵炬明.聚焦设计：实践与方法（上）——美国"以学生为中心"的本科教学改革研究之三［J］.高等工程教育研究，2018(2).

［2］赵炬明.打开黑箱：学习与发展的科学基础（下）——美国"以学生为中心"的本科教学改革研究之二［J］.高等工程教育研究，2017(4).

［3］SAWYER K. The Cambridge handbook of the learning sciences［M］. 2nd ed. Cambridge，UK：Cambridge University Press，2014：21 - 23.

［4］BERRETT D. Instructional design：Demand grows for a new breed of academic［N］. The Chronicle of Higher Education，2016，9，29.

［5］赵炬明.聚焦设计：实践与方法（下）——美国"以学生为中心"的本科教学改革研究之三［J］.高等工程教育研究，2018(3).

---

① 详见《对高等教育若干问题的思考——潘懋元先生访谈》，载《西北工业大学学报（社会科学版）》，2018 年第 2 期，第 26 - 30 页。

The Scientific Foundations, Methodology and Professional Training for Studies of College Instruction

ZHAO Juming, GAO Xiaohui

Abstract: This article proposed a framework on the scientific foundations, methodology and professional training for studies of college instruction. It suggests that undergraduate development studies and sciences of learning are its two scientific foundations, course-specific design study can serve as its disciplinary methodology. The author also proposed a professional training plan for training instructional designers to assist faculties on course design in order to promote student-centered undergraduate education reform (SC reform) in China. This article is based on the author's previous studies on the SC reform in USA.

Key words: college instruction; scholarship of teaching and learning; scientific foundations; methodology; professional training; degree program

（本文原载《中国高教研究》2018 年第 11 期）

教学学术视野下的教学故事[*]

丁奎岭

摘 要: 教学学术旨在促进大学重视教学,重塑教学在人才培养中的核心地位,并通过提升广大教师的教学学术能力来切实提高高校的人才培养质量。新时代国家对高校教师提出了更高要求,可持续的专业化发展已成为广大高校教师的自觉追求。专业化发展的内涵之一就是要求教师具备教学学术能力,因此教学学术将成为我国高校教师专业发展的新使命和新追求。高校教师要自觉探索和分享教学中的实践智慧,开展教学学术研究,并充分发挥集体智慧,讲好中国高校教与学的故事,探讨教学学术领域的中国方案和中国经验。

关键词: 教学学术;教学故事;教师教学发展

2019 年 7 月 4—5 日,中国高校第一届教学学术年会暨第四届上海交通大学教学学术年会在上海交通大学召开。来自全国 70 多所院校的 450 余名一线教师、专家、学者、教学管理人员参加了会议。本届年会的主题是"教学学术视野下的教学故事"。在教学学术中运用故事法是近年来国际上讨论的热点话题之一,它既是一种教学方法,也是一种叙事研究法。"故事法"通过生动的故事将更为丰富的信息、知识、背景和情感注入严谨的教学学术研究,引发人们对教与学的深入反思。本届年会是在国家启动实施高等教育质量工程"六卓越一拔尖计划 2.0"的背景下召开的,对于推动教学学术发展、引领教与学变革、提高高校人才培养质量具有重要意义。

2016—2018 年,上海交通大学已经连续举办了三届教学学术年会,第一届至第三届年会的主题分别是"从教到学:一场范式革命""教学学术:国际视野与本土实践""教学学术:引领教与学的变革"。三年年会主题的不断演进,很好地反映了我们在教师教学发展实践中,以"教学学术"为抓手,推动教与学变革的探索历程。从 2019 年开始,大会转型为中国高校教学学术年会。举办全国高校教学学术年会的根本目的在于进一步促进教学学术的交流、分享、展示和协作创新,为全国高校一线教师和教发人员搭建交流的平台。从三届上海交通大学教学学术年会到如今第一届中国高校教学学术年会,这不仅仅是一个简单的转型升级的过程,而是高校教师教学发展同仁们共同努力的结果。

众所周知,现代大学的功能虽然已经拓展到多个方面,但人才培养终究是它的根本。一

作者简介: 丁奎岭,上海交通大学党委常委、常务副校长,教授,中国科学院院士,第十三届全国政协委员。
* 本文系笔者在 2019 年 7 月 5 日中国高校第一届教学学术年会上的讲话。

段时间以来,高校存在着"重科研、轻教学"的倾向,常常为从事教学的一线教师所诟病[1]。今天党和国家乃至整个社会对高等学校人才培养高度重视,强调教学的神圣地位,教学是老师的天职。但是,如何让最不容易通过量化衡量的教书育人成为引导教师热爱教学、倾心教学、研究教学的指挥棒,依然是高校一流人才培养体系建设所面临的重大挑战。对教师的评价以及政策如何优先向教学倾斜,是影响教师是否愿意将更多的时间和精力投入到教学和教学改革的重要因素。在改变"重科研、轻教学"的评价观、评价模式和评价政策方面,世界各国的著名大学都出台过许多办法,如提高教学数量和质量在职称评定中的比重,减轻科研要求及对教学工作的冲击等。其中,最为重要的探索是给教学以学术的地位,将教学研究与科研活动同等对待[2]。在这一点上,美国卡内基教学促进基金会主席博耶(Ernest L. Boyer)教授在 1990 年最早提出了"教学学术"概念,在美国和欧洲高等教育领域得到广泛认可,并在 20 世纪 90 年代以后,逐渐演变成制度化的成果。

成果之一是世界一流大学广泛建立了教学中心,开展教学学术研究。博耶认为,学者的主要工作不仅在于原创性的研究工作,也要关注理论和实践工作的连接,并将个人的知识有效地传递给学生。他特别强调教学和科研之间协同和并重的关系。因此,教授的学术不应当仅仅局限于专业的研究,也应包含教学学术的内容。具体而言,教学学术是指知识传递的学术,是从专业性的角度来看待教学。教师必须对其所教授的领域有深刻、全面的认识和理解,同时能够将自身的理解转化为学生的学习成果。在教学学术语境下,教师的教学工作不能只停留在解决实际问题的层面,而是要尝试从研究者的角度,来看待教育实践中的现象,从中提出值得思考的问题并进行反复、系统的研究,以获得理论上的指导。因而,教学实践本身就是从事学术活动。通过教学改革提高教学质量的工作无疑是相当复杂的学术,学生、教师本人、同行、教学内容、过程组织、方法、评价、效果、环境等,这些每天都发生在教师个体生活情景中的人物和事件都可以确立为教学学术研究的对象,其研究的成果可以改进我们的教学工作,提高教学质量。

新时代国家对高校教师提出了更高要求,可持续的专业化发展已成为广大高校教师的自觉追求。专业化发展的内涵之一就是要求教师具备教学学术能力,因此教学学术将成为我国高校教师专业发展的新使命和新追求。高校教师要胜任专业化、高水平的教学工作所必须具备的核心专业品质,就是教师应该能够将所拥有的学科知识和学科研究成果转换成具有教学意义的形式,从而适应不同学生的不同能力和需求,能够根据自己对学科知识的理解探求一种走进学习者心灵、激发学习者动机的方式。教师从事教学工作的学术品性的集中体现,以及教师必须开展的"教学学术"的重大任务,就是自觉地探索和分享这些实践智慧,开展教学学术研究和探究。"教"是为了"成就学生的学习",教师为"教会学生学习"而自我努力"学习如何教";通过教学学术探究,教师自主建构自己的教学知识和能力,有意识地开展"教与学的学术研究",反思、凝练、展示、发表教学学术成果,这也是教师"学会教学"和获得专业发展最有效的途径和专业学习策略。

各位参会代表既是参与者,也是贡献者。大家可以通过教学学术的交流和思想碰撞,分享和展示智慧和成果,通过跨学科教学学术研究和实践成果交流,传播与弘扬教学学术文化,促进教与学的理论与实践发展。让我们共同努力,推动和促进我国各高校教学学术的共同发展,充分发挥集体智慧,讲好中国高校教与学的故事,探讨教学学术领域的中国方案和中国经验。

参考文献

［1］姜斯宪. 科研与教学:不能以"零和"思维做选择[J]. 教育发展研究,2016(11).
［2］Hattie John, Marsh H W. The relationship between research and teaching: A meta-analysis [J]. Review of Educational Research, 1996(04).

How to tell stories from the perspective of scholarship of teaching and learning

DING Kuiling

Abstract: Scholarship of teaching and learning aims to promote universities to attach importance to teaching, reshape the central position of teaching in talents cultivation, and effectively improve the quality of talents cultivated through enhancing faculty members' educational and academic abilities. College teachers in China are confronted with higher standards than before in this new era, which facilitates their conscious pursuit of sustainable professional development. One of the connotations of professional development is that teachers are required to be equipped with capabilities of scholarship of teaching and learning. Therefore, the inquiry of this kind of ability will also become a new mission for teachers' professional development in our country. Teachers should take the initiative to explore and share wisdom from their experience, carry out researches concerning scholarship of teaching and learning, and give full play to collective intelligence. In addition to that, teachers should represent the Chinese story of teaching in universities, and investigate Chinese solutions and formulate Chinese practices.

Key words: scholarship of teaching and learning, teaching stories, teaching education of teachers

（本文原载《中国大学教学》2019 年第 11 期）

新工科教育范式下的教学学术发展

李宝斌　许晓东

摘　要：工程教育师资队伍建设是新工科建设的重要内容之一。新工科教育范式具有前瞻性、融合性、开放性、实践导向、智能导向等特质。在此范式下建设工程教育师资队伍，组建以工科和教育学科为主体的教学学术发展中心，在工程实践中开展教学学术研究，开通新工科教学学术绩效评定绿色通道，能够有效地促进新工科背景下的教学学术发展，提高新工科人才培养质量。

关键词：新工科；教育范式；教学学术

在新技术、新产业、新业态的倒逼下，在"卓越计划"已取得的工程教育改革成果基础上，教育部积极推进新工科建设，先后形成了"复旦共识""天大行动"和"北京指南"。工科优势高校组、综合性高校组和地方高校组都积极响应教育部的部署，启动新工科建设战略，新工科教育改革发展迅速，有关新工科建设的理论研究也不断深入。关于新工科概念内涵、框架、路径、方法、人才培养等方面的研究已有众多学者撰文阐释，但就新工科教育范式下教学学术发展的研究并不多见。要想实现新工科建设的目标，提高工程教育质量、发展工程教育，教学学术是不可回避的问题。

一、新工科的基本教育范式

所谓范式是指例子、模式、框架等。范式一词最先由库恩在《科学革命的结构》(*The Structure of Scientific Revolution*)一书中提出，用于指导科学研究和回答科学问题。当范式从自然科学领域引入到人文社会科学领域后，又被赋予了新的理解，比如把范式理解为基本理论的思考框架，在这个框架下，利益相关者具有相似的认识和理解。在尝试定义工程教育范式时，应该考虑工程教育专家及工程教育利益相关者所共同遵守和接受的理念和原则、标准、教育教学方法、内容、评价体系等，而这些就构成了工程教育范式的基本框架。新工科理念提出后，不少学者积极探讨新工科的教育范式并提出了一些建设性的思考框架，比如：李茂国等人的研究认为，从工业革命和科技革命的视角来说，工程教育正在从"回归工程"向

作者简介：李宝斌，湖南文理学院教务处副处长、教授；许晓东，华中科技大学副校长、教授。

基金项目：教育部人文社会科学研究规划基金项目"高校转型发展中教学学术视域下的教师激励机制研究"(15YJA880029)。

"融合创新"范式转变[1];顾佩华总结了一组五边形的融合创新范式的基本框架,把新工科的核心内容即新理念、新质量、新模式、新内容、新方法按环状排列融合在一起[2];叶民、孔寒冰等人则探讨了递进式的新工科教育范式基本框架,梳理了"技术范式—科学范式—工程范式—新工科范式"的发展历程,认为新工科具备融合、集成、创新、共享、智能等特点,新工科教育培养的人才适应性强、创新度高、融合度深。[3]本文在已有研究成果的基础上,结合自己的思考,把新工科教育范式理解为一个往返式推进框架,如图1所示:

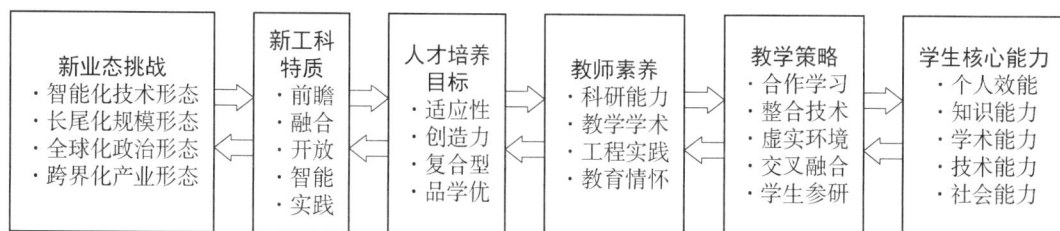

图1　新工科教育范式的往返推进式框架

(一)迎接新业态的挑战

"新工科"倡议是在新技术、新业态、新产业的外部压力下,基于国家战略发展新需求、国际竞争新形势、立德树人新要求而提出的我国工程教育改革方向,是对"互联网+""中国制造2025""一带一路"、创新驱动发展等重大国家战略的积极响应,其目的是为了解决国家在产业和科技发展方面的重大需求问题。新业态是新工科建设的外部背景。新工科建设背景的业态之新主要体现在以下几个方面:①以数字化、信息化和物联化为主要特征的智能化技术形态;②以分散化、个性化和定制化为主要特征的长尾化规模形态;③以多域互动和广泛协作、打破时空限制、"万物互联"为主要特征的全球化政治形态;④以宏思维、关联性和平台化为主要特征的跨界化产业形态;⑤以同理心和关爱服务为主要特征的服务化人文形态。[4]这种新业态有些已经明显出现,有些正在朝着这个方向迅速发展,不管是业已形成还是发展趋势,都会深刻影响新工科的教育范式形成和发展。新工科必须积极应对新业态给工科教育带来的新挑战。

(二)凝练新工科的内在特质

受新业态的推动,新工科的内在特质也会表现出相应的特征。关于新工科的内在特质,已有诸多学者进行探讨和归纳,比如:赵继红等认为新工科特质是引领性、通宽性、交叉性、前瞻性、开放性、实践性[5];钟登华认为新工科具有战略型、创新性、系统化、开放式等特征[6];叶民、钱辉则认为新工科是工程教育对工程活动"新业态"的全面回应,是面向未来的、切实可行的落实路径和创新举措,其最大的特征是对当前工程教育的一场"革命",是对教育理念、课程体系、管理体制的革命。[4]虽然各自表述方式不同,表述内容有异,但其实质却是大同小异。概括来说,新工科具有以下几种内在特质：前瞻的战略格局、融合的系统工程、开放的发展思路、落实的实践行动、明确的智能导向。

（三）构建新工科人才培养目标

本教育范式框架表明,在新业态、新技术、新产品的外部环境推动下,新工科具有前瞻性的战略格局、融合的系统工程、开放的发展思路、落实的实践行动、明确的智能导向等特质。人才培养是新工科教育的核心内容,这些特质对新工科培养目标在适应性、创造力、复合型、道德品质和学习态度等方面都提出了很高的要求：新工科人才必须具有很强的适应能力,能够学以致用,并且不只是简单地适应,要有创新意识和创造能力；由于跨界化的产业形态、交叉融合的新工科特质,注定新工科培养的人才必须能够承担多项工作,是复合型人才；教育立德树人,新工科必须培养具有家国情怀、品学兼优的工程人才。

（四）提取新工科的教师素养

为了实现新工科人才培养目标,新工科对教师的综合素养比传统教育提出了更高的要求,既要有教学技能、也要有科研能力,而且工程教育的实用特点对教师的工程实践经历、经验也有更高的要求。除此之外,对工科教师在将学科前沿知识融合到教学中,并且采用高效的教学方式教会学生等方面的教学学术要求很高；在外界很多功利诱惑的现实情况下,要使工科教师在教学上自觉深度投入,还必须培养工科教师的教育情怀。

（五）设计新工科的教学策略

在教学策略方面,为了更加有效地发挥新工科教师的主导作用,培养学生应对新业态、新技术、新发明挑战的综合能力,新工科强调合作学习,重视学科的交叉融合,注重各种现代教育技术的整合,开创虚拟与现实相结合的实践教学环境,充分发挥线上线下各自优势,开展混合式教学、跨学科合作,促进协同效应,鼓励本科学生参与教师的项目研究,为本科与研究生学习阶段之间的沟通创造条件。

（六）培养新工科毕业生的核心能力

人才培养目标必须在教师和学生共同参与下,以教师为主导、学生为主体,通过各个教学环节,采用相应的教学策略才能最终实现。如果把这些比较抽象的培养目标具体化,则需要培养如下核心能力：终身学习、共享愿景、时间管理等个人效能；相关自然科学、信息技术、人文社科等知识能力；数据收集、系统分析、学术写作等学术能力；人机互动、信息处理等技术知识；工程伦理、团队协作、领导能力、冒险精神等社会能力。

这个"应对新业态挑战—提炼新工科特质—构建新工科人才培养目标—提取教师综合素养—设计教学策略—培养学生核心能力"的思维框架,不是单向的,是一个反向推动式范式,即后者可以反过来影响前者,比如：教学相长；教育与产业的相互作用。这个框架也不是静态的,是一个不断发展的动态平衡,整个框架是双向甚至多向发展的。

二、新工科教育范式下教学学术发展的优势与阻力

在新工科教育范式中,给工程教育教师的素养提出了更高的要求,教师要具备科研能力、教学学术、工程实践、教育情怀等方面的素养,其中教学学术是核心素养,其他3种素养都服务于教学学术。教学学术的理念由时任卡内基教育促进基金会主席欧内斯特·博耶(Ernest L . Boyer)1990年在《学术的反思:教授工作的重点》专题报告中首次提出,将其与发现的学术(scholarship of discovery)、整合的学术(scholarship of integration)、应用的学术(scholarship of application)相并列。这一理念有利于调和教学与科研发展之间的矛盾,促进大学教师的教学科研协调发展。教学学术具有交叉融合性、实践操作性、共享开放性等特征,评价教学学术成果的观测维度应该包括教学实践、富有创意、取得成效、成果共享等方面。在新工科教育范式下发展教学学术既有优势,也有明显的阻力。

(一) 教学学术构成要素

博耶提出教学学术理念之后,众多学者对教学学术的内涵进行了探讨,但教学学术的构成要素具体包括哪些内容,至今尚无定论。本文根据教学学术的内涵和比较认同的教学学术成果评价维度,认为教学学术构成要素既有教师先天素质,也有后天习得的经验和能力,而且一定与教学实践以及实践成效密切相关,具体包括以下5个方面:教育情怀、教学学术悟性、教育与教学基本理论、学科知识、教学实践成效。

这5个要素构成一个完整的整体,虽然部分因素与先天生物遗传素质相关,部分因素主要通过后天努力而习得,但各要素不是孤立存在和单独发挥作用,而是共同促进、彼此影响的。先天基础为后天习得提供生物基础,后天习得促进个性的健全,最终形成合力,促进教学学术发展(见图2)。

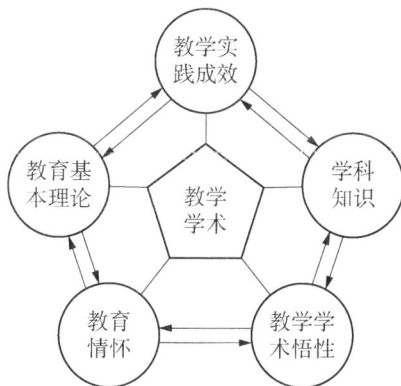

图2 教学学术素养构成图

（二）新工科教育范式下教学学术发展的优势

新工科教育范式与教学学术范式有不少相通之处，这是新工科教学学术发展的优势。

（1）新工科交叉融合特质呼应教学学术跨学科特性。新工科中的"新"是 Emergent 或者 E-merging，有动态的"新兴"之意，新工科则是 E-mergent or Emerging Engineering，其学科领域是在新业态、新技术背景下催生的新兴工程学科，可以是交叉学科，也可以是学科方向。正因为新工科"新"、交叉融合的特性非常明显，所以需要通过学科交叉融合，才能顺利地解决各种新问题。教学学术是在打破大学教学、科研、服务社会原有三大职能划分基础上提出的学术理念，同样强调学术交叉融合。高等教育的所有学科和专业都与教学有关，每个专业的教学学术都是在所属学科学术与教育科学交叉融合的基础上发展而来的，有时还需要哲学、艺术、技术等相关知识的交叉融合。两种范式都具有交叉融合的特性，很容易关联与兼容。

（2）新工科的实践特性顺应教学学术的教学实践特色。工科的实用天性注定工程教育要走出象牙塔，与工程实践紧密结合，而不是单纯地进行抽象的理论研究，课堂与工厂（当然有时是虚拟空间或者实验室）经常互换，教师与工程师的双重身份兼而有之；教学学术也强调教育教学实践，它与纯粹的教育哲学、教育原理研究不同，教学学术发展过程中教师与学生围绕教学目标建立教学共同体和学术共同体，一起开展教学实践活动。两种范式的实践特性殊途同归，能够很快找到实施的方法与路径。

（3）新工科的"家国情怀"类同于教学学术的教育情怀。新工科具有强烈的使命感，这与前瞻性的国家发展战略密切相关，建设新工科必定重视践行思想品德，培养学生家国情怀。发展教学学术，要求教师投身教育、热爱学生，心甘情愿地在教育教学上投入时间和精力，让生命在教学中焕发生机。两者都要求共同体中的个体（主要指教师，有时也包括学生）有一种奉献精神。类似的要求、相近的特性便于两者的联结。

（三）新工科教育范式下教学学术发展的阻力

新工科教育范式的教学学术发展，有其优势，也有其劣势和发展的明显阻力。这既有社会大环境方面的原因，也有学科特点方面的原因。

（1）新工科对教学策略的更高要求增加了教学学术发展的压力。通常情况下，高校教师的主要职责是教学与科研，且两者紧密相关，相互促进，但现代大学学科前沿的知识与可教知识之间的裂痕不断增长，传统的"教学—科研—学习联结体"被打破[8]，科研能力强的教师教学效果并不理想的现象并不少见。新经济背景下的新工科探索新业态下的新技术、新发明，这些学科内容与普通本科学生的知识基础和学习能力之间存在很大的差距，并且是一个开放性的发展动态，不断有新内容补充进来，要把新工科前沿研究新成果转化成可教知识更加困难。这种挑战对教学学术发展是动力，也是压力，处理不好就成了阻力。在工科教育的理想中，这种挑战主要体现为一种教学学术发展的动力，推陈出新，将学术推向新的高度；

但现实中,受各种条件的制约,更多情况下表现为压力,然后转化成新工科教学学术发展的阻力。

(2)大量非师范专业的工科教师教学学术发展理论基础不强,研究积极性不高。在大学发展历史上,工科与社会实践联系更加紧密,更注重解决社会生活中的现实问题,然而比文科、理科等传统学科出现得晚;在师范教育中,很少有高校专门培养工科教师,很多高学历的工科教师在本硕博高等教育阶段都未曾接受严格的师范教育训练,其教育教学技能主要来自对自己老师的观察和模仿,以及参加工作以后的摸爬滚打。至于教学学术发展理论,更是欠缺,他们更愿意开展工程项目研究,而不愿意在教学上进行深度投入。这从平时教师申报教改项目、教学成果奖的热心程度上能感受到,往往是文科教师比理科教师热心,理科教师又比工科教师相对热心。大量工科教师看到了新工科在学科发展上给他们带来的机遇,但从教学角度思考的相对要少,积极发展新工科教学学术的则更少。

(3)更多名利机会诱使工科教师把主要精力投入到教学学术之外的领域。首先,新工科提供了丰富的纵向研究项目,科研能力强的工科教师倾向于把主要精力投入到科研项目中,而忽视教学。教学投入多,见效慢,而且教学成果的认定有争议。高校普遍对于 SCI 论文、EI 论文奖励很高,而对教学论文的奖励很低,工科教师觉得写科研论文更容易,也更有经济效益。这些原因促使工科专业能力强的教师更加重视科研,或者服务社会,而忽视教学学术发展。其次,更多外部诱惑冲淡了工科教师对新工科教育范式的教学学术发展。高校工科教师凭借自己的工科专长能够在公司企业兼职、挂职,或者引进横向经费项目。在这些领域,他们术业专攻,驾轻就熟,同样的精力和时间投入,能够获得大大超过发展教学学术带来的收益。

三、新工科教育范式下教学学术发展的机制建设

了解新工科教育范式下发展教学学术的优势和阻力之后,要有的放矢地采取措施,建立长效机制促进教学学术发展。简言之,这个发展机制包括计划、实施和评价 3 个主要环节,即:组建教学学术发展中心,制定计划,提升新工科教师和学生的教学学术素养;加强实施,在实践中促进新工科师生的教学学术发展;持续改进新工科教学学术激励机制,合理评定教学学术成果,依据评审结果采取有力的激励措施。

(一)组建以工科和教育学科教师为主体的教学学术发展中心

交叉融合是新工科的显著特征,新工科教育范式下的教学学术发展也具有明显的交叉融合特征。因为占很大比例的年轻工科教师既没有接受过系统的师范教育,又没有丰富的一线教学经验,发展教学学术的理论基础和实践能力都比较薄弱。这些工科教师有部分对这些弱势不以为然,认为只要学科学术强就可以弥补教学学术的不足;有些教师认识到了自己的不足,但苦于不知道如何提高和找谁帮助提高。因此,新工科教学学术发展必须有学科

交叉融合的平台帮助教师,尤其是新教师,提高教学学术素养。新工科为应对新经济的挑战,需要工科、理科以及社会科学和人文学科的交叉融合,群策群力。新工科教学学术发展则需要以工科和教育学科为主体的多学科、多领域的交叉融合,在交叉融合的过程中,工科教师在教育学教师的协作下,可以少走弯路,补充自己的教育教学理论、提高教育教学的实践能力,初步掌握教学学术的研究方法和策略,尽快进入教学学术发展的状态。同时,教育学教师在协助工科教师发展教学学术的过程中,拓展了教学学术研究的思路。这并非要求两者趋同,且因为学科基础的巨大差异,也不可能相互同化,但通过在交叉融合的教学学术发展中心一起开展教研教改、一起建设课程和专业、一起申报教学成果奖等教学学术活动,能够组成一个有机的整体,共同促进新工科教育范式下的教学学术发展。

(二) 在工程实践中开展教学学术研究

注重实践是新工科和教学学术的共同特点,新工科教育范式下的教学学术发展则强调工程实践与教学实践、教学与学术的有机融合。新工科对教师的要求更高,不满足于常规的、传统的教师技能技巧训练,还必须结合新业态、新技术、新发明等外部环境和学科前沿知识开展教学学术讨论,提高教师融合知识的能力。另外,双师双能是工程教育教师的典型特征,通过行业、企业提高新工科教师在实践能力方面的教学学术也很重要。只有把教学与工程实践紧密结合,打破课堂与工场的传统界限,新工科教育才能培养应对新业态、新技术、新发明挑战的优秀人才。而新工科教育范式下的教学学术发展,不仅要求在工程实践中开展工科研究和教学实践,还要在教学实践中开展教学学术研究,对工程实践提出了学科学术与教学学术的双重要求,在工程实践中,教师、学生、工程师都是学术共同体的组成成员。工程实践与教学实践有机融合,不仅服务于当前参与实践的学生,还为整个新工科人才培养开展教学学术研究,积累教学学术成果。

(三) 开通新工科教学学术绩效评定绿色通道

推进每一项新制度都必须有相应的激励措施作保障。当前高校的科研成果评定基本上有比较公认的评价体系,对工科教师的学科学术绩效的奖励很重视,激励标准也很清晰,但对教学学术绩效的评价和奖励却要模糊得多,有时还被有意无意地淡化和弱化。教学学术理念在博耶提出30年后的今天,在主流学术界的影响仍然非常有限,一个重要的原因是很难对教学学术成果做出客观公正的评价,很难依据其成果评审结论进行绩效奖励。但为了促进新工科范式的教学学术发展,必须有相对健全的激励机制,合理的评价指标是其核心内容。高校应该依据新工科前瞻性、融合性、开放性、智能性、实践性等特质,按照教学实践、富有创意、取得成效、成果共享等评价维度,建立一套健全的评价制度,公正、透明、合理、全面地对新工科教师的教育情怀、教学学术悟性、教育与教学基本理论、学科知识、教学实践成效进行评价,激励和引导新工科教师积极开展教学学术研究,努力提高新工科人才培养质量。对新工科教师来说,来自外界的诱惑很多,如果不针对教学学术发展进行专项评价和激励,很难培养他们的教育情怀、积极开展教学学术研究。在对新工科教师进行绩效评定和职称评审的过程中,开通教学学术绩效评定绿色通道,不失为一种有益的尝试。虽然建立健全的教学学术成果评价体系和激励制度不容易,但很多高校在积极推进,比如把教学质量工程、专业建设、课程建设等教学学术方面的成果纳入了职称评定的指标体系。

四、地方本科院校发展新工科教学学术的案例分析

新工科理念下,不同层次、不同领域的高校依据自己的基础,发挥自己的优势,共同打造新工科建设统一体,促使高等工程教育成为国家创新驱动的强大引擎。全国高教界已经初步形成了三种不同类型的新工科建设模式:以复旦大学为代表的文理学科基础厚实的综合性大学,以天津大学为代表的工科优势高校,以上海工程技术大学为代表的地方高校。各类新工科建设高校在新理念、新态势、新成效的引领下,全面升级,努力走向一流。

湖南文理学院是位于湘西北的一所普通地方本科高校,在新工科建设浪潮中,紧跟时代步伐,积极进取,取得了令人欣慰的新工科建设成就,在多项全国工科竞赛中成绩优秀,尤其在 2019 年的 T1 杯全国大学生电子竞赛中成绩优异,共获得了 6 项湖南赛区一等奖,1 项全国一等奖,代表湖南赛区获得全国优秀组织奖。同台领奖的都是全国知名重点大学,湖南文理学院是唯一一所地方二本高校。湖南文理学院在此次大赛中的优异成绩超过了许多重点大学,在省内处于领先地位。虽然不能以一次全国性竞赛的成绩判定一所学校的发展状况,但至少可以从某一个侧面反映这所学校在新工科电子信息领域的快速进步,反映该校教学学术发展促进新工科建设的成效。其成功经验主要表现在以下几个方面:

(一)多方交叉融合,增强工科教学学术发展合力

交叉融合既是新工科的特点,也是教学学术的特点,也是一流本科专业建设的重要特征。[9]湖南文理学院在促进新工科教学学术发展时,也非常重视交叉融合产生的合力,不仅有学科的融合,还有学科学术与教学学术、教学与竞赛、实习与就业、学校与地方等多领域、多维度的交叉融合。

(1)学科融合。一是不同工科的融合。为了加快电子信息类工科专业的优势互补,学校把两个传统强势学院计算机科学与技术学院和电器工程学院进行合并,加强工科内部的融合;二是理工融合。学校组建卓越工程师班,学生不仅来自工科专业,还有少量的数学、物理等理科专业的学生,指导老师也有理科的老师;三是工科与文科的融合。学校重视课程思政建设,课程思政建设项目对学校 59 个专业全覆盖,来自文科思政专业的教师直接参与工科的课程思政建设。多学科交叉融合,相互促进。

(2)教学与学术融合。发展教学学术,提升教学的学术地位,必定要加强教学与学术的融合。如果要增强工科教师发展教学学术的弱项,必须加强工科与教育学科的融合。学校校长是教育学教授、博士研究生导师,教务处负责人中也有教育学博士、教授,这些从事教育

管理的教育学方面专家经常参与工科教师申报教研教改项目、教学成果奖培育项目,与工科教师一起开展教研教改活动,组织教学学术研讨班,努力促进学科学术与教学学术的融合,共同发展新工科教学学术。

（3）教学与竞赛融合。学校争取到 T1 杯全国大学生电子竞赛（湖南赛区）承办权后,结合新工科的新要求与竞赛要求,积极调整人才培养方案,把竞赛内容与实践教学紧密结合,提高实践教学效果,加强学生学以致用的能力,在工程实践和教学实践中激发学生的创新意识和创新能力。

（4）学校与地方融合。学校积极融入地方建设,地方热心支持学校发展。学校与当地政府合作开展教授博士"沅澧行"活动,向常德市政府部门和科技园区派驻"科创助理"32名,其中大部分是新工科教授、博士。学校利用数据智能湖南省创新创业中心、湖南省信息技术培训基地等平台来服务地方,与地方共同培养人才,拓展新工科教学学术发展的辐射面。

（二）开通绩效评定绿色通道,提升教学学术地位

只有当新工科的教学学术成果得到认定,才能激励教师努力发展教学学术。令人遗憾的是,因为教学实效见效时间长、成果的个性特色明显,很难确立客观公正的评审标准,湖南文理学院在对新工科教学学术成果评审过程中,也遇到了类似的困惑。但学校积极探索,进行了一些有益的尝试,比如:首先设置教学改革质量奖,重奖教学改革质量奖得主。第一个获此殊荣的教师是一位计算机专业副教授,从立项到最终评定结果,进行了两年的培育,培育过程就是开展教学学术研究的过程。其次,在教师职称评审中,把能够量化的教学学术成果尽量纳入其中,如教学质量工程、精品课程、一流专业"双万计划"建设专业、一流课程"双万计划"建设课程等因素,都纳入评价体系,还设置教学型教授、副教授岗位,为潜心从事教学学术的教师开通绩效评定的绿色通道,多方面提升教学学术的学术地位。

（三）悲情与激情结合,培养工科教师的教育情怀

教学学术发展需要有宽厚的教育情怀。由于有更多的外部利益诱惑新工科教师,且新工科教师发展教学学术存在一些主客观的不利因素,因此培养他们的教育情怀更加重要。湖南文理学院的做法是悲情与激情相结合。该校是国家启动高等教育大众化工程后湖南省地区级城市中最早专升本的高校之一,但几次申报硕士学位授予权单位都是擦肩而过,学校领导和教师都有一个难言的心结。学校利用这份悲情激励教师积极开展教学学术研究,提高学校的综合实力。在承办 T1 杯全国大学生电子竞赛（湖南赛区）时,参赛学生和指导老师经常要利用节假日进行培训,但很多情况下指导老师和教务人员都是义务劳动。如果计较个人得失,没有高尚的教育情怀,很难开展工作。学校激励老师们一定要抓住机遇建功立业,洗刷升级失败的耻辱。这个时候,悲情激励发挥了非常积极的作用。这几年学校上下同心的努力,获得了地方政府、行业、企业超常的支持,在多个方面取得了长足的进展,学校充

分发挥宣传机构的积极作用来渲染激情,比如在一年一度的教学工作大会之后,上演精心排练的本校师生原创教育题材综艺节目,让师生在艺术的感染下培养教育情怀。

参考文献

［1］李茂国,朱正伟. 工程教育范式:从回归工程走向融合创新[J].中国高教研究,2017(6):30－36.
［2］顾佩华. 新工科与新范式:概念、框架和实施路径[J]. 高等工程教育研究,2017(6):1－13.
［3］叶民,孔寒冰,张炜. 新工科:从理念到行动[J]. 高等工程教育研究,2018(1):24－31.
［4］叶民,钱辉. 新业态之新与新工科之新[J]. 高等工程教育研究,2017(4):5－9.
［5］赵继,谢寅波. 新工科建设与工程教育创新[J]. 高等工程教育研究,2017(5):13－17＋41.
［6］钟登华. 新工科建设的内涵与行动[J]. 高等工程教育研究,2017(3):1－6.
［7］周开发,曾玉珍. 新工科的核心能力与教学模式探索[J]. 重庆高教研究,2017(3):22－35.
［8］马廷奇. 论大学教师的教学责任[J]. 高等教育研究,2008(5):20－25.
［9］白逸仙. 建设一流本科重在四个融合[J]. 湖南师范大学教育科学学报,2019(2):23－26＋80.

On the Improvement of the Scholarship of Teaching in the Paradigm of Emerging Engineering Education

LI Baobin, XU Xiaodong

Abstract:The construction of engineering teaching staff is one of the important parts in emerging engineering education. The paradigm of emerging engineering education is endowed with the characteristics of perspectiveness, inclusiveness, openness and practical and intelligent orientation. Directed by this paradigm, the teaching staff specialized in engineering education should be constructed. The development center of scholarship of teaching with the focus on engineering and education subjects need to be established, and the researches on the improvement of the scholarship of teaching need to be carried out in engineering practice. Besides, the evaluation system of the scholarship of teaching should be substantialized in emerging engineering education. All of these can effectively promote the development of the scholarship of teaching and the quality of talents in emerging engineering education training mechanism.

Key words:emerging engineering education; education paradigm; the scholarship of teaching and learning

(本文原载《高等工程教育研究》2020 年第 4 期)

教学学术的学术本质及其发展路径

李志河　忻慧敏　王孙禺　王瑞朋

摘　要：教学学术理论与大学功能的完善与高等教育的发展具有密切联系。在辨析教学、卓越教学、学术与教学学术等概念相关关系的基础上,需要明确教学学术的根本性质。教学学术有着教学属性与学术属性:教学是一种重要的学术研究领域,是一种重要的学术研究方式与手段,教学学术体现了学术研究应有的思想意义和情感内涵,彰显了教学工作者的学术尊严感和荣誉感;教学学术的根本性质是学术。教学学术存在于各类学术活动中,在知识、研究、交流等方面体现出与其他学术的区别。为了深化教学学术本质,应该着重加强教学活动与科研活动的联系、推动教学学术成果公开化、采取新型教学学术评价模式、强化教学学术与学科建设之间的关系。

关键词：教学学术;学术本质;学科专业建设;学术反思;教学研究

教学在高等教育工作中占有重要地位,教学学术是教学的学术性体现程度最高的一种教学水平。教学学术可以在多个方面提高教学活动的地位,并且促使大学教师更加重视教学工作,从而有利于凝聚教学、科学研究、社会服务与文化传承等功能,服务于人才培养这一高校核心工作。

20世纪90年代,美国学者博耶在《学术反思——教授工作的重点领域》一书中首次提出了"教学学术"的概念,并对发现学术、整合学术、应用学术和教学学术进行了说明。为了解决在研究型大学教学与科研不平衡的问题,博耶认为不能将学术的定义仅仅局限于发现学科领域的新知识。在过去几十年里,美国的教学学术运动在理论水平和模型构建等方面都得到了发展。然而,我们仍然对教学学术概念与本质的理解带有一定的模糊性。与国外相比,我国关于教学学术的研究起步较晚。我国学者认为,教学学术体现在教师的专业知识、创新能力、教学反思等方面。

在明确学术与教学学术等概念内涵的基础上,需要指出,教学学术具有教学性和学术性两重属性。教学学术的根本性质是学术。教学学术的教学性毋庸置疑,已经获得了认同和认可。但是教学学术何以成为学术? 也就是说,如何在教学活动的范围建立学术体系? 怎

作者简介：李志河,山西师范大学教授,博士生导师;忻慧敏,山西师范大学硕士生;王孙禺,清华大学教授,博士生导师;王瑞朋,北京师范大学博士生。

基金项目：国家社会科学基金教育学一般课题"高校教师教学学术水平评价体系研究"(BIA180202)。

样深化和发展教学学术的学术本质？这些问题一直以来备受争议，值得我们深入探讨。

一、学术、教学学术等相关概念辨析

（一）什么是学术

"学"在字形上表示孩子获得知识的场所，在字义上表示对孩子进行启蒙教育并使之觉悟。"学"也有学问、学识和学理的意义。"术"本意为道路，现有应用、方法和实践的意义。学术的历史可以追溯到公元5世纪，当时的古埃及法老用它来表示承诺、坚持、创新、领导和智慧，这被认为是真正的学术。首先，从词源上看，"学术"一词起源于古英语学校、晚期拉丁语学校、拉丁语学校和希腊语学校。其次，学术起源于中古英语学校、古英语学校、英法学校、中世纪拉丁语学校、晚期拉丁语学校和拉丁语学校。再次，在学术领域，学者的概念通常是指那些深入从事教学和指导这一过程的个人。"学术"一词有多种用途，通常用来形容"研究杰出人士"，直到博耶把这个词引入教育领域，用于强调教学的重要性。最后，卡内基基金会的研究人员在大学和教育机构中使用这一概念时遇到了歧义。然而，当时的教育机构还处于一种过渡状态，对教员研究活动的评估优先于当时的其他活动，格拉斯克等人的标准就是基于这些活动来确定的。[1]

在西方，关于"学术"（academic）一词的解释，都与学院、大学有关，通常是指那些进行高深理论研究的科学与文化群体。Academia来自古代雅典地域Akademeia的外围，那里的体育馆由于曾被柏拉图改为学习中心而闻名于世。而学术以学科或者领域划分，则源自中世纪的欧洲大陆世界上第一所真正意义大学内的学者们的思想模型所定下来的"三学四科"，其中："三学"是指逻辑、语法和修辞，"四科"是指天文、算数、几何和音乐科目。[2]

"学术"一词具有丰富和深刻的内涵，它是一种创造性与探索性工作，要求学者具有思考的能力、交流的能力和学习的能力等。"迄今为止，人们对学术的理解主要形成了两种观点。一种是把学术理解为系统的专门学问；另一种是把'学'理解为学问、知识和真理，而把'术'理解为技术、技能和应用。"[3]学术必然包括对于系统知识的探索，同时随着时代的进步与知识的发展，应用性知识、综合性知识逐渐纳入学术范畴之中。查尔斯·格拉西克、玛丽·泰勒·休伯和吉恩·梅罗特在博耶的工作基础上，于1997年出版了《学术评定》一书，进一步将教学作为学术工作加以推广。

（二）什么是教学学术

教学学术仅是学术吗？不是。它并非只是单纯地发表文章或者开会交流等研究工作。教学学术单纯只是教学吗？不是。它并非某位老师教得好，就可以说他理解了教学学术，或具备了教学学术素养。教学学术是理论与实践的有机结合，并具有学术性的本质特点。在实际工作中，教师需要将教学理论融入教学实践中，总结规律与经验，从而将教学与科研结合起来。因此,在"教学学术"一词中,"教学"是定语,"教学"修饰的是"学术"。教学学术是以教学活动和教学过程为对象以深入研究教学特点与规律的一种科学研究,这种研究能够有效提升教师的教学水平。

继博耶之后,舒尔曼在 SoT 首字母缩略词中加入"学习",将教学学术(SoT)转变为教与学学术(SoTL),其中教学或教育过程似乎成了关注的焦点。此外,还考虑了反思、学习理论、学习者的学习过程、教学和学习以及更常见的教育学术和领导力等概念。适应信息技术发展和高等教育改革的需求,赫钦斯等人进一步强调"学的学术"和教师作为学习者以学生的学习和发展为中心的"教学学术共同体",其核心是把教学学术放在一个师生有效交互的共同体中,强调共同体中各角色的充分沟通,共同承担责任和共同认知。[4]一些学者认为有必要超越博耶,在 21 世纪,大多数公民(包括大学生)在没有老师的情况下都能很好地学习。SoTL 需要比良好的意图和关于学习如何嵌入教学等更持久的东西。尽管这些概念主要涉及正式和非正式环境中的学习,但每一个概念都涉及需要在足够长的时间内放松对机构的关注,以建立超越以个人为导向的"学习风格、深度和表面学习、智力发展阶段、教学改进等"的学习文化。卡内基基金会将教学学术定义为:教学学术是提出关于教学或学习的问题,通过适当的方法研究问题,基于学科认识论在实践中的应用、结果的传达、自我反思和同行评议,对学术问题进行研究。

从本质上讲,教与学学术(SoTL)的目标是改善学生的经验,并改善学与教,其核心是为我们实施的创新和干预措施的结果提供证据的能力。用博耶的话来说,教学被视为一种惯例和功能,并且是人人都可以做的一种事情。但是,当定义学术时,它既可以教育又可以吸引未来的学者。整个高等教育领域对如何定义 SoTL 进行了激烈的辩论。这些年来我们更关注 SoTL 的核心要素,其中包括采用系统的、基于证据的方法进行反思的想法,探索和改善教与学,以及传播教学结果。

澳大利亚学者迈克尔·普罗瑟(Prosser)和基思·特里格维尔(Trigwell,1999)确定了与 SoTL 相关的几个基本问题(见图 1)。基思·特里格维尔(Trigwell,2012)又概述了SoTL 的 6 个关键阶段。这些阶段提供了关于进程和这些问题的结构和更详细的信息,这里不做更多的概述。

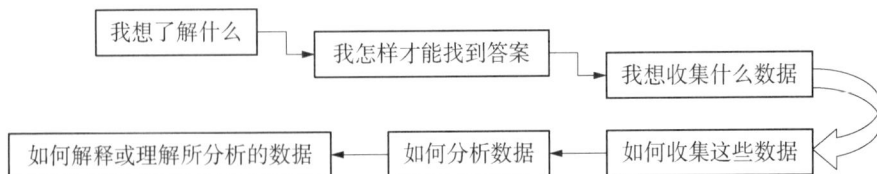
图 1　与教与学学术相关的问题

(三) 教学学术与教学的关系

现实生活中,有人担心教学学术概念及理论的提出将会导致教学活动"蜕化"为一种科学研究,从而丧失教学的艺术性与独特性。正是基于这一点,有必要厘清教学学术与教学活动之间的联系与区别。

教学是学校的基本功能之一,其核心目标是知识传播和人才培养。夸美纽斯(J. A. Comenius)认为,教学就是"把一切事物交给一切人类的全部艺术"。[5]卡罗琳·克莱博(C. Kreber)认为,教学是一种综合纲要性知识、学科专业知识和教学方法知识,采取讲授、交流和质疑方式,进行知识传播的过程。[6]罗伯特·加涅(Robert M. Gagnè)认为,教学是一种影响和促进学生学习的艺术,也是促进学习者能力发展的一种活动。[7]李·舒尔曼(Lee Shulman)进一步指出,教学可以成为教学的学术,因为它类似研究并要求教师在教学过程中系统地探索、分析和接受对具体教学问题的同行评议。大学教学具有学术工作的一般的特征,因此应该把大学教学定位在学术上,使大学的教学成为教学的学术。

教学学术并非是忽视或轻视具体的教学活动,相反,丰富的教学实践是教学学术的基础与源泉。教学学术要求在教学实践的基础上,将教学活动不断专业化、理性化、艺术化和学术化。教学学术通过教与学问题的提出,采取一定的方法开展教学实践和探索,形成实践性、情境性和创新性的知识,并在一定的教与学共同体中交流、共享和展示教学成果;通过对教学活动的研究、对教师教学角色的重视与对教学活动地位的提升,来更好地促进教学活动的开展,更好地服务于学生。教学学术关注学科专业意识和知识、问题研究、教学方法和技能、成果公开和共享、交流和反思、同行评议和知识建构等多个方面。[8]教学学术的轴心与牵引始终是教学,因此,不能过度学术化,丧失教学的功能,使教学学术变为普通的科研活动。

(四) 教学学术与卓越教学的关系

在一些学者看来,教学学术本质上被理解为教学卓越(teaching excellence),但是,"想要教学更好"(卓越教学)和"想要教学学术成为学术"(教学学术)这两者之间是有区别的。卓越教学可以通过学生的满意度和教学评价结果等方面进行定义。卓越教学需要教师具有全面的知识,也需要教师具有卓越的教学技巧。教学学术不仅要求教师具有扎实的本体知识与良好的教学技巧,而且要求用一种研究的视角总结、提炼教学活动的特点与规律,并且对教学学术成果进行公开的评议。教学学术旨在帮助教师走向卓越教学,并且持续不断地研究、反思。因此,教学学术的基本要求有三点:一是学科知识训练与研究的专业化;二是真正理解教学目的与价值、教学组织与管理、教学技能与方法、教学评价与反馈、教学对象身心特征等教育理念,并能有效付诸实践;三是与学术共同体成员分享教学学术成果,并接受学术共同体成员的质疑与评价。

(五) 教学学术与学术的关系

博耶在《学术反思——教授工作的重点领域》一书中提出 4 种学术类型:发现学术、整合学术、应用学术和教学学术。发现学术是指调查人员对学科知识的调查、分析和探索;整合学术注重将知识应用于实际的社会经济生活,以理论知识服务于日常需要;应用学术侧重于加强不同学科知识之间的联系与整合；教学学术强调教师对教学活动及其相关知识的探索、发现。[9]

舒尔曼认为，"对于一种被设计为学术的活动，应该至少展现出 3 个方面的关键特征：它应该是公开的，可以进行关键的评审评估，可以被学术共同体的其他成员交流和使用"[10]。宋燕认为，"学术具有知识、研究、交流和自主 4 个维度，这 4 个维度既是学术性的内蕴之地，又是学术性得以彰显的主渠道，既是学术的内涵之所在，也是学术的标准之所归。活动主体在实践中的知识掌握程度、研究层次和交互频度是评判学术活动的标准"[11]。当然，并非好的教学都具有学术性，但学术性是大学教学中最具有生命力的一种教学属性。在大学教学中，学术性双重体现"教的学术性"与"学的学术性"。学术可以被恰当交流和评论是每一个知识领域的基础；教学学术作为一种学术类型，也具有与学术本身相同的特征。

二、教学学术为何能够成为学术

为什么说教学学术的本质是学术呢？这是因为在教学活动的范围内，有很多教学内容与教学材料具有被研究的价值与必要，教学活动应该成为学术研究的对象与源泉。教学是一种重要的学术研究形式，教学活动与学术研究之间具有非常密切的联系。因而，在教学活动与学术之间就出现了"交叉地带"，这种"交叉地带"就是兼具教学性与学术性的教学学术。与此同时，教学学术对传统的学术研究也有补充与增益，教学学术激发了学术研究本应有的思想意义和情感内涵，教学学术彰显了教学工作者应有的学术尊严感和荣誉感。

（一）教学是一种重要的学术研究领域

教学本身有其特定的意义、规律和模式。从古至今、从东方到西方，教学活动形成了大量的教学经验和教学思想。孔子的"启发式教学"、苏格拉底的"产婆术"都是"轴心时代"教学思想代表。教学目标、教学内容、教学媒体、教学策略和教学评价等要素共同构成了完整的教学模式。例如，考试制度作为教学评价的一种方式，值得我们深入探索与思考。由此可见，教学活动本身就是一种学术研究领域。教学是学术研究的前提和基础。然而，一些教育工作者推翻了它们之间的关系，使得教育工作无法取得预期的效果。"教学学术理论的提出，改变了教学活动本身的性质。当教学成为学术，教学也就将从传统简单的知识传递活动转变为一个复杂的、具有丰富内涵和无限探究疆域的学术领域。"[12]

当学者们开始更加有意识地对教学活动及其特点、规律进行研究时，教学学术就获得了发展。同时，应该注意教学学术组织管理制度和学术规制建设等问题。学术的发展离不开学术组织的统筹、协调和管理，学术协会、学术刊物和学术规章制度等都属于学术组织管理制度的范畴。学术组织制度的完善与学术知识理论的发展具有密切的联系。教学学术知识理论与组织管理制度的发展将在很大程度上增强教学学术的影响力，从而确立教学学术在学术领域的重要地位。

（二）教学是一种重要的学术研究方式与手段

教学和科学研究相互融合、相互促进。通过教学活动，教师可以从学生的观点中得到借鉴，学生能够从教师的论述中得到启发，从而产生教学相长的效果。师生共同的探索性学习是教学的一种重要形式，同时也是学术研究的重要途径。探索性学习是指在教学过程中，学生不仅要聆听教师的讲解，也要质疑书本知识与教师讲授的内容；学生不仅要理解教师讲授的内容，也要反思相关知识。反之，教师也要理解、思考、分析学生在回答与交流过程中提出的见解。从教学实践来看，学术研究的很多新观点都源自教学活动中师生之间的互动。

教学是学术研究的一条有效途径。例如，东南大学"为本科生配备包括硕导、博导和院士等在内的优秀导师，为本科生搭建最好的指导平台，在潜移默化中培养本科生的学术素养和规范"[13]。这种"本科生导师制"是大学教学与研究结合和学术人才培养的有效途径。现在大学的教学方式还是以重复式、经验式的教学为主，因此，将教学作为学术可以提高教学质量，是教学研究过程的必备选择。将教学视为学术也可以推动教师职业发展，将教师融入学术共同体中，提升大学教师的职业认同感。

教学学术体现了教学对传统学术研究方式的拓展和增益。传统的学术研究，有相当一部分体现为独守书斋、独自思索。但是，现代的学术研究需要合作、交流，协作研究是现代学术研究的重要方式。这从国际重要期刊论文写作的合作性明显地体现出来。教学互动是学术合作的重要方式，同时教学互动提高了师生的人际沟通能力与知识应用能力，教学活动成为上一辈学者与下一代学者之间知识传承的纽带。因此，教学活动推动了"学术共同体"的进一步形成与完善。教学的学术性意味着教学不仅传授知识，而且创造和扩展知识：教师的教学既是在培养学生，又是在造就学者。[14]

（三）教学学术体现了学术研究应有的思想意义和情感内涵

学术研究是一个理性与思想、情感并重的过程。中国传统思想文化历来重视思想教育和情感陶冶，主张德才兼备。"朝闻道，夕死可矣"（《论语·里仁》）体现了学问探究过程的思想性；"夫子循循然善诱人，博我以文，约我以礼，欲罢不能"（《论语·子罕》）体现了教师对学生的关心教导和学生对教师的尊重景仰，同时体现了诗、书、礼、乐知识中蕴含的情感性。西方教育体系在理性和情感之间过于注重理智；中国近代以来，深受西方知识体系与理性思维的影响，这一影响的过度表现是在教学活动与科学研究中忽视了人才培养的思想性与情感性。赋予教学学术以学术的地位，正是对学术研究过程中重视思想理论指导与重视师生情感交流的回归，也是对中国优秀文化传统的归依与发展。

教师应该把想要分享的知识和学生想要学到的知识转化成一个赋予人权利的学习环境。这种转变对教学学术至关重要，它包括创造力、批判性思维、关心、批评、协作、承诺、交流、信任、培养好奇心等具体内容。在教学学术范围内"教什么"和"如何教"是分不开的，每一种情况都有其适当的比例，并且在不断的变化之中。每个学生不同，每门课程不同，每个老师也不一样，好老师承认并接受这些差异，同时也看到共性——尊重学生和尊重自我。一个真正的学者——有幸从事教学学术的人——既有优秀的头脑，也有开放的心胸。正像纪伯伦所说的那样，"这样的老师并不是让你走进他的智慧之家，而是引导你进入自己的心灵的门槛"。

（四）教学学术彰显了教学工作者应有的学术尊严感和荣誉感

高校学者在从事学术工作时一般会有一种积极的内在体验，这种内在体验在很大程度上体现为学术尊严感和荣誉感，这种内在的献身学术的动机被外在的奖励所强化，内外动机的结合使高校学者致力于学术工作。古今中外，有很多体现学术尊严感与荣誉感的思想主张，例如：北宋思想家张载提出的"为天地立心，为生民立命，为往圣继绝学"的治学主张，将学问研究提高到为国家、人民服务的高度；纽曼主张"为学问而学问"；马克斯·韦伯曾提出"以学术为天职"的号召。这些思想将学术研究提高到了个体尊严和民族荣誉感的高度。

这不能不引起思考：从事学术工作会得到内在动机的奖励，那么，教学学术工作是否也具有这种特质呢？教学学术的提出，使教学工作者获得了一种新的提高自身工作荣誉的途径，教学学术作为一种学术活动，将教学工作者的专业意识提高到学术尊严的高度，体现了教学工作者的专业荣誉。现实中尚且存在的重科研、轻教学的现象，似乎使人觉得教学工作"低人一等"，这正是不理解教学学术内涵与本质的体现。

三、深化教学学术本质的现实路径

深化教学学术的学术本质，对于教学学术理论体系的建设具有重要意义，并且能够更好地促进教学活动的开展。深化教学学术本质的具体路径包括建立教学学术管理与评价机构、进行教学学术成果交流和提升教学学术成果在职称晋升、奖励考核中的比重等。在所有这些措施中，最为重要的是加强教学活动与科研活动的联系，推动教学学术成果公开化，采取新型教学学术评价模式，并且强化教学学术与学科专业建设之间的关系。

（一）促进教学与科研的深度融合

为了促进教学学术的深入研究与实践，应该加强教学活动和科研活动的有效融合。只有加强教学活动与科研活动的深度融合，才能使新的学术知识与见解更快、更好地进入教学一线，才能使教学过程更具有理性思维和辩证思维，才能使教师成为教学者与研究者的统一体。教学活动与科研活动的深入融合，有助于破解"单纯就教学谈论教学"的现象，有助于从学术本质上探索教学活动的特点与规律。虽然"教学"和"科研"存在着一些矛盾，但教学学术为其提供了一种新的解答方法。博耶利用教学学术的视角来看"教学"与"科研"之间的关系，他指出两者是相互促进的一种研究性活动。

教学与科研的融合过程，可以从理念、制度和实践活动等几方面展开。在理念层面，我们要明确教学学术作为一种学术活动的意义。在制度层面,我们要改革教师编制准入与职称评审制度,如变革过度要求科研成果数量等弊端。在实践活动方面,要探索教学与科研融合的合理方式,如清华大学实施多年的学生 SRT 活动(Student Research Training Program,即大学生研究训练计划)就是一个教学与研究融合的成功案例。教学与科研的有效融合,可以促进学术活动的良性发展和学术共同体内部的正向循环。

任何一种学术理论都需要由具体的人来实践,教学学术理念号召高校教师承担起自身应有的责任。高校教师应该既擅长科学研究,也擅长教学工作。高校教师既要有组织、探索学科知识的能力,也要有设计教学、管理课堂的能力;教师既要带领学生深入探讨学科课程的学术性内容,也要通过传播所在学科的中心问题和前沿问题来调动学生的好奇心与积极性;教师既要通过教学活动使学生更好地参与学科智力工作中,也要使学生们习得教学规范与学术准则。教学要成为大学选拔教师的一个重要衡量标准,应聘者是否是好的教学工作者,可以通过各种形式来判断,其中一种形式是"入职教师教学面试"。在教师入职面试环节中,应增加或强化对求职者教学态度、教学意识与教学能力等方面的考察,在此过程中听取教学学术同行的评价与意见。

理想的大学教师是教学者与研究者的统一体。大学不仅需要学者(scholar),也需要教育者(educator)。大学需要将教学工作作为自己的中心工作之一。同时,高校教师需要自我反省:教学是否应该成为自己的重要工作?这不仅是职责的需要,也是学术发展的需要,更是一种责任担当,是一种学术自律。大学教师要对自己的学科传统、现实工作和学术文化进行反思与审查。唯有如此,教学才能真正成为高等教育的中心工作之一。

(二)推动教学学术成果公开化

学术的发展必然涉及具体学术成果与作品的交流、讨论、共享和批判,以具体的学术成果和作品为中介,学术共同体得以建立,学术得以发展。如果教学学术想要得到学术共同体更大的认可,那么教学学术必须表现为具体的作品、成文文献等可见的形式,同时这些具体可见的作品与成文文献等必须得到学术共同体的共享、讨论、批判、交流与建构。"博耶指出,教师的工作只有'得到他人理解'才算有结果。舒尔曼认为,只有当教师的教学成果从'个人私有财产'转变成能被其他学术团体或同行进行建构的'共同财富'时,才能被学术界所认可。"[15]教学学术成果的共享体现了教学学术的公共性,教学学术必须公开、开放,这将有助于增加教学学术的丰富性与多样性,从而促进教学学术的发展。

教学学术成果的共享、交流与批判,客观要求建立统一的评价标准,即好的教学及其成果必须有一种被学术共同体成员认可的标准。统一的评价标准体现了教学学术评价的标准性和规范性。美国最新的教学学术运动注重对教学成效、成果的同行评议和公开评审、交流,这是我们需要借鉴的地方。良好的教学被承认、被公开、被同伴互评与采纳是教学学术的特点之一。因此,在学术研究过程中应适当地展开交流与争论,真正的学术是在不同学者之间相互切磋、整合而体现的。我们在进行交流的过程中也应遵循基本的知识逻辑和生产原理,秉持最基本的学术道德和学术规范,共同营造学术圈的良好氛围。

（三）采取综合评价等新型教学学术评价模式

评价模式起着定向和指导作用,合理的教学学术评价模式能够激励和规范教学学术的发展。对于教学成效评价而言,不能只是选择高级别的教学获奖成果作为评价指标,不能忽视高校教师更广泛、更实际的教学业绩。因此,综合评价是教学学术评价的合理方式,这不仅是指要扩大获奖统计、评价的范围,更是指强化使用教师同行评议、学生评教等方式。作为一种与传统学术不同的学术形式,教学学术特有的思想性与情感性要求必须采取教学共同体"集体评价"的方式。

综合性的教学学术评价方式要求创建良性的教学学术文化,这种教学学术文化既包括同行评议、学生评教等规则、仪式,也包括同行之间、师生之间交流的亲切感、融洽感。与此同时,应该建立适用于不同学科的教学学术评价模式。在科研领域,文学类的科研成果由文学相关专家评议,物理学科的科研成果由物理学科专家评议等。但是在教学领域却较少有针对具体学科的区分评价,如果能将教学学术评价与具体学科联系起来,将是对教学学术发展的一种变革与推动。

（四）加强教学学术与学科之间的联系

学术的研究对象是知识,知识从其起源来看是一个整体。但是,随着知识内容的增多与人们研究知识的需要,整体性的知识分化为学科。在现代学术背景下,学科是人们进行智力工作的基础,学科成为人们进行教学与研究的具体途径。[16]因此,教学学术的研究必须与具体的学科相联系。唯有如此,才能使教学学术的发展具有组织和制度等方面的保障。在现实生活中,教学在多数情况下被认为是一种技艺性、表现性的活动,教学学术也未被认为是学科共同体的核心工作。但是,教学作为与学科人才培养与知识传承密切相关的活动,对于学科发展和知识拓展非常重要。因此,应该将教学作为学科的优先工作之一,应该将教学学术纳入学科的内涵与范畴中来。现在,教师对学科的绝对忠诚反而成为教学学术与学科相融合的绊脚石,因此,通过学科视角来看教学学术的发展可以拓宽教师的视野,打破学科被孤立、束缚的局面。教学的科学性是教学具有学术性的前提。实践表明,教学设计、教学反思等教学学术活动有助于学科的发展。

学科不仅是一个知识领域,也是一种质量控制过程,要求对学科知识的教学、研究和应用过程进行质量控制,具体表现为学术作品评审、学术专利注册等。学科教学学术的质量控制,意味着对于教学质量的提升,意味着教学学术自律、教学学术评价、教学学术理论体系的构建等。学术制度是学术质量控制的重要保障,在教学学术领域,应该建立教学检查制度、教学支持制度及其相关组织机构等。SoTL是学科性的,通过任何相关学科之间的沟通和协作进行,应用的理论、知识、方法和程序来自相关的学科,这些活动是建立在这些学科的基础上的(学科)。《1990年学术重新审议报告》肯定了学科专业知识的重要性,因为学者需要精通他们的领域,以便"转化"和"扩展"知识。

四、结　语

明确教学学术的学术本质及其实现路径,对于高等教育教学工作的开展具有重要意义。教学学术概念的提出与发展,为促进"双一流"评价体系的完善具有促进作用。"双一流"建设成效评价不能仅依据科研指标,而应该依靠完整的包括教学、科研、社会服务在内的评价体系。教学学术理论的深化与完善对于高等教育评价体系的建立具有重要意义。

在理论与实践等层面确认与深化教学学术的学术本质,不仅有助于高等教育政策的发展与完善,也有助于教师正确认识教学活动及其特点、规律,从而更合理地对自身的职业生涯进行规划。在借鉴西方教学学术概念与理论的同时,我国高校应该紧密结合国内实际,更好地促进我国教学学术事业的发展。

当前,翻转课堂、慕课教学等新型教学模式的出现,使以学生为主的教学模式更加受到教育者的欢迎,教学学术对教师提出了更大的挑战。怎样在以学生为主体的背景下发挥教师的主导功能是教学学术必须回答的问题。在经过理性、有逻辑的辩证思考之后,我们还要反思教学学术的概念和理论对于大学工作与教学实践究竟能够产生多大的影响。这在很大程度上取决于大学教育工作者的认识与实践。博耶曾经预想,教学学术只会持续数年,而且只有一小部分的教师为之吸引。而笔者认为,即使只有一小部分的教师围绕教与学的学术维度探索、规划其职业生涯,学术的内涵也会发生真正的改变。

参考文献

[1] MIRHOSSEINI F, MEHRDADN, BIGDELISH, et al. Exploring the Concept of Scholarship of Teaching and Learning(SoTL): Concept analysis [M]. Med J Islam Repub Iran, 2018: 32, 96.

[2] 李志河. 高校教师教学学术水平评价体系建构及其应用研究[D]. 北京:北京师范大学,2018:29.

[3] 培森. 教学学术内涵的反思与重构[J]. 学术探索,2015(7):143-147.

[4] TRIGWEL K, MARTIN L, BENJAMIN J, et al. Scholarship of Teaching: A Model [J] Higher Education Research & Development, 2000(19): 2.

[5] [捷克]夸美纽斯. 大教学论[M]. 北京:人民教育出版社,1979.

[6] KREBERC. How Teaching award Winners Conceptualize Academic Work: Furthur Thoughts on the Meaning of Scholarship [J]. Teaching in Higher Education, 2000,5(1): 61-78.

[7] [美]加涅,布毕格斯. 教学设计原理(第五版)[M]. 韦杰,皮连生等译. 上海:华东师范大学出版社,1999.

[8] 方学礼. 基于教学学术的大学教师职务评聘制度重构[J]. 教师教育研究,2010(4):39-42.

[9] [10] BASS R. The Scholarship of Teaching: What's the Problem? [J]. Invention: Creative Thinking about Learning and Teaching, 1999(1): 1-10.

[11] 宋燕. ".学术"一解[J]. 清华大学教育研究,2012(2):18-24.

[12] 蒋喜锋,彭志武. 当教学成为学术——教学学术理论的深层意蕴及启示[J]. 江苏高教,2011(1):66-69.

[13] 麦可思研究. 这所高校将投约5亿培养本科生,还让院士做导师[EB/OL]. (2019-03-29)[2019-07-

15]. http://dy.163.com/v2/article/detail/EBF4S4UH05218435.html.

[14] 吴绍芬.大学"教学学术"内涵与路径求索[J].江苏高教,2012(6):74-77.

[15] 钟志贤.开放大学的教学学术:内涵、意义及方法[J].中国远程教育,2012(9):10-23.

[16] 钟秉林,李志河.试析本科院校学科建设与专业建设[J].中国高等教育,2015(22):19-23.

The Essence and Development Path of Scholarship of Teaching

LI Zhihe,XIN Huimin,WANG Sunyu,WANG Ruipeng

Abstract: The scholarship theory of teaching is closely related to the perfection of university functions and the development of higher education. On the basis of discriminating the concepts of teaching, outstanding teaching, academy and teaching academy, we need to clarify the fundamental nature of scholarship of teaching. The scholarship of teaching has dual attributes: teaching and learning. Teaching is an important field of academic research and an important means of academic research. scholar-ship of teaching embodies the ideological and emotional connotations of academic research and the sense of academic dignity and honor of the teaching staff. Therefore, the fundamental nature of scholarship of teaching is academia. The scholarship of teaching exists in all kinds of academic activities. It is different from other academic activities in knowledge, research and communication. We should strengthen the connection between teaching activities and scientific research activities, promote the publicity of academic achievements in teaching, adopt a new model of academic evaluation of teaching and strengthen the relationship between scholarship of teaching and subject construction.

Key words: scholarship of teaching; the essence of academic research; subject construction; academic reflection; teaching research

（本文原载《现代教育管理》2020年第6期）

"双一流"建设高校大学生批判性思维能力评价的实证研究

田社平　王立科　邱意弘

摘　要： 批判性思维培养对大学生的创新精神和创造力发展具有十分重要的作用，而对批判性思维能力的评价是培养过程中的一个重要环节。通过采用"加利福尼亚批判性思维倾向测量表"和"加利福尼亚批判性思维技能测试"对一所"双一流"建设高校不同年级学生进行批判性思维能力的调查评价，发现学生广泛具有良好甚至较强的批判性思维技能，但有超过 26% 的受调查学生不具备批判性思维倾向或气质。因此，建设"双一流"高校在培养大学生批判性思维能力，尤其是批判性思维倾向方面还有较大的提升空间。据此，提出培养大学生批判性思维能力的策略和建议。

关键词： 大学生；批判性思维；学生能力评价；人才培养

大学特别是研究型大学具有为社会培养和输送优秀人才的重要功能，大学是培养批判性思维（Critical Thinking，CT）人才的重要力量。受全球 CT 运动的影响，我国高校也纷纷开始重视 CT。CT 作为一种合理的、反省的思维，已成为创新型人才必不可少的品质之一。CT 强调经过审慎思考并利用先前知识和多方面证据来阐释、分析、评估、推理、论证、自我调节并做出判断和决策的过程。一个具有 CT 素养的个体，面对不同情境，不但能够不懈质疑、理性分析、不断反思，得出合理结论或生成有效解决方案，而且能慎重考虑他人观点且尊重他人挑战自己观点的权利。CT 是学生智能素质和创造力的重要构成部分。[1]培养 CT 能力是世界高等教育改革的共同目标。

对大学生实施 CT 教育，首先应对大学生 CT 能力进行评价。国外尤其是美国在这方面的工作做得比较深入。美国不仅发起了 CT 运动，而且发展出成熟的 CT 量表，并将这些量表应用于大学生 CT 能力的调查。而国内近年来通过引进、翻译、修订美国的 CT 量表，对国

作者简介： 田社平，上海交通大学电子信息与电气工程学院副教授；王立科、邱意弘，副教授，上海交通大学教学发展中心研究员。

基金项目： 教育部高等学校仪器类专业新工科建设立项项目（2018C052）；上海交通大学教学发展中心教学发展基金（CTLD18B0027）。

内大学生 CT 能力进行一些调查,从而积累了一批基础数据。吉安卡洛等(Giancarlo)等[2]于 1992 年采用加利福尼亚批判性思维倾向量表(CCTDI)对美国一所私立大学本科生开展调查,平均得分为 301.62 ± 26.19,4 年后再次对该批学生进行调查,平均得分为 309.05 ± 27.47,说明受调查学生在校期间尽管 CT 倾向呈正性偏弱,但有显著提高。国内刘义、高志远、顾琴轩、周宇剑等也采用中国版 CCTDI(CCTDI - CV)对在校大学生开展了调查,结果表明我国大学生的 CT 倾向呈中性或正性偏弱。[3-6]美国 Insight Assessment 公司采用加利福尼亚批判性思维技能量表(CCTST)对 2 677 名美国大学毕业班学生开展调查,平均得分为 16.80 ± 5.06,处于良好水平。[7]董元兴等采用中国版 CCTST(CCTST - CV)对中国地质大学的 2008 届 25 名毕业生开展调查,平均得分为 19.20 ± 4.32,处于良好水平。[8]

尽管如此,国内在大学生 CT 能力评价方面仍然存在诸多问题:首先,现有评价大多针对的是一般大学生群体,缺乏针对国内优秀大学生群体的调查数据和分析结果;其次,现有评价仅仅针对大学生的 CT 倾向水平或者 CT 技能水平,鲜有对大学生 CT 能力(倾向和技能)进行整体评价的结果。为此,本文以某"双一流"建设高校的一个工科专业为例,采用 CCTDI - CV 和 CCTST - CV 作为测量工具,以问卷调查的形式,对该专业本科生的 CT 能力进行整体评价。通过研究,试图回答以下 3 个问题:"双一流"建设高校受调查学生的 CT 能力的总体情况如何?"双一流"建设高校不同年级受调查学生的 CT 能力是否存在差异?"双一流"建设高校不同性别受调查学生的 CT 能力是否存在差异?

一、理论基础及研究假设

(一) 理论基础

20 世纪 70 年代以来,出现了不同的 CT 理论和模式,其中,美国学者理查德·保罗(Richard Paul)的"强弱意识"CT 理论和模式对 CT 的研究具有重要的影响。保罗对 CT 有深入的研究,率先在美国建立了 CT 中心、国家 CT 讨论会等。保罗认为 CT"是一种自我指导的思维,具有严谨性、合理性"。他指出,CT 可能走向两个不同的方向:自我中心或公正,前者对应"弱意识"CT,后者对应"强意识"CT。[9]CT"强弱意识"模式可追溯至一个世纪之前萨姆纳对批判性程度强的思维者的阐述,它强调 CT 包括技能和气质两个方面,只有同时具备 CT 技能和气质(公正性)的人才能成为"强意识"CT 者。保罗的 CT"强弱意识"模式对美国研究型大学 CT 培养有重要影响。在学校教育中,老师在教学中培养学生的 CT,不能单单教学一些 CT 技能,还需要营造良好环境,培养学生的 CT 气质,只有两者同时具备并内化为个人特质时,学生才能成为成熟的 CT 者。可见,保罗对 CT 的研究丰富了 CT 的理论,其CT"强弱意识"模式为研究型大学 CT 教学提供了理论基础和方法指导。

(二) 研究假设

首先,"双一流"建设高校在资源配置、师资水平、学校声誉、生源质量等方面具有优势,能够在教育质量和人才培养成效上更为突出,能够更好地为学生创设有益学习和参与的支持性环境,帮助学生提高和发展自己,使他们成为可能的"强意识"CT 者。由此,笔者提出假设 1:"双一流"建设高校学生的 CT 能力随年级的递增而提高,且四年级学生的 CT 能力显著高于一年级学生。

其次,学生的个人特点及背景特征会影响其在大学教育环境中有效的学习参与和投入。个人特点及背景特征涵盖的范围极其宽泛,本研究关注不同的性别身份是否影响学生大学教育期间的 CT 能力发展。由此,笔者提出假设 2:"双一流"建设高校学生的 CT 能力与其性别身份不相关。

二、研 究 设 计

(一)研究对象与调查形式

该"双一流"建设高校历年来本科招生政策稳定,可以认为学生的入学条件一致;在校生的培养方案虽进行了一些修订,但总体没有实质性的变化。由此,本研究采用横断面调查来评估大学生 CT 能力。调查对象为该校工科测控技术与仪器专业的一至四年级学生,每个年级的学生都已完成对应学年的学习。调查采用电子问卷形式。

对一年级到三年级的调查为现场调查,教务办教师通知该专业整个年级的学生到教室,研究人员首先对调查的意义和目的进行说明,以取得受试同学的理解,确保问卷填写真实、可靠;然后,对问卷填写注意事项进行说明。按照先 CCTDI - CV、后 CCTST - CV 的次序公布电子问卷填写二维码,让学生现场用手机完成问卷调查。对四年级的调查采用电子邮件、微信等方式。在问卷填写过程中,研究人员随时回答学生的提问。问卷的回收情况见表 1。

表 1 问卷回收情况

	专业人数	CT 倾向有效问卷数	CT 技能有效问卷数	同时参加 CT 倾向、技能调查的有效问卷数
一年级	63	51	50	50
二年级	64	51	51	51
三年级	60	50	51	50
四年级	61	45	40	34
总计	248	197(其中男生 152 人)	192(其中男生 146 人)	185(其中男生 141 人)

(二)研究工具

本研究采用 CCTDI - CV 和 CCTST - CV 测量 CT 能力。CCTDI - CV 保留了 CT 倾向的 7 个维度,即寻找真相(Truth-seeking)、思想开放性(Open-mindedness)、分析能力

（Analyticity）、系统化能力（Systematicity）、CT 自信心（CT Self-confidence）、求知欲（Inquisitiveness）和认知成熟度（Maturity）。每一维度包含 10 个题项，共 70 个题项，其中正性题项 30 题、负性题项 40 题。整个量表的克隆巴赫 α 值为 0.90，各维度的 α 值分别是 0.57、0.54、0.62、0.64、0.76、0.77、0.57，量表的内部一致性信度较高。而且，CCTDI - CV 的信效度较 CCTDI 中译版高，能更确切地反映中国学生的 CT 倾向。

CCTST - CV 是对 CCTST 的修订，共有 34 道标准化测试题，由分析、推论、评估 3 个子量表组成。它也可分为演绎推理和归纳推理两个子量表，用以测量传统的归纳和演绎技能。CCTST - CV 也具有较好的信效度。

（三）量表得分及评价方法

CCTDI - CV 采用 6 分制 Likert 量表格式，总分的可能得分区间为 70～420 分，对 CT 倾向评价，[0,210) 为负性、[210,280) 为中性、[280,350) 为正性偏弱、[350,420] 为正性偏强。由 CCTDI - CV 还可得到 7 个分量表，用以测量 CT 倾向的 7 个子维度。分量表的得分区间为 10～60 分，根据得分，对子维度评价，[0,30) 为负性、[30,40) 为中性、[40,50) 为正性偏弱、[50,60] 为正性偏强。

CCTST - CV 采用单选题格式，总分的可能得分区间为 0～34 分，根据得分，CT 技能评价分为三档：[0,11] 为较弱、(11,25) 为良好、[25,34] 为较强。CCTST - CV 还可分为分析（得分区间为 0～7 分）、推理（得分区间为 0～16 分）、评估（得分区间为 0～11 分）3 个子量表，或者分为演绎推理（得分区间为 0～17 分）和归纳推理（得分区间为 0～17 分）两个子量表，其评价也分为较弱、良好、较强三档。

（四）数据分析处理

采用 Matlab（R2016a）对数据进行分析处理。

三、结 果 与 讨 论

（一）不同年级、性别学生的 CT 倾向得分

将大学生 CT 倾向的总分按照年级、性别分类，结果见表 2。从表 2 中可以看出：四个年级的平均得分较为相近，评价为正性偏弱。对不同年级 CT 倾向平均得分差异进行 t 检验，计算结果表明，在 α＝0.01 水平上各年级平均得分没有显著差异；男生的平均得分为 303.23，略高于女生的平均得分 296.65。对男、女生 CT 倾向平均得分差异进行 t 检验，结果表明，在 α＝0.01 水平上男、女生的平均得分不存在显著差异；全体学生的平均得分为 301.82，说明总体的 CT 倾向呈现正性偏弱。该分数与吉安卡洛（Giancarlo）[2] 的调查结果接近，但高于刘义[3]、高志远[4]、顾琴轩[5]、周宇剑[6] 等进行调查的结果；受调查学生中最低

得分为 234,最高得分为 386,进一步分析后,全体学生中呈现 CT 中性的占 26.20%,正性偏弱的占 65.78%,正性偏强的占 8.02%。这说明超过 26% 的受调查学生不具备 CT 倾向或气质。

表 2　按年级、性别的 CT 倾向总分情况

	平均分	标准差	中位数	众数	最小~最大值
一年级	302.20	34.90	306	272	234~386
二年级	294.39	32.73	291	291	240~366
三年级	308.82	29.79	306	306	237~377
四年级	302.11	32.29	296	291	243~377
男生	303.23	33.34	304	291	234~386
女生	296.65	29.97	293	293	241~375
全体	301.82	32.68	301	293	234~386

（二）全体学生的 CT 倾向各维度得分

将全体学生的 CT 按照 7 个维度分别统计,平均得分在 39.28~46.93。受调查学生总体上在求真性维度上呈现中性(平均得分 39.28),在其他 6 个维度上为正性偏弱。在好奇性维度得分最高,说明受调查学生总体上在该维度上表现较好。

（三）不同年级、性别学生的 CT 倾向各维度得分

按年级、性别将受调查学生的 7 个维度得分进行统计,发现不同性别的学生在 CT 倾向各维度的得分基本接近,男生在求真性维度上呈现中性,在其他维度上为正性偏弱;女生在求真性、系统性、自信性维度上呈现中性,在其他维度上呈现正性偏弱。不同年级的学生在 CT 倾向各维度表现出一定的差别,一、二年级学生仅仅在求真性维度呈现中性,而在其他 6 个维度上均呈现正性偏弱;三年级、四年级学生在所有维度上均呈现正性偏弱。

进一步分析大学生 CT 倾向与年级、性别的相关关系,发现 CT 倾向总体与各维度之间、各维度之间呈现显著相关,求真性维度与年级之间显著相关,自信性维度与性别之间显著相关。

（四）不同年级、性别学生的 CT 技能得分

将大学生 CT 技能的总分按照年级、性别分类可知,四个年级的平均得分均评价为良好。对不同年级 CT 技能平均得分差异进行 t 检验,计算结果表明:在 $\alpha=0.01$ 水平上各年级平均得分没有显著差异;男、女生的 CT 技能平均得分相近。对男、女生技能平均得分差异进行 t 检验,计算结果表明:在 α 为 0.01 水平上男、女生平均得分没有显著差异;全体学生的平均得分为 21.80,说明总体的 CT 技能评价良好。该分数显著高于 Insight Assessment[7] 的调查结果,也高于董元兴[8] 的调查结果;受调查学生中最低得分为 4,最高得分为 28,两者相差较大。进一步分析后,全体学生中呈现 CT 技能评价较弱的占 2.20%,

评价良好的占 75.27%,较强的占 22.53%,超过 97% 的受调查学生具备良好或较强的 CT 技能。这说明受调查学生普遍具备良好的 CT 技能。

（五）全体学生的 CT 技能各维度得分

将全体学生的批判性技能按照分析、推理、评估以及归纳、演绎等维度分别统计,受调查学生总体上在分析技能上评价为较强,而在推理、评估技能上评价为良好,在归纳、演绎技能上平均得分相近,均评价为良好。

（六）不同年级、性别学生的 CT 技能各维度得分

按年级、性别将受调查学生的各个技能维度得分进行统计,可以看出,男、女生在 CT 技能各维度的得分基本接近,其所呈现的技能评价结果与总体相同。不同年级的学生在 CT 技能各维度的表现与总体类似,其中四年级学生在分析技能上表现良好,而其他年级均表现为较强。

进一步分析大学生 CT 技能与年级、性别的相关关系,发现总体技能与各子维度、各子维度之间显著相关,CT 技能与年级不呈现显著相关,CT 技能、各子维度与性别不呈现显著相关。

四、大学生批判性思维能力培养策略和建议

根据研究结果可以得出如下结论。

首先,该"双一流"建设高校受调查学生具有良好甚至较强的 CT 技能,其总体平均得分高于美国学生调查结果;受调查学生 CT 倾向的总体平均得分呈现正性偏弱,且有超过 26% 的受调查学生不具备 CT 倾向或气质。这说明该"双一流"建设高校在培养 CT 能力,尤其是 CT 倾向或气质方面还有较大的提升空间。

其次,该"双一流"建设高校受调查学生的 CT 能力并没有随着年级的递增而相应得到显著的提高,这与我们的假设相反。其原因可能来自两个方面:一方面,"双一流"建设高校的生源质量较高,学生在入校时已具备较强的 CT 能力,入校后学校的环境、教育等可能对其 CT 的影响甚微。另一方面,也有可能学校对培养 CT 能力重视不够,或者虽然重视但措施落实不力,从而未能有效地提高学生的 CT 能力。无论哪种原因,都说明该"双一流"建设高校在培养 CT 能力方面大有可为。

再次,该"双一流"建设高校受调查学生的 CT 能力与性别并不呈现显著相关。这说明不同的性别身份并不影响学生大学教育期间的 CT 能力发展。

最后,相对而言该"双一流"建设高校受调查学生的 CT 技能水平表现要优于 CT 倾向水平。尽管 CT 技能和倾向没有绝对的可比性,但从量表评价的角度,可以看出受调查学生具有良好甚至较强的 CT 技能,而其 CT 倾向的总体平均得分处于正性偏弱区间的下限。按照

保罗的"强弱意识"CT模式,如果一个人的CT技能较强,而CT倾向或习性较弱,那么他/她往往表现出"弱意识"CT。因此,我们应该更重视大学生CT倾向或气质的培养和内化。

基于上述分析,"双一流"建设高校还需进一步重视大学生CT能力的培养,但如何培养大学生CT值得深入研究。和美国相比,我国在CT培养方面差距甚大,尤其CT远不是"国家订制",例如迄今尚未将CT作为高等教育的目标,国家教育改革与发展纲要中也只字未提。[10]尽管如此,我们仍然可以借鉴已有的经验,总结已有的研究成果,以此促进CT的培养。

第一,对我国大学生而言,培养CT倾向和品质要比培养CT技能显得更为迫切。清华大学经济管理学院院长钱颖一教授针对CT教育提出了三点建议,他认为要把培养学生的CT心态和习惯即心智模式作为更高的教育目标。[11]当前大学生的总体CT倾向不高,这与我国教育对学生CT的培养和开发的重视程度不够是有关系的。尽管我们提出了重视素质教育的口号,但如何将素质教育落到实处,值得我们思考。在大学教育中,我们既要教授学生技能,更要教授学生心智习性,让学生反思性地分析那些反映生活中真正挑战的丰富而真实的问题,以形成CT心态和习惯。

第二,激励学生敢于提问、探求真理,加强CT训练。近年来,我国高等教育领域虽然进行了多轮的改革,取得很大的成就,但不可否认的是,很多改革没有深入到课堂教学,对微观教学的关注不够。[12]教师在课堂教学中还是习惯于"知识传授型"的教学模式,不太重视问题的发现与提出,教师在教学中即便提出了问题,也往往倾向于给出已知的所谓标准答案。这种教学模式对学生CT能力尤其CT倾向和品质的训练并没有大的帮助。鉴于此,我国高校亟待改变传统的课堂教学模式,真正做到以学生为中心,建设良好的自由探索的环境和氛围,鼓励学生敢于探索、敢于提问,培养CT品质。

第三,在现有学科课程教学中融入CT能力的培养,探索合适的教学模式和方法。CT能力培养的教学途径可以有多种,比如可以单独设课进行训练,也可通过常规的课堂教学发展学生的CT,还可以发展隐性课程进行训练。在不改变现有教学模式和格局的情况下,在现有学科课程教学中融入CT能力的培养是最为经济可行的方法,也是学科教师对学生进行CT训练常见的方法。在培养大学生CT过程中,可以从大学低年级开始,结合学科课程教学由浅入深、由简单到复杂的特点,将CT训练融入整个大学的专业学科教学之中。可以在专业教学中融入多种教学方法与途径,例如问题式教学、案例式教学等,帮助学生提高CT能力。[13,14]

第四,积极引导大学生对CT及其重要性的认识。大学生是CT的主体,培养大学生CT,必须真正做到以学生为中心,要让大学生理解CT的内涵和意义。教师应该帮助大学生应充分认识到:我应该相信什么,做什么?也要帮助大学生确立在知识学习中的"主体"位置,与知识传授者形成双向互动关系,主动地学习。大学生只有在主动学习中才能提升CT水平。

需指出的是,本文的调查仅限于"双一流"建设高校的一个工科专业,其结果并不能反映该校理科、文科专业学生的情况。今后，在可能的条件下，我们还需在更大范围内对我国大学生 CT 能力状况进行评估，为我国高校有针对性地开展 CT 教育与培养提供参考。

（致谢：感谢上海交通大学电子信息与电气工程学院茅旭初副教授、黄震老师在问卷调查工作中给予的支持和帮助。）

参考文献

［1］ FACIONE P A. Critical thinking：A statement of expert consensus for purposes of educational assessment and instruction（executive summary）［M］. The Delphi Report，Millbrae，CA：California Academic Press，1990：13 - 14.

［2］ GIANCARLD C，FACIONE P. A look across four years at the disposition toward critical thinking among undergraduate students［J］. Journal of General Education，2001,50(1)：29 - 55.

［3］ 刘义，赵炬明. 大学生批判性思维倾向的现状调查[J]. 高等工程教育研究,2010(1)：81 - 85.

［4］ 高志远. 应用型本科大学生批判性思维倾向现状调查[J]. 高教探索,2013(20)：129 - 133.

［5］ 顾琴轩. 大学生批判性思维倾向调查与培养建议[J]. 上海教育评估研究,2013(4)：64 - 73.

［6］ 周宇剑，宋周洲. 地方本科院校学生批判性思维能力调查研究[J]. 湖南科技学院学报,2017,38(10)：100 - 105.

［7］ Insight Assessment. CCTST2K Interpretation Document［Z］. Millbrae，CA：California Academic Press，2006.

［8］ 董元兴，李慷，刘芳. 大学生的批判性思维技能：评估与培养[J]. 外语电化教学,2010(135)：33 - 38.

［9］ PAUL R，ELDER L. Critical thinking：Teaching student to seek the logic of things［J］. Journal of Developmental Education，1999：34 - 35.

［10］ 武宏志. 论美国的批判性思维运动及其教益[J]. 华中科技大学学报（社会科学版）,2014,28(4)：112 - 120.

［11］ 钱颖一. 批判性思维与创造性思维教育：理念与实践[J]. 清华大学教育研究,2018,39(4)：1 - 16.

［12］ 潘懋元. 高等教育研究要更加重视微观教学研究[J]. 中国高教研究,2015(7)：1.

［13］ 田社平，王力娟，邱意弘. 问题式教学法对工科大学生批判性思维倾向影响的实证研究[J]. 高等工程教育研究,2018(6)：156 - 160.

［14］ TSUI L. Courses and Instruction Affecting Critical Thinking［J］. Research in Higher Education，1999,40(2)：185 - 200.

An Empirical Study on Assessment of Critical Thinking Ability of Undergraduates of a "Double First Class" Construction University

TIAN Sheping，WANG Like，QIU Yihong

Abstract：The cultivation of critical thinking plays an important role in the development of undergraduates' innovative spirit and creativity in which the evaluation of critical thinking ability is a very important aspect. The California Critical Thinking Disposition Inventory and the California Critical Thinking Skills Test were employed to investigate the critical thinking ability of undergraduates of an engineering major in a "double first class" construction university. The survey results show that the surveyed students have good or strong critical thinking skills while more than 26% of the surveyed students possess no critical thinking disposition or attitude. Therefore，there is still much room for the "double first class" construction university to improve to cultivate undergraduates' critical thinking ability，especially critical thinking disposition. Accordingly，strategies and suggestions for cultivating college undergraduates' critical thinking ability are put forward.

Key words：Undergraduates；Critical thinking；Evaluation of student ability

（本文原载《上海教育评估研究》2020 年第 1 期）

"停课不停学"时期在线教学实践及疫后在线教学改革的思考
——以上海交通大学为例

沈宏兴　郝大魁　江婧婧

摘　要：新冠疫情防控期间,教育部要求在保障师生健康安全的基础上做好"停课不停教、停课不停学"工作。各地学校纷纷在短时间内紧急筹备,从确定教学方式到部署信息化设施,再到教师培训试讲,开展了大规模线上教学。文章以上海交通大学为例,分析了学校在"停课不停学"时期对在线教学方式和在线教学平台的选择,介绍了学校在线教学的质量控制与反馈情况,并对疫后在线教学改革进行了思考,探讨如何将在线教学的技术优势保持下去,并利用信息技术推动教学方法创新和教学模式变革,以加快实现人才培养和立德树人的根本目标。

关键词：直播教学；录播教学；MOOC 教学；研讨教学；Zoom 系统；Canvas 平台

2020 年 2 月 4 日,教育部印发《教育部应对新型冠状病毒感染肺炎疫情工作领导小组办公室关于在疫情防控期间做好普通高等学校在线教学组织与管理工作的指导意见》,要求各地把做好疫情防控工作放在首位,维护广大师生的健康安全,并认真制定"停课不停教、停课不停学"的实施方案;学校和教师要合理选择教学方式、教学资源,帮助学生科学制定居家学习计划,在传授知识的同时,要注重培养学生的自主学习能力;要注重实施效果,精准分析学情,对学习质量进行诊断评估,有针对性地制定在线教学计划[1]。上海交通大学(简称学校)深入贯彻落实教育部和上海市关于防控新冠肺炎工作要求,成立了教学指导、技术保障、质量控制等工作组。同时,学校依托 Zoom、Canvas、"好大学在线"等在线教学平台,按照 2020 年春季学期教学课表,开展了多种形式的在线教学实践,充分利用信息化手段,发挥教师主观能动性,确保线上教学与线下教学同质等效[2]。

作者简介：沈宏兴,上海交通大学教育技术中心主任,高级工程师,硕士;郝大魁,上海交通大学教育技术中心工程师;江婧婧,上海交通大学教育技术中心助理工程师,教育学硕士。

一、在线教学方式的选择

(一) 直播教学

直播教学是指按照排课时间,主讲教师通过视频直播平台进入虚拟教室,进行实时直播授课,学生则在线实时听课,线上课堂时长与排课时间一致。学校要求直播课堂教学不能照搬传统线下课堂,而需重新设计:①应充分发挥互联网资源共享的优势,由一个教学经验丰富的教师主讲,同时有若干名教师配合管理原有的教学班,即开展"大班授课、小班辅导"的教学模式;②要共享教学名师的教学内容,国家级精品课程可作为直播教学的补充资料;③教师要充分听取学生的反馈,及时调整在线教学的教学内容、教学策略和教学速度。

在直播授课的过程中,教师注重与学生进行有效互动。虚拟教室为 Zoom 视频会议系统(简称"Zoom 系统"),教师根据课表获取会议号与密码,按照课表规定的时间提前登录此系统。课程直播结束后,教师须将实录的课堂视频上传至华为云平台,并将链接分享在 Canvas 在线教学平台(简称"Canvas 平台")上供学生课后查看,也可以在 Canvas 平台上对学生提出学习目标、告知学习安排、提供学习材料、布置课后作业等。直播教学课前、课中、课后师生需完成的事项如表 1 所示。

表 1　直播教学课前、课中、课后师生需完成的事项

	教　师	学　生	建议使用的平台
课前	提出教学要求、告知学习安排;提供学习材料、提出阅读要求	根据教师要求完成相关任务	Canvas 平台
课中	按课表规定时间授课;完成相关难点、习题等的答疑辅导	按课表规定时间听课;按照教师要求,进行相关学习活动	Zoom 系统、线下智慧教室
课后	将课程直播视频上传至指定平台;布置作业、答疑辅导、批阅作业;自行设计其他教学活动	可回看录像;完成教师要求的任务	Canvas 平台、华为云平台

(二) 录播教学

录播教学是指教师首先在课前安排学生观看提前录制好的视频,然后按照排课时间利用视频直播平台开展线上课堂互动教学活动,主要包括难点讲解、分组讨论、习题讲解等。为确保教学质量,疫情防控期间录播教学的线上课堂时长原则上应不少于排课时长的 60%。相较于直播教学,录播教学虽然降低了教师讲课的难度,但需要教师提前准备好合适的教学录像——教学录像形式丰富多样,一般采用"教学课件+教师画面+声音"的形式,但最低要求是"教学课件+声音"。

由于课前已先让学生观看了教学录像,故课中教师只需就重点和难点进行讲解并与学生互动。在 Zoom 系统中，教师同样可以提问、布置测试题，也可以组织学习小组进行交流，可见，录播教学与翻转课堂十分相似，只是课堂由原来的实体教室变成了虚拟教室。录播教学需要教师做更多的课程设计，故需投入更多的时间、精力，而其教学效果也明显高于其他教学方式，是学校教学改革的一个方向[3]。录播教学课前、课中、课后师生需完成的事项如表 2 所示。

表 2　录播教学课前、课中、课后师生需完成的事项

	教　师	学　生	建议使用的平台
课前	录制教学视频、上传教学视频；提出教学要求、告知学习安排；布置阅读要求、提供学习材料	根据教师要求，完成视频学习等任务	EV 录屏软件、Seewo 剪辑师、智慧教室云录播、华为云平台、Canvas 平台
课中	按课表规定时间组织教学活动	按课表规定时间参与教学活动	Zoom 系统
课后	布置作业、批阅作业；自行设计其他教学活动	根据教师要求完成相关任务	Canvas 平台

（三）MOOC 教学

MOOC 教学是指基于成熟的 MOOC 课程网站，按照"线上＋线下"的混合模式实施教学：首先，教学团队结合学校自身情况选择合适的 MOOC 课程网站；然后，任课教师按照教学大纲要求和教学计划进度表，布置学生课前学习 MOOC 课程资源的任务；最后，任课教师按照排课时间，利用视频直播平台开展线上教学活动，主要包括难点讲解、分组讨论、习题讲解等。

学校充分利用本校教师在"好大学在线"平台上已开设的 80 多门 MOOC 精品课程，并借助教育部推荐的 22 个教学平台进行教学。考虑到高质量的教学要求，学校鼓励教师一方面在 MOOC 平台上开展 SPOC 课程教学模式，以实现因材施教；另一方面根据教学安排，在课程章节中设置若干个直播课堂活动，实施混合式教学中的线下课堂教学。MOOC 教学课前、课中、课后师生需完成的事项如表 3 所示。

表 3　MOOC 教学课前、课中、课后师生需完成的事项

	教　师	学　生	建议使用的平台
课前	选择合适的 MOOC 课程；提出教学要求、告知学习安排；布置预习内容、组织主题讨论	根据教师要求，完成课前学习讨论等任务	"好大学在线"、教育部推荐的 22 个教学平台
课中	按课表规定时间组织教学活动	按课表规定时间参与教学活动	Zoom 系统
课后	布置作业、批阅作业；自行设计其他教学活动；数据统计，调整教学策略	根据教师要求完成相关任务	"好大学在线"、教育部推荐的 22 个教学平台

（四）研讨教学

研讨教学是以学生提前预习教师提供的教学课件和其他学习资源为基础，以学生开展研究讨论为学习形式的一种教学模式。课前，学生通过阅读文章、教学课件、观看录像等进行学习；课中，按照排课时间，任课教师利用 Canvas 平台、微信群、QQ 群等与学生进行互动，并根据实际学习需要开展研讨、答疑等教学活动。

研讨教学主要适用于文科类课程，教师需提前准备与课程相关的学习资料并上传至 Canvas 平台，以供学生学习。研讨教学要求课件不是一般的"提纲挈领"式课件，而是有很强的可学性、思想性，能够引导学生进行研究探索，引发头脑风暴[4]。研讨教学课前、课中、课后师生需完成的事项如表 4 所示。

表 4　研讨教学课前、课中、课后师生需完成的事项

	教　师	学　生	建议使用的平台
课前	建设课程内容、提出教学要求；告知学习安排、提供学习建议；提出阅读要求、提供学习材料	根据教师要求完成相关任务	Canvas 平台
课中	开展线上实时互动教学；开展研讨、答疑等教学活动	参与教学活动	Canvas 平台、微信群、QQ 群
课后	布置作业、批阅作业；查阅讨论区域；设计其他教学活动	根据教师要求完成相关任务	Canvas 平台

二、在线教学平台的选择

（一）Canvas 平台

Canvas 平台是美国 Instructure 公司旗下的一款学习管理系统（Learning Management System，LMS），能够实现学校课程教学过程中课前和课后所需的课程管理、资料共享、作业测验、分组讨论、数据分析、学习评估等常规功能。Canvas 平台有通用的 API、LTI 接口，可以与学校的教务管理平台对接，实现教务数据联动，因此非常适合校内教学使用。在世界排名前 30 的高校中，有一半以上将 Canvas 作为校级教学平台。2018 年，学校部署了 Canvas 开源版本，2019 年进行了试用，有 700 门课程上线。目前，学校考虑将 Canvas 平台与线下的智慧教室对接，形成课前、课中、课后完整的教学环节。相较于线下实体教室，Canvas 平台可谓是一幢"线上教学楼"[5]。

据学校技术部门预测：疫情防控期间 Canvas 平台的访问量将是 2019 年度的 10 余倍，故学校对现有的 Web 服务器、缓存服务器、数据库服务器进行了紧急扩容和升级（Canvas 平台的拓扑图如图 1 所示）：①为了迎接大流量访问，学校将 Canvas 平台迁移至新的云平台

jCloud,云主机虚拟服务器扩容至原来的 20 倍;同时,通过前端的负载均衡服务器,将用户访问分发至后端的 33 台 Web 服务器。②部署 20 台 Redis 集群服务器,以有效缓冲用户直接访问数据库的压力。③Postgre SQL 数据库使用一台 80 核/768G 内存的实体机服务器,以提升大迸发时的运算速度。④部署 20 台 Cassandra 数据分析服务器,用于记录用户的访问信息,为教学质量监控提供数据。⑤考虑到教师视频资源上传需求大、学生分布面广,学校在华为云平台上搭建了一个供教师视频上传和学生视频点播的 Vshare 平台。

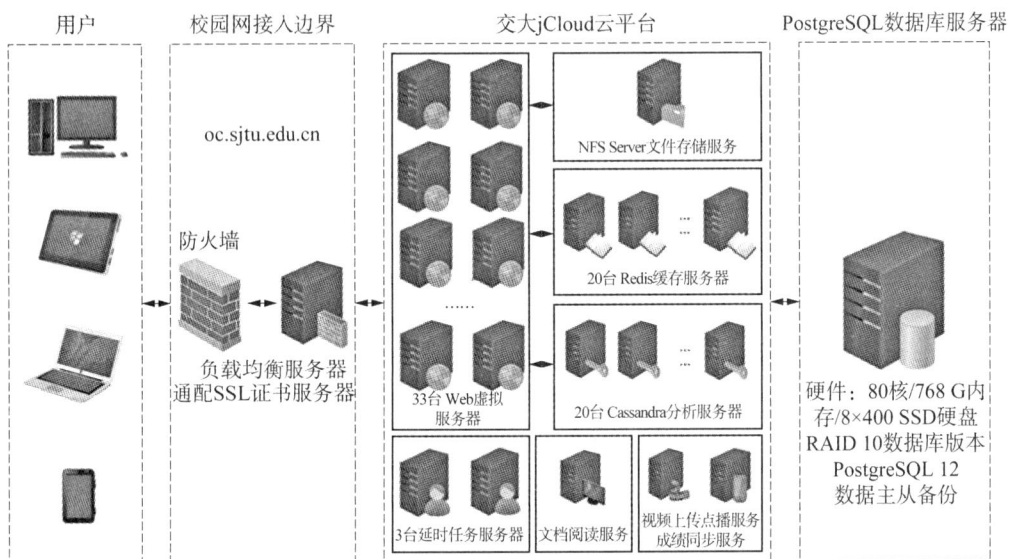

图 1　Canvas 平台部署拓扑图

　　截至 2020 年 3 月 12 日,学校已通过 Canvas 平台开设 2019—2020 学年春季学期课程 2 986 门,有 2160 名教师和 21761 名学生参与;教师发布的作业有 1 万多份、讨论主题有 1.5 万多个,上传文件数高达 4 万多个;每天的页面浏览量超过 50 万页次,最高并行在线人员超过 8 000 人。

(二) Zoom 系统

　　按照教学计划,学校在 2019—2020 学年春季学期共开设 5 000 余门课程,线下排课需要 400 余间教室。疫情发生后,线下教学改为线上教学,需要的虚拟教室同样还是 400 余间。在技术上,视频会议系统能够实现教师课程直播和师生实时互动的需要,因此只需将视频会议室用作虚拟教室,师生便可进行在线教学。此外,视频会议系统具有硬件配置要求低、软件使用简单、兼容性好、成本低等特性,自然是虚拟教室的最佳选择。

　　目前,市场上的视频会议系统有很多,如 QQ、钉钉、Webex、Zoom、好视通等。考虑到在线教学对稳定性的要求,结合本校师生的实际使用情况,学校最终决定将 Zoom 系统作为疫情防控期间的在线直播平台。Zoom 系统基于 AWS 云端部署,能支持分享屏幕功能,可将个人屏幕操作演示给其他会议好友,并配合发言进行详细讲解;在分享屏幕时还支持画笔标注、白板书写、举手、会议录制等功能,能较好地满足课堂教学中 PPT 播放、板书、标注、课堂互动、录课等需求。此外,Zoom 系统最多可以支持 1000 名视频参会者,能满足大班上课的需要。

(三)"好大学在线"及教育部推荐的 MOOC 教学平台

2014 年,学校自主研发了中文慕课平台"好大学在线",旨在通过交流、研讨、协商与协作等活动,建设具有中国特色的、高水平的大规模在线开放课程平台,向成员单位内部和社会提供高质量的慕课课程。目前,该平台已经上线了 1751 门课程。

疫情防控期间,教育部要求各高校充分利用上线的慕课和省、校两级优质在线课程教学资源,并推荐 22 个在疫情防控期间支持高校在线教学服务的在线课程平台,如爱课程(中国大学MOOC)、学堂在线、超星尔雅、人民网公开课等,这些都是面向社会的优秀 MOOC 教学平台。

(四)智慧教室云录播平台

借助智慧教室内的云录播设备,教师像往常一样在教室内上课就能网上直播,其最大的优势是教师不需要改变讲课习惯,且能正常板书。录播系统的摄像机带有自动跟踪功能,有利于学生看清教师的板书内容。

云录播系统录制的课程视频被保存在学校本地云端,而疫情防控期间学生都在校外,故存在集中访问容易发生网络拥堵的问题。为了解决这个问题,教室云录播设备需将课堂音视频信号传输到智慧教师云录播平台上,然后通过相关的接口或协议传至校外云平台。为此,学校租用阿里云直播,来实现课程的大规模直播,其智慧教室直播系统的网络架构如图 2 所示。

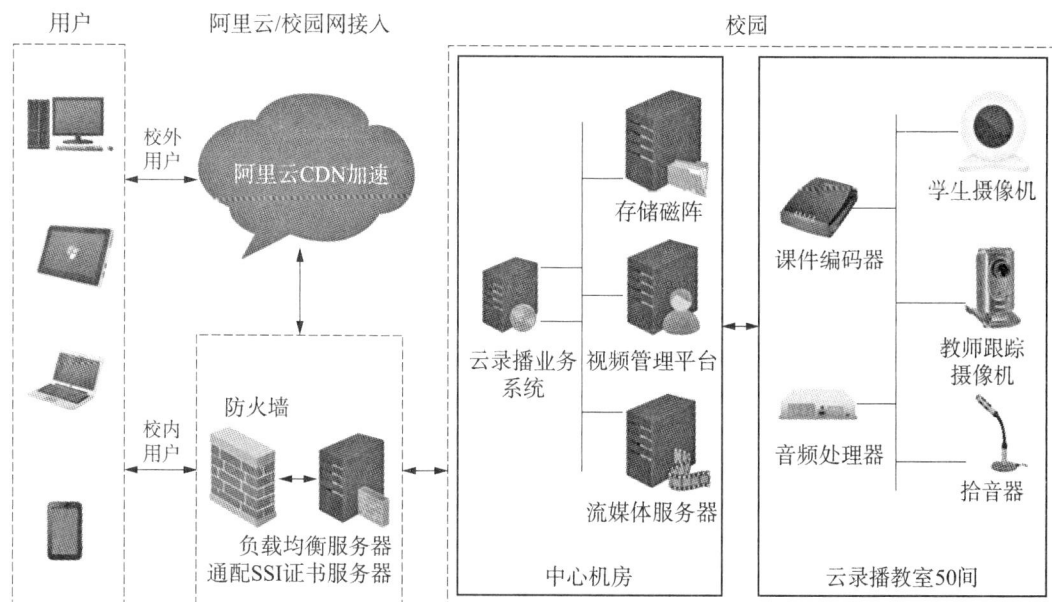

图 2　智慧教室直播系统的网络架构

三、在线教学的质量控制与反馈情况

为了保证在线教学与线下教学同质等效，学校规定了线下教学的管理规则和行为惯例，这些规定原则上也适用于在线教学。任课教师应始终把教书育人作为第一职责，全力投入，认真备课、讲课，保证教学质量；要加强与每位学生的信息沟通，需在 Canvas 平台上建设课程，同时加强过程性考核，密切关注学生的学习效果。学生按照校历和课程表准时登录平台上课，并遵守课堂考勤等纪律。校领导、督导开展专项在线听课，对课程的教学方案、教学资源、师生互动、过程考核等进行检查。其中，督导对教师的好评率评分统计如图 3 所示，可以看出：督导对教师在线教学的综合评价较高，认可教师的授课和课堂管理效果，但也有小部分教师不能熟练使用教学类工具，在线课堂互动还有进一步提升的空间。

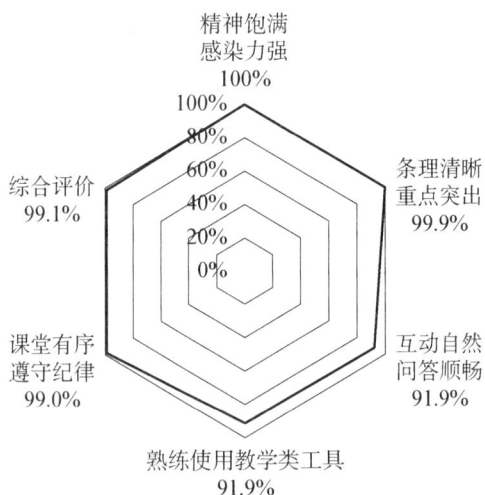

图 3　督导对教师的好评率评分统计

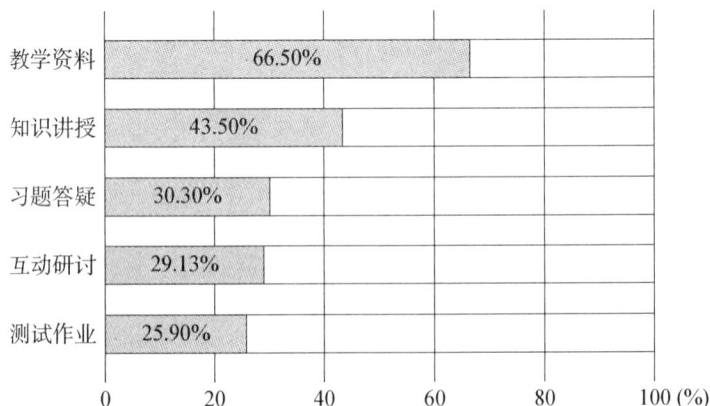

图 4　"你更偏好哪一部分教学过程线上化（多选）?"反馈统计

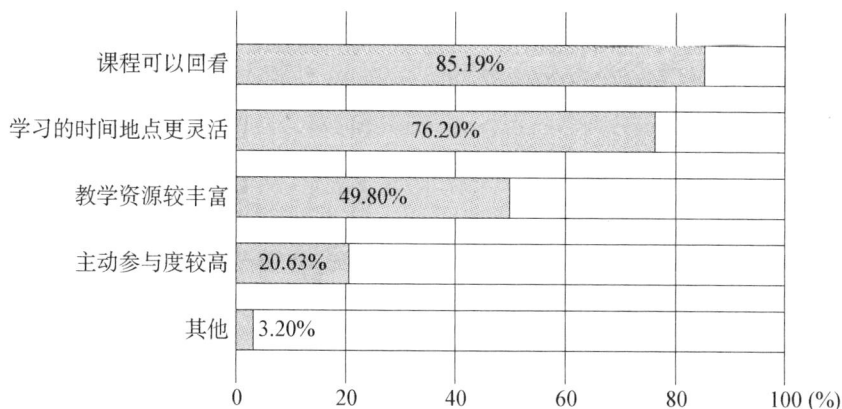

图 5 "你觉得线上教学有哪些优势(多选)?"反馈统计

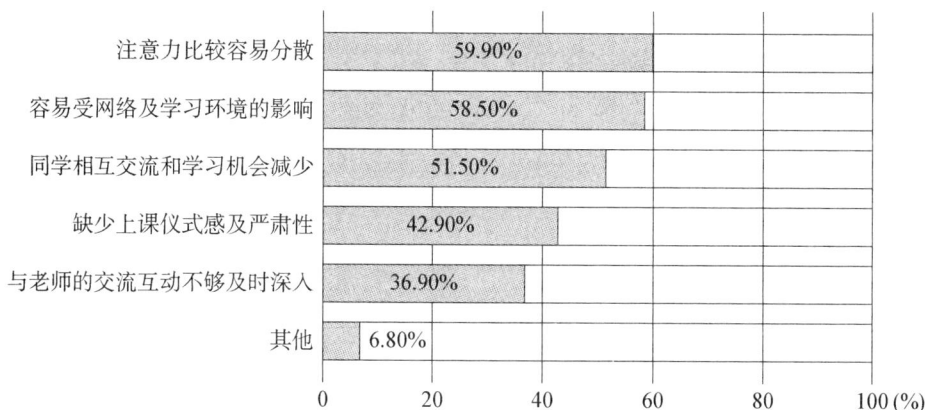

图 6 "当前在线教学有哪些劣势(多选)?"反馈统计

在线学习期间,学校通过问卷调查随机调研了本科生的学习情况,共回收 1 014 份有效问卷。在问卷中,学生对线上教学的部分反馈情况如图4、图5、图6所示,可以看出:学生认为线上教学的优势主要在于课件等教学资料电子化、课程可以回看,使学习不再受时间、空间的限制,灵活性更强。但需要注意的是,线上教学也出现了学生注意力比较容易分散、学习容易受网络及学习环境的影响、在线交流不深入等问题。

四、对疫后在线教学改革的思考

疫情防控期间采用在线教学方式,虽是不得已而为之,但令人欣喜的是,这次在线教学工作出现了很多可圈可点的地方。总结近期学校教师的在线教学工作,本研究发现:①广大教师对这次在线教学高度重视,踊跃学习新的技术,认真备课、授课,充分体现了教书育人的高度责任感;②教师的信息化技术水平得到了很大提高,学校大部分教师熟悉了 Zoom 系统、Canvas 平台的常用功能,并学会了应用多种社交软件平台与学生保持联络,部分教师还学会了制作简易课程视频和简单剪辑视频的方法；③教师对混合式课程的教学设计能力有了明显提升，经常琢磨"如何利用信息技术上好在线课程"。值得一提的是，学校组织了近百位优秀教师的示范课堂，教师争先恐后地参与其中，学习先进经验并将其应用于自己的课堂，教学效果明显提高。那么，如何借助这次大规模在线教学的契机，继续维持教师利用信息技术的热情，并进一步推进信息技术与课程的深度融合，从而推动教学方法创新和教学模式改革？针对这一问题，本研究对疫后教学改革提出了以下建议：

（一）利用网络直播实现"大班授课、小班辅导"的教学方式

对于量大面广的基础课程，可以利用网络直播实现"大班授课、小班辅导"的教学方式。这种教学方式旨在通过教学团队的合作达到最优的教学效果，其优点在于："大班授课"可以让更多的学生学习名师课程，同时可以让普通教师观摩名师教学，学习教学经验，提高教学水平；而"小班辅导"能关注到每位学生，可以实施分层、分类教学。

（二）充分利用信息技术实施教育教学的各个环节

在"信息化2.0"时代，学校传统的面对面讲授式教学模式已经不能满足学生的学习需求，只有将线下传统教学的优势与在线学习的优势融合在一起，才能确保更高的教学质量[5]。而借助信息技术，可以密切教师与学生的联系、加强互动；可以便捷地建立学生学习档案袋，加强学生管理；可以促进教学过程的标准化和规范化；可以利用在线教学平台与在线督导平台，掌握学校的总体教学情况。因此，有必要研究信息技术在教育教学各个环节的深度应用，要用信息技术构建智慧教育生态，全面提升学校教育教学水平[6]。

（三）进一步做好研讨型翻转课堂的课程设计

翻转课堂教学方式不仅培养了学生的知识与技能，也提高了同学之间的协作能力、增进了同学之间的情谊，更重要的是有助于学生养成正确的价值观[7]。在翻转课堂中，教师要注意"学生课前学习后，课程内容怎么讲；如何在课堂上做好师生、生生互动"等问题；课堂上学生小组合作式的研讨活动，能极大地激励学生深度思考、发表个人见解；师生通过互动，深入探讨教学内容，加上生生互评、教师点评等引导，可以让学生进一步掌握知识。因此，将翻转课堂与研讨式学习结合起来的研讨型翻转课堂，将成为未来教学的重要方式。

（四）分析教学平台学情数据以提高教学质量

采集、分析Canvas平台上学生的学习行为数据和学习结果数据，形成多维度、可视化的课程学情数据报告；利用Canvas平台的互动、讨论和测验等功能模块，生成对学生日常学习的形成性评价报告，然后据此分析在线教学过程中学生的学习状态、学习效果等相关度，可为教师进行教学诊断、改进教学提供有效参考，同时也有助于学生提高学业成绩。

(五) 推进智慧教室环境下的教学方法创新

推进智慧教室环境下的教学方法创新,可从以下方面着手:利用云直播、课堂答题器等进行创新教学,以教育信息化推动教育现代化的实现[8];借助多屏分组显示,开展研讨型教学活动;对接在线教学平台,实现智慧教室与线上教学的融合;利用可视化督导平台和出勤率测算系统,协助教务部门做好教学质量控制和精准化管理工作。

从"无奈之举"转为积极善用,化这次疫情的不利因素为教育教学的改革动力,构建新型教育教学模式,配套教学服务供给方式,实施教育教学的精准化管理[9]——疫情防控时期由大规模在线教学所带来的这些新变化,印证了此次中国教育在逆境中的正向成长。

参考文献

[1] 教育部. 教育部应对新型冠状病毒感染肺炎疫情工作领导小组办公室关于在疫情防控期间做好普通高等学校在线教学组织与管理工作的指导意见[OL]. <http://www. gov. cn/zhengce/zhengceku/2020-02/05/content_5474733. htm>

[2] 任友群. 书写新时代教育信息化的"奋进之笔"[N]. 中国教育报,2018-4-28(3).

[3] 钟晓流,宋述强,焦丽珍. 信息化环境中基于翻转课堂理念的教学设计研究[J]. 开放教育研究,2013,(1):58-64.

[4] 张际平. 未来课堂,到底要改变什么[J]. 上海教育,2013,(21):14.

[5] 沈宏兴. 教育信息化 2.0 时代高校教育技术工作创新与实践[J]. 实验室研究与探索,2019,(6):128-132.

[6] 钟晓流,宋述强,胡敏,等. 第四次教育革命视域中的智慧教育生态构建[J]. 远程教育杂志,2015,(4):36-40.

[7] 教育部. 教育信息化 2.0 行动计划[OL]. <http://www. moe. gov. cn/srcsite/A16/s3342/201804/t20180425_334188. html>

[8] 杨宗凯. 以信息化全面推动教育现代化:教育技术学专业的历史担当[J]. 电化教育研究,2018,(1):5-11、35.

[9] 沈宏兴. 多媒体教学服务的创新模式——设备自动,服务主动[J]. 现代教育技术,2015,(10):86-91.

Online Teaching Practice of "Suspending Classes without Stopping Learning" and Thinking of Post-epidemic Online Teaching Reform

—Taking Shanghai Jiao Tong University for Example

SHEN Hong-xing, HAO Da-kui, JIANG Jing-jing

Abstract: During the epidemic prevention and control period, the Ministry of Education required that the work of "suspending classes without stopping teaching, suspending classes without stopping learning" should be done on the basis of ensuring teachers' and students' health and safety. A lot of schools rushed to prepare at short notice and carried out large-scale online teaching from the determination of teaching methods to the deployment of information facilities and further to the teacher training and trial teaching. Taking Shanghai Jiao Tong University for example，this paper analyzed the school's choices on online teaching methods and online teaching platforms during the period of "suspending classes without stopping learning"，introduced the university's situations of quality control and feedback on online teaching，and pondered the reform of online teaching at the post-epidemic. Meanwhile，this paper discussed how to maintain the technical advantages of online teaching and utilize information technologies to promote the innovation of teaching methods and the reform of teaching models，so as to accelerate the realization of the fundamental goal of talent cultivation and morality education.

Key words：live teaching；recording teaching；MOOC teaching；seminar teaching；Zoom system；Canvas platform

（本文原载《现在教育技术》2020 年第 5 期）

在线课程内容质量评价指标体系新探
——基于学习者体验和知识付费的视角

黄　璐　裴新宁　朱莹希

摘　要：提出"旨在满足学习者内容体验的在线课程内容质量评价"是在线课程质量评价的新视角，并对在线课程的内容质量概念进行界定，从课程、互联网、开发三个维度理论，遴选在线课程内容质量评价的关键指标，然后运用量化研究方法进行实证遴选：采用问卷调查法，收集 419 名学习者关于在线课程内容质量评价的意见，运用模糊综合评价法分析各评价指标的隶属度等，构建包括专业度、稀缺度和规范度 3 个一级指标、18 个二级指标在内的在线课程内容质量评价体系。

关键词：在线课程；内容质量；学习者体验；知识付费；在线教育；MOOCs

近年来，对在线课程学生参与度、学习完成度的质疑和探讨一直持续不断。其中，不乏激进的批判，实质上，矛头仍旧指向的是"吸引人""留住人"这两个根本问题。在线课程之所以备受争议，不少研究者认为与它复制标准化的学校课程而缺乏创新有关[1]。为什么学校课程复制到互联网中就缺乏吸引力？如果说，传统在线教育提供专业化的课程内容就能满足学习者需求的话，那么，进入"智能互联时代""共享经济时代"后，仅仅停留在课程内容授受层面，而缺失"去中心化""用户参与""用户体验""协同创生资源"等多元化互联网文化和思维，显然已经无法满足"数字土著""数字移民"对知识强烈的渴望和参与学习所带来的成就感。

那么，在此背景下，什么样的在线课程才能吸引并留住学习者？目前鲜有聚焦于此的深层思考。笔者试图立足于当下时代人背景，审思在线课程质量评价标准，构建符合时代要求的在线课程内容质量评价体系，为在线课程建设提供新的视角和依据。

作者简介：黄璐，华东师范大学教师教育学院在读博士研究生，浙江树人大学基础学院副教授；裴新宁，华东师范大学教师教育学院教授，博士生导师；朱莹希，硕士，上海交通大学在线课程研究中心课程设计师。
基金项目：本文系教育部人文社会科学研究青年基金项目"MOOCs 质量评价体系及保障模型研究"（项目编号：16YJC880019）的研究成果。

一、在线课程质量评价的时代审思

（一）学习者主权理念下在线课程的需求牵引：学习者体验

"工业时代"的生产力和生产关系使得知识日益学科化、体系化，开启了以班级授课为主的标准化学校课程教学模式。而"智能互联时代"的使命，就是技术驱动教育理论和实践创新，运用数据挖掘、语音识别、学习分析技术，实现个性化、定制化、协作等新的学习理念[2]。表面上，"技术驱动"的创新教育变革的是教学模式，但实质上，它变革的是教与学关系，即在技术支持下学习者拥有更多"自主自决"的权利。为了实现用户增长和产品黏性，"互联网"领域从权力的视角提出了"学习者主权"（Learner Sovereignty）理念，指在互联网与人工智能技术支持下，学生拥有学习内容的适配权、学习方式的自主权、学习意识的主动权、知识获取的自由权[3]。

对在线课程来说，"学习者主权"意味着在在线课程的设计与开发中，以"学习者为中心"，突出学习者的主体性。从课程设计层面来看，它强调课程的编制围绕学生的需求展开，课程实施的形式以学生的活动为主，课程评价也倾向于学生的发展[4]。从学习环境和资源设计层面来看，它强调满足学习者的身心需求，支持学习者深度地、持续地参与在线学习。那么，如何以"学习者为中心"，满足学习者的主权需求？有研究者提出，借鉴互联网领域"体验为王"的发展战略，可从"学习者体验"（Learner Experience）角度牵引学习者参与在线学习[5]。

用户体验（User Experience）是指人们对于使用或期望使用的产品、系统或服务的认知印象和回应[6]。美国用户体验设计大师詹姆士·盖瑞特（James Garrett）认为，用户体验除了包括情感、信仰、喜好、认知印象等主观感受，还包括生理和心理反应、行为和成就等客观感受[7]。学习者体验不是简单的复制用户体验这一概念，而是综合考虑教育活动的复杂性和知识型产品的特殊性，从学习者的主观和客观感受视角了解学习者的认知规律。有研究者将学习者体验定义为：学习者对在线课程环境、在线学习活动、学习交互等多方面的感知和反应，包括学习环境体验、学习活动体验和学习结果体验[8]。此外，一些研究者们通过实证研究发现，学习者非常在乎在线课程的学习体验，也发现学习者体验与学习参与、学习满意度、在线课程质量存在正相关性[9-11]。可见，"体验"已成为学习者需求新的增长点，是在线课程质量评价的新要义。

（二）付费学习模式下在线课程的核心价值：内容质量

人们在追求体验的同时，为了消除心理焦虑，有着强烈的高效获取有用信息或知识的需求；知识输出者有认知盈余变现的动机和意愿，使原本存在已久的知识型供需关系，在近两年里呈现喷井式发展[12]。共享经济时代产生了一种基于互联网的知识消费模式——知识付费(Knowledge Payment),它是指公众利用互联网平台与他人分享自己的认知盈余,从而获得收入的经济现象[13]。根据艾瑞咨询发布的《2018 中国在线知识付费市场研究报告》,2017 年我国知识付费产业规模已达 49.19 亿元,预计 2020 年达到 235 亿元,市场潜力巨大[14]。目前,我国知识付费行业分为知识电商类、社区直播类、第三方支持工具、社交问答类、讲座课程类、付费文档类、内容打赏类和线下约见类,付费的模式有订阅合辑付费模式、单次付费模式、打赏模式和授权转载付费模式[15]。

从知识付费的概念中可以看出,知识付费产品具有"线上"和"知识型"两个特征,主要集中在"在线知识服务"和"在线教育"两个领域。在线知识服务有"逻辑思维""吴晓波"等内容生产方,"得到""知乎""分答""喜马拉雅"等在线知识付费独立平台,以及内生于"微信""淘宝""新浪微博"渠道内的知识付费内容等。在线教育是基于网络的教学模式,包括"新东方""学而思""91 外教"等网校,"英语流利说""51Talk"等内容在线课程,"MOOC""网易云课堂""淘宝课堂"等垂直平台在线课程,以及"猿辅导""作业帮"等辅导或资源平台。

在线课程作为在线教育的产品之一,目前有免费、付费、公开和加密几种运行模式。2016 年爆发的"知识付费"风暴对在线课程的运行模式和消费观念产生了巨大影响,"付费学习模式"已成为在线课程未来发展趋势的特征之一[16-17]。一方面,各类付费在线课程涌入教育市场(如,各类英语在线课程),并触发免费在线课程或平台实施了"付费学习模式"发展战略,如:在线课程网(iMOOC)推出了"职业路径"付费课程,中国大学 MOOC 推出"付费精品课程",学堂在线推出部分付费课程,上海交通大学"好大学在线"发布了"微专业"付费课程。另一方面,学习者的付费学习观正在逐步形成,51.1%受访用户表示愿意购买知识付费课程[18],且付费意愿逐年提高,以果壳网 MOOC 学院报告为例,2017 年已有 70%在线课程学习者为在线课程付费,为好的内容付费的意愿高达 75.6%[19]。付费学习观的形成是否就表示付费学习模式下的在线课程能持续发展?并不见得。这还取决于在线课程是否符合付费学习模式的核心价值追求。

付费学习模式的核心价值是什么?是"内容为王",还是"平台为王""渠道为王""流量为王""联接为王"?对此的不同看法,已成为互联网时代持久而经典的争论,其本质是在讨论"内容"和"运营"谁更重要。偏重"内容"的一方认为,内容是灵魂,只有当产品内容对用户来说非常有价值时,才能留住用户,赢得信任;而偏重"运营"的一方认为,互联网产品最重要的是互联网营销思维,应该通过寻找用户、拓展市场渠道、增加用户流量等运营手段,提高产品吸引力和用户黏性。诚然,以上两种主张所蕴含的价值追求在互联网时代都不可或缺,但就"知识付费产品"而言,其核心是"知识",它相比一般性产品更侧重内在价值,直戳用户"知识性焦虑"的痛点,因而将"内容为王"作为"付费学习模式下"在线课程的核心价值追求更为妥当。

(三)在线课程质量评价的新视角:满足学习者内容体验的在线课程内容质量评价

基于上述对"智能互联时代""共享经济时代"在线课程质量评价的审思,我们可以认识到:学习者存在大量"知识性需求",这种"知识性需求"只能通过内容体验来满足。内容体验作为学习者体验之一，既能缓解知识性焦虑，也能满足部分学习体验。另外，根据哈雷·曼宁和凯丽·博丁（Harley Manning & Kerry Bodine）提出的用户需要达到感官层、功能层和精神层三次体验，我们发现，"内容"相关的体验主要落在"功能层"和"精神层"。在线课程内容有用、实用、适切、前沿、有特色、定制化，可以让学习者获得功能层面的满足；同时，在线课程内容生动、有趣、易理解，使学习者身心愉悦的同时收获知识，得到了精神层面的满足。可见，内容体验能满足学习者高层次的体验，调动他们的思维和情绪。

综上可知，"内容为王""体验为王"不光只有"内容"和"体验"，而是从学习者的知识性需要出发，以优质内容满足学习者的"内容体验"，在线课程内容与学习内容体验是一个需求与满足的关系。据此，笔者提出了在线课程质量评价的新视角：满足学习者内容体验的在线课程内容质量评价。在线课程内容与学习者内容体验的逻辑关系，如图1所示。

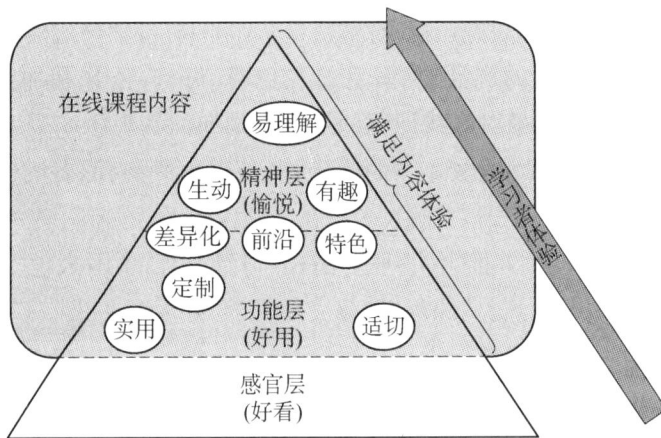

图1　在线课程内容与学习者内容体验的关系

我们知道，质量评价需要一套科学、有效的评价指标体系。然而，目前"在线课程质量评价体系"对"内容质量"的评价主要针对教学内容质量，未包含互联网媒体内容质量、体验质量、交互性内容质量等要素，也未单独聚焦"内容"提出全面的、科学的、易于操作的指标体系。"在线课程内容质量评价体系"是"在线课程质量评价体系"的重要组成部分，前者既能丰富后者的理论体系，也能引领后者升级发展。因此，构建"在线课程内容质量评价"具有很强的现实意义。本文通过理论构建和实证遴选两大步骤，突破已有"在线课程质量评价体系"框架，旨在建构满足学习者内容体验的在线课程内容质量评价指标体系。

二、在线课程内容质量评价体系的理论建构

（一）在线课程内容质量的概念界定

"内容质量"（Content Quality）一般出现在互联网媒体和网络信息科学领域，它是指互

联网中语言文字、音频内容、图像内容、视频内容或综合内容表达的优劣程度[20]。何谓在线课程内容质量(Content Quality of Online Course)？笔者认为,可以从内容范畴和内容质量标准两个方面来理解:

第一,从内容范畴来看,在线课程主要由课程内容构成。因此,首先,要符合一般课程内容规范。课程内容包括课程计划(教学计划)、课程标准(教学大纲)和教科书[21]。在线课程的课程计划和课程标准一般体现在课程公告以及测验、作业、考核等学业评价中,教科书一般体现在授课视频和教学资料中。其次,在线课程内容要符合互联网内容要求或规范,主要体现在在线课程的非视频教学资源内容和教学互动交流内容中。

第二,从内容质量标准来看,内容质量一般从"用户质量需求"和"产品质量标准"视角来理解。"用户质量需求"视角强调"用户的主观质量感知"。依据美国质量管理专家朱兰(J. M. Juran)的产品质量标准"适合使用"的思想,内容质量标准包括:用户认为"有意义""有价值""相关的"等特性;而"产品质量标准"视角强调的是"产品生产要符合质量特征或特性指标"。

基于上述对在线课程内容范畴的分析和内容质量标准的理解,笔者认为,"在线课程内容质量"是指在教学目标下,能够满足在线课程学习者对学习和交流的需求,符合课程内容、互联网媒体内容和网络信息资源内容的特性指标,包括:通过视频、文字、图片、音频、幻灯片呈现的课程教学内容,非教学目标下嵌入或外部,连接的互联网媒体内容,以及专业生成、用户生成或群体共建的分享、交流、问答等网络信息资源内容。

(二) 在线课程内容质量的评价维度和关键指标

课程内容、互联网媒体内容和网络信息资源内容的特性指标,具体指什么？笔者认为,不应拘泥于"课程点击量或学习人数""课程连接数"等运营数据,而是要转向多维关键指标,即能体现出在线课程所含内容所应具备的本质属性的指标。本文基于在线课程质量评价的新视角,以及在线课程内容质量的界定,立足于教学和互联网两大属性[22],从课程、互联网、开发3个维度,构建在线课程内容质量评价的3个关键指标:专业度、稀缺度和规范度。

1. 课程维度:专业度

课程是在线课程的归属,也是在线课程内容质量评价的首要维度。课程内容是指学科(领域)中特定的事实、观点、原理和问题及其处理方式。泰勒原理提出"为了达到明确的目标,设计并指导学生的所有学习",在教学主题选择时应遵循内容与目标的"一致性"特征[23]。在选择教学内容时,考虑"什么知识最有价值？"斯宾塞认为,"教育的唯一目的是为完整的生活做准备",即在进行课程主题和内容选择时,要为学习者准备有"实用性""科学性"的知识[24]。另外,课程内容的编制需要考虑"内容的逻辑",比如,物理、化学、历史、艺术等课程按照"学科"为单位学习,就需要遵循"系统性"特征;生物等学科还要遵循"多样性"特征;科学、环境、教育、社会科学等现实课题按"主题"学习,应遵循"综合性"特征[25]。综上,笔者认为,在线课程的维度、在线课程内容质量,可以归结为学科或主题内容的"专业度",即专门从事某种学业或职业的熟练程度。

在国内外相关在线课程政策和标准中不乏对"专业度"的要求。我国教育部发布的《2018年国家精品在线开发课程认定工作的通知》，明确提出"科学性"和"思想性"要求，即"内容具有较高的科学性水平""弘扬社会主义核心价值观"[26]。美国《在线和混合学习的质量保证标准》(Quality Matters Rubric，QM)对教学内容的"适切性"提出了要求："教学内容有助于实现教学目标和能力。"[27]西班牙在线课程标准UNE66181：2012提出了"关联性""适切性"要求："内容是相关的""内容的制定应适合教学过程"[28]。此外，在在线课程质量综合研究中，包含了对在线课程内容"专业度"的研究，聚焦于内容与目标的一致性，内容的实用性、思维性、系统性和多样性，即"学习内容与学习目标一致"[29-30]，"应拓展内容使材料丰富实用"，使"内容组织有序、内容安排合适"，实现"内容丰富"[31]，以及"内容的难易性、丰富性、实用性和条例清晰性"[32]。综上，笔者认为，在线课程的维度，可以从已有政策和文献中提取关联性、适切性、一致性、科学性、实用性、思维性、系统性、多样性和思想性9个特性指标。

2. 互联网维度：稀缺度

什么内容值得学习者付费？从托马斯·斯特尔那斯·艾略特(Thomas Stearns Eliot)提出的"数据—信息—知识—智慧"金字塔体系结构(DIKW)可以看出，只有当所提供的内容注入了更多个性化的脑力劳动成果，接近于知识层次，甚至超越知识层次，靠近智慧层次时，所形成的以知识和经验为核心的"内容"，才更具价值和"变现"的可能。准确地说，值得付费的内容是那些"知识"或"智慧"裹挟的"稀缺"内容。经济学中所指的"稀缺"，是指现实中人们在某段时间内所拥有的资源数量不能满足人们的欲望时的一种状态，它反映人类欲望的无限性与资源的有限性的矛盾[33]。根据"稀缺"的定义可以得到，知识付费产品的稀缺度(Scarcity)首先体现为"提供差异化智力成果，满足学习者的知识性需求"。

什么内容值得学习者持续付费？从哈雷·曼宁和凯丽·博丁所著的《体验为王》可以了解到，只有当产品满足用户感官层、功能层、精神层三个层面要求，实现"愉悦性""容易性""满足需求"，才可能吸引用户、降低用户流失率，提升口碑，让产品成为用户的"刚需"。据此，笔者认为，只有那些能满足用户体验的知识付费产品，才会让学习者持续付费。按此逻辑，知识付费产品的稀缺度还体现为"关注学习者主观和客观感受，满足学习者的学习体验"。

可见，知识付费产品的稀缺度体现在两条线索上：一是内容线索，发现、了解、评估和管理用户的"知识性需求"，并提供匹配用户需求的差异化智力成果；二是用户线索，设计、开发、评估、管理符合目标用户群体感官、功能、精神需求的内容，满足用户体验。付费学习模式下在线课程的稀缺度也是如此。在选题阶段，充分剖析目标学习者的知识性痛点，将痛点变成求知需求，建立用户画像，融入"服务产业链上游"的决策、交流和需求匹配环节；在内容设计和生产阶段，制作与学习者需求匹配的在线课程内容。通过梳理已有相关研究可以发现，在线课程内容稀缺度，体现为前沿性、生趣性和权威性。在内容的"前沿性"指标方面，我国《2018 年国家精品在线开发课程认定工作的通知》明确提出:"内容应反映学科专业最新发展成果和教改教研成果。"[34]美国《在线和混合学习的质量保证标准》也提出:"教学内容代表了该学科最新理论和实践。"[35]另外,有研究者认为,在线课程内容应吸引学习者,比如,"视频以令人惊奇的内容开始来吸引学习者"[36],具有"生趣性",他们将"内容生动活泼"[37]"内容有趣"[38]看作评价在线课程的重要指标。还有研究者从内容的"权威性"角度提出"课程的开发高校或研究机构具有较高的享誉度"[39]。

在在线课程的信息内容中,无论是专业生成内容(Professional Generated Content,PGC)还是用户生产内容(User Generated Content,UGC)都应具有创新性。在线课程互动交流社区,提供了"学习者作为信息资源内容生产者、发布者、分享者"的机会,有研究者提出"生成内容要具有独创性"[40-41]。此外,在线课程教学内容、媒体内容需要深耕细作,为学习者提供个性化、差异化的内容。美国《在线和混合学习的质量保证标准》提出,"内容应满足不同学习者的需要"[42]。有研究者提出内容质量应包含"增值要素,独特的内容"[43]。综上,笔者认为,在互联网产品维度,可以提取前沿性、娱趣性、权威性、创新性、定制性、特异性 6个特性指标。

3. 开发维度:规范度

规范是提升产品质量、凸显品牌的有效方法,也是走向成熟的必经之路。一般认为,内容的"规范"与"特异"较难兼顾,它会限制产品的差异化发展。本文所指的"内容规范",是指在内容开发和运营过程中,对内容的真实可靠、准确表述、易读易理解、安全合法等方面加以规定,为内容领域的实践提供可操作性行动指南,它与"特异"并非冲突关系,而是辅车相依的关系。

在线课程的内容规范度,主要是从开发维度对媒体内容和信息内容的生产、打磨与测试环节提出要求。首先,有研究者从媒体内容质量角度,提出内容需要具有准确性、规则性、完整性、可读性、易理解性等特性[44-46]。在线课程内容的文字、视频、音频,要严格按照我国《出版管理条例》《网络出版服务管理规定》《中国音像与数字出版协会章程》等,规范视频、音频内容;按照我国《国家通用语言文字法》《出版物汉字使用管理规定》《关于进一步规范出版物文字使用的通知》等,规范使用文字和语句。其次,有研究者认为,在线课程内容需要具有真实性、安全性、合法性等特性[47-48],内容应"提供诚实副本,真实照片,可信消息,第三方认可"[49]。《2018 年国家精品在线开发课程认定工作的通知》规定,在线课程内容"不危害国家安全、不涉密、无侵害他人知识产权"[50],"课程中使用的所有材料和资源是合法、合乎道德的"[51]。除此之外,有较多研究提到在线课程内容应具有可用性,如:西班牙在线课程标准规定"内容要有时效性,文件内容及时更新"[52-54]。综上,笔者认为,在技术维度,可以提取准确性、规则性、真实性、安全性、合法性、时效性 6 个特性指标。

(三)第一轮评价指标体系的形成

基于前文对已有政策和文献的梳理,以及对在线课程内容质量评价维度和关键指标的分析，笔者提出了内容的专业度、稀缺度和规范度 3 个一级维度，遴选出适切性、一致性、科学性等 21 个指标，构成第一轮在线课程内容质量评价体系，具体如表 1 所示（各项指标描述见表 3）。

表 1　第一轮指标体系

维度	一级指标	指标集	变量标识	指标来源
课程	专业度	关联性、适切性、一致性、科学性、实用性、思维性、系统性、多样性、思想性	$\{X_1,\cdots,X_9\}$	《国家精品在线开发课程认定工作的通知》（2018）;《美国在线和混合学习的质量保证标准》（2018）;刘路等（2015）;童小素等（2017）;朱莹希等（2018）;冯雪松（2015）;闫寒冰等（2018）
互联网	稀缺度	定制性、前沿性、特异性、生趣性、创新性、权威性	$\{X_{10},\cdots,X_{15}\}$	《国家精品在线开发课程认定工作的通知》（2018）;《美国在线和混合学习的质量保证标准》（2018）;约瑟夫等（2014）;王竹立等（2018）;闫寒冰等（2018）;马瑞等（2015）;赵宇翔（2010）;金燕（2016）;安吉·肖特米勒（2014）
开发	规范度	准确性、规则性、真实性、安全性、合法性、时效性	$\{X_{16},\cdots,X_{21}\}$	丁敬达（2014）;张博（2015）;斯科特·阿贝尔（2014）;童小素等（2017）;安吉·肖特米勒（2011）;《国家精品在线开发课程认定工作的通知》（2018）;李青等（2015）;刘路等（2015）;冯雪松等（2015）

三、在线课程内容质量评价指标的实证遴选

为了消除主观因素对理论建构的影响，笔者在理论建构的基础上开展实证遴选，采取了基于"用户质量需求"的研究视角，对学习者发放二轮"在线课程内容质量评价指标的重要性调查问卷"。在第一轮调查中，收集被调查者的修正意见，得到了第二轮评价指标体系;在第二轮调查中，被调查者对第二轮指标体系的重要性进行判别，并使用模糊综合评价法分析各评价指标的隶属度，确定重要指数，以此遴选关键指标;再运用 SPSS 23.0 分析指标的相关性、鉴别力，以剔除重复或交叉程度较大的指标和变异系数低的指标;最后，对评价指标体系的信度与效度进行检验。

（一）指标的修正

根据第一轮指标体系，编制了"在线课程内容质量评价调查问卷"，问卷共有 22 个题项。前 21 题是对 21 个指标重要程度进行打分，第 22 题是开放性问题，要求被调查者补充"除了

以上 21 个方面外,还有哪些要素体现优质在线课程内容"。第一轮问卷通过在线网络调查平台向"好大学在线""中国大学 MOOC""国家开放大学"等在线课程学习平台的学习者发放,共回收有效问卷 102 份。被调查者提出的补充意见主要有:"内容要全面、涵盖广,但难度不能太深""内容通俗易懂、贴近实际""内容讲解要有实例""内容量适中""内容要有时代信息"等。因此,我们对各项指标的描述又进行调整,将 X2 修改为"内容难易适中,与目标学习者适切",X5 修改为"有实际应用案例,所含的知识或技能具有较高实际应用价值",X13 修改为"内容生动、形象、有趣、吸引人",最终得到第二轮评价指标体系。

(二) 隶属度分析

根据第二轮评价指标体系,再次通过在线网络调查平台向"网易云课堂""英语流利说""好大学在线""中国 MOOC 大学""国家开放大学"等在线课程学习平台的学习者发放"在线课程内容质量评价调查问卷",要求学习者对 21 个指标的重要程度进行打分,共回收 424 份问卷。首先,对回收数据进行清理,使用 SPSS 23.0 检测缺失值和异常值,再采用删除法处理缺失值和异常值,得到 419 份有效问卷。其次,使用模糊综合评价(Fuzzy Comprehensive Evaluation,FCE)分析指标的隶属。模糊综合评价根据模糊数学的隶属度理论,把定性评价转化为定量评价,即用模糊数学对受到多种因素制约的事物或对象做出一个总体的评价。它具有结果清晰、系统性强的特点,能较好地解决模糊的、难以量化的问题,可适合各种非确定性问题的解决[55]。

1. 确定评价指标集

将因素集 X 按其属性分为 21 个子集:$X_i = \{X_1, X_2, X_3, X_4, X_5, \ldots\ldots, X_{21}\}$

2. 建立测评结论集

设计评价集 $V_j = \{V_1, V_2, V_3, V_4, V_5\} = \{$非常重要,重要,一般,不重要,非常不重要$\}$

3. 无量纲指标标准化处理

由于评价指标体系中的指标是无量纲的指标,为了便于计算,需要转化为量纲指标。首先,对被调查问卷的打分进行赋值,$V_i = \{$非常重要,重要,一般,不重要,非常不重要$\} = \{5, 4, 3, 2, 1\}$;然后,采用标准化处理,对评价指标通过标准化转换到[0,1]区间内。处理方法是:

$$F_i = \frac{X_i - X_{\min}}{X_{\max} - X_{\min}}$$

4. 确定单因素模糊评价矩阵 R

单因素模糊评价是指从单个指标出发进行评价,确定每个指标对评价集合的隶属程度。我们对 X 评价指标集合中第 i 个指标进行评价,评价集 V 中第 j 个元素 V_j 的隶属度为 R_{ij},各个评价指标的评价结果用模糊向量集合 R_i 表示:

$$R_i = \{R_{i1}, R_{i2}, R_{i3}, R_{i4}, \ldots, R_{i22}\}$$

对所有评价指标进行评价，得到各指标的模糊综合判断矩阵为：

$$R = \begin{bmatrix} R_1 \\ R_2 \\ \vdots \\ R_{22} \end{bmatrix} = \begin{bmatrix} R_{11} & R_{12} \cdots & R_{1n} \\ R_{21} & R_{22} \cdots & R_{2n} \\ \vdots & \vdots & \vdots \\ R_{221} & R_{222} & R_{22n} \end{bmatrix}$$

使用迈实模糊综合评价软件进行模糊综合评价，在软件中录入了 419 份测评数据及测评结论集，选择模糊算子为"M（·，+）算子：［1 相乘，2 相加］"。隶属度分析数据显示，模糊综合评分为 4.263 分，总的隶属度 R＝{非常重要，重要，一般，不重要，非常不重要}＝{0.405，0.464，0.122，0.007，0.001}，21 个指标属于"非常重要"或"重要"等级，所以保留 21 个评价指标。各指标隶属度，如表 2 所示。

表 2　各指标隶属度

指标	非常重要	比较重要	一般重要	不重要	非常不重要
X_1 关联性	0.321	0.505	0.170	0.002	0.002
X_2 适切性	0.363	0.495	0.141	0.000	0.000
X_3 一致性	0.406	0.465	0.125	0.005	0.000
X_4 科学性	0.488	0.436	0.066	0.009	0.000
X_5 实用性	0.438	0.438	0.118	0.005	0.000
X_6 思维性	0.467	0.425	0.108	0.000	0.000
X_7 系统性	0.396	0.471	0.132	0.000	0.000
X_8 多样性	0.344	0.485	0.160	0.009	0.000
X_9 思想性	0.370	0.455	0.156	0.009	0.009
X_{10} 定制性	0.362	0.493	0.127	0.014	0.002
X_{11} 前沿性	0.379	0.458	0.146	0.017	0.000
X_{12} 特异性	0.347	0.481	0.160	0.009	0.002
X_{13} 生趣性	0.377	0.471	0.412	0.009	0.000
X_{14} 创新性	0.460	0.427	0.106	0.007	0.000
X_{15} 权威性	0.394	0.446	0.144	0.017	0.000
X_{16} 准确性	0.375	0.512	0.104	0.009	0.000
X_{17} 规则性	0.360	0.471	0.151	0.014	0.002
X_{18} 真实性	0.427	0.474	0.094	0.005	0.000
X_{19} 安全性	0.575	0.356	0.061	0.002	0.005
X_{20} 合法性	0.498	0.417	0.071	0.012	0.002
X_{21} 时效性	0.396	0.483	0.111	0.007	0.002

（三）相关性分析

相关性分析是指对两个或多个具备相关性的变量元素进行分析，衡量两个变量的相关密切程度。我们进行了 Pearson 相关性分析,来验证指标的独立性。一般做法是删除其中相关系数大于或等于 0.8 的指标[56];再运用 SPSS 23.0,对"在线课程内容质量评价调查问卷"得到的 21 个指标数据,进行相关性分析,发现:几个相关系数较高的为:"准确性"与"规则性"(相关系数 0.668)、"安全性"与"合法性"(相关系数 0.628)、"思维性"与"系统性"(相关系数 0.620)。由此可见,"准确性"与"规则性"之间、"安全性"与"合法性"之间、"思维性"与"系统性"之间有很大的重叠部分。但是所有指标之间的相关性系数均没有超过 0.8,因此,我们保留了第二轮评价指标体系。

(四)鉴别力分析

鉴别力是指评价指标区分评价对象特征的能力,一般采用变异系数来表示评价指标的鉴别力。差异系数 C. V(Coefficient of Variance)等于标准差(S)i 除以均值(X)。其计算公式为:

$$C.V = \frac{S_i}{X}$$

$$\overline{X} = \frac{1}{n}\sum\nolimits_{i=1}^{n} X_i$$

$$S_i = \sqrt{\frac{1}{n-1}\sum\nolimits_{i}^{n}(X_i - \overline{X})^2}$$

当评价指标的变异系数越大,离散程度越高,说明其鉴别力越强;反之,评价指标的鉴别力则较差。运用 SPSS 23.0,对第二轮调查数据进行了变异系数统计分析。一般做法是剔除变异系数低于 0.4 的指标[57],统计分析后发现 X_1 关联性、X_8 多样性、X_{18} 真实性 3 个指标的差异系数低于 0.4,于是删除了 X_1 关联性(变异系数 0.35)、X_8 多样性(变异系数 0.31)、X_{18} 真实性(变异系数 0.32),最终得到了第三轮内容质量评价指标体系。

(五)最终确立的评价指标体系

笔者通过理论建构和实证遴选,最终形成了由专业度、稀缺度和规范度 3 个一级指标,适切性、一致性等 18 个二级指标构成的在线课程内容质量评价体系。从表 2 可以看出,在 18 个二级指标中,内容专业度的科学性、实用性和思维性,内容稀缺度的生趣性、创新性,内容规范度的安全性和合法性,这 7 个指标隶属于"非常重要"。这说明在学习者心目中,在线课程的教学内容科学严谨、知识结构合理,能学以致用,有较强实际应用价值,并且内容安全、合法是在线课程内容质量最重要的几个因素。这 7 个指标的重要指数最高,用 Ⅱ 表示;其余 12 个指标隶属于"比较重要",也是在线课程内容质量的重要体现,我们将其重要指数定为次高,用 Ⅰ 表示。在线课程内容质量评价体系及重要指标如表 3 所示。

表 3　在线课程内容质量评价指标体系

一级指标	二级指标	描　述	重要性
A1 内容专业度	X_2 适切性	内容难易适中，与目标学习者适切	I
	X_3 一致性	内容与教学目标一致，与社会现实相符	I
	X_4 科学性	内容有科学依据，可查证、可验证	II
	X_5 实用性	内容有实际应用案例，所含的知识或技能具有较高实际应用价值	II
	X_6 思维性	内容思路清晰，讲解透彻，引发思考	II
	X_7 系统性	内容组织有序、系统、连贯、整合	I
A2 内容稀缺度	X_9 思想性	内容传播社会正能量，使学习者思想备受鼓舞	I
	X_{10} 定制性	内容可根据学习者的需求进行调整，满足个性化需求	I
	X_{11} 前沿性	内容代表了学科最新理论和实践，聚焦热点或前沿问题	I
	X_{12} 特异性	内容特点突出，有区别于同类在线课程的差异化内容	I
	X_{13} 生趣性	内容生动、形象、有趣、吸引人	II
	X_{14} 创新性	内容提供新视角或新方法或新见解	II
A3 内容规范度	X_{15} 权威性	内容由专业团队开发，具有专业权威性	I
	X_{16} 准确性	内容清晰可辨、用词造句准确、易读易理解	I
	X_{17} 规则性	内容符合中英文语法、语义、语用、文字、标点符号等有关规定	I
	X_{19} 安全性	内容不含涉密、违法、违纪内容	II
	X_{20} 合法性	内容来源和使用得到了许可，没有侵害他人知识产权	II
	X_{21} 时效性	内容按计划及时发布和更新	I

（六）评价指标体系的信度与效度检验

1. 信度分析

笔者采用内在信度检测每个指标是否属同一概念，常用的方法有 Cranbach α 系数和分半信度，信度系数越高反映量表的内在一致性越高。运用 SPSS 23.0 分析"在线课程内容质量评价调查问卷"的数据，得到了在线课程内容质量评价指标体系的 α 系数为 0.949，半分系数为 0.904，说明具有较好的信度。

2. 效度分析

笔者采用内容效度（Content Validity）检验在线课程内容质量评价指标是否符合测量的目的和要求，常用的方法主要有专家判断法、统计分析法和经验推测法。为了降低统计的主观因素，我们采用单项与总和相关分析法统计每项指标得分与总分的相关系数，根据相关是否显著以判断是否有效。运用 SPSS 23.0 对"在线课程内容质量评价调查问卷"得到的 18 个指标数据，进行 Pearson 相关系数统计，所得 18 项指标单项得分与总分的 Pearson 相关系数都在 $0.579 \sim 0.745$（$P < 0.01$），说明各指标得分与总分的相关关系显著成立。通过统计分析，可以认为，在线课程内容质量评价指标体系具有良好的内容效度。

四、讨论与反思

什么样的在线课程内容,才能吸引并留住学习者?通过对在线课程内容质量评价指标体系的建构,笔者认为,除了以往研究中所提到的在内容"专业度"和"规范度"方面注重精研内容设计、精选内容素材、精细内容研发以外,还需要突出内容的"稀缺度"。对此,笔者提出以下两点建议:

第一,在线课程研发团队首先需要了解当下学习者的"知识性需求",基于学习者主权理念开发教学内容、媒体内容和信息资源内容;要另辟蹊径,设计出具有区别于同类在线课程的差异化内容,通过生动、形象、有趣、新颖,甚至诙谐、后现代的内容,吸引"数字土著"和"数字移民";

第二,在线课程内容在建设和运营时,学习者可以参与文字、图片、视频等辅助学习内容的"协同创生",这有助于提升学生的参与度,增强学生的成就感;同时,还可以通过内容互动形式,增进教师对学习者内容需求和内容表达的了解,提升学习者的自我价值感。

相较以往的在线课程质量评价指标体系,笔者研究的创新之处在于:

一是从当下现实背景出发,挖掘出"学习者体验"是学习者主权理念下的需求牵引,"内容质量"是付费学习模式下在线课程发展的核心价值,在此基础上,提出了在线课程内容质量评价的新视角以"满足学习者内容需求",拓宽了在线课程质量评价的研究领域;

二是梳理了已有在线课程质量评价研究中的内容质量要素,提出从内容的"专业度""稀缺度""规范度"3个维度,评价在线课程内容的质量,丰富在线课程的质量评价理论体系;

三是运用理论遴选与实证遴选相结合的方法,对在线课程内容质量评价体系进行了实证研究,发现评价指标体系具有较高的可靠性和合理性,对在线课程开发和设计具有重要的现实指导意义。

但同时,研究还存在以下不足:首先,评价指标体系未展开应用,未来将运用该评价指标体系对若干在线课程进行评价,检验其可操作性,以便进一步修改和完善;其次,评价指标体系未做领域细分,未来可以根据在线课程内容领域特征细分质量评价体系,使在线课程内容质量不仅符合专业度、稀缺度和规范度,还能符合内容领域特性。

参考文献

[1] 乔恩·巴格利,肖俊洪. 在线教育症结何在?[J]. 中国远程教育,2017(4):5-14+79.

[2] 李宏堡,袁明远,王海英. "人工智能+教育"的驱动力与新指南——UNESCO《教育中的人工智能》报告的解析与思考[J]. 远程教育杂志,2019(4):3-12.

[3] 人民网. 互联网教育进入学习者时代[EB/OL].[2019-10-23]. http://it. people. cn/n1/2017/0718/c1009-29411162. html.

[4] 郑太年. 以学习者为中心的课堂对话:理论框架与案例分析[J]. 开放教育研究,2019(4):59-65.

[5][11] 安哲锋,张峰峰. MOOC学习质量立体模型的构建研究——基于学习者体验视角的研究[J]. 成人教育,2018(6):18-23.

［6］［7］伽略特．用户体验要素：以用户为中心的产品设计［M］.范晓燕,译.北京：机械工业出版社,2011.

［8］刘斌,张文兰,江毓君.在线课程学习体验：内涵、发展及影响因素［J］.中国电化教育,2016(10)：90－96.

［9］何春,王志军,吕啸.我国大学生 MOOCs 学习体验调查研究［J］.中国远程教育,2014(11)：42－49＋96.

［10］徐晶晶,田阳,高步云,庄榕霞,杨澜.智慧教室中基于学习体验的学习者满意度研究［J］现代教育技术,2018(9)：40－46.

［12］秦洁.知识付费兴起原因探析及前景展望［J］.新媒体研究,2017(20)：55－56.

［13］张帅,王文韬,李晶.用户在线知识付费行为影响因素研究［J］.图书情报工作,2017(10)：94－100.

［14］艾瑞咨询.2018 年中国在线知识付费市场研究报告［EB/OL］.［2019－08－06］.http://report. iresearch. cn/wx/report. aspx? id＝3191.

［15］［18］艾媒大文娱产业研究中心.2018—2019 中国知识付费行业研究与商业投资决策分析报告［EB/OL］.［2019－04－06］.https://www. iimedia. cn/c400/63439. html.

［16］［38］王竹立.在线开放课程：内涵、模式、设计与建设——兼及智能时代在线开放课程建设的思考［J］.远程教育杂志,2018(4)：69－78.

［17］王宇,罗淑芳,范逸洲,汪琼.2017 全球慕课发展回顾［J］.中国远程教育,2018(9)：53－61＋80. http://dej. zjtvu. edu. cn

［19］果壳网＆网易云课堂：70％在线课程者在过去的一年中为在线课程付费［EB/OL］.［2019－04－18］. http://www. 199it. com/archives/558562. html.

［20］李贺,张世颖.移动互联网用户生成内容质量评价体系研究［J］.情报理论与实践,2015(10)：6－11.

［21］钟启泉.课程与教学概论［M］.上海：华东师范大学出版社,2004.

［22］黄璐,裴新宁,朱莹希.MOOCs 课程质量影响因素的实证研究［J］.现代远程教育研究,2017(5)：78－86.

［23］张华.课程与教学论［M］.上海：上海教育出版社,2003.

［24］威廉·F·派纳.理解课程(上)：历史与当代课程话语研究导论［M］.钟启泉,张华,译.北京：教育科学出版社,2003.

［25］佐藤学.课程与教师［M］.钟启泉,张华,译.北京：教育科学出版社,2003.

［26］［34］［50］教育部办公厅.教育部办公厅关于开展 2018 年国家精品在线开放课程认定工作的通知［EB/OL］.［2018－12－24］.http://www. moe. gov. cn/srcsite/A08/s5664/s7209/s6872/201807/t20180725_343681. html.

［27］［35］［42］Quality Matters. Specific Review Standards from the QM Higher Education Rubric, Sixth Edition［EB/OL］.［2018－12－05］. https://www. qualitymatters. org/.

［28］［52］刘路,刘志民,罗英姿.欧洲 MOOC 教育质量评价方法及启示［J］.开放教育研究,2015(5)：57－65.

［29］［48］童小素,贾小军.MOOC 质量评价体系的构建探究［J］.中国远程教育,2017(5)：63－71.

［30］朱莹希,裴新宁,黄璐.在线课程视频分析框架的构建及案例分析［J］.中国远程教育,2018(3)：70－78.

［31］［53］冯雪松,于青青,李晓明.在实践中探索 MOOC 评价体系［J］.中国大学教学,2015(10)：72－85.

［32］［37］闫寒冰,段春雨.面向学习者感知的在线课程内容质量分析框架［J］.现代远程教育研究,2018(5)：1－9.

［33］曼昆.经济学原理(微观经济学分册)［M］.北京：北京大学出版社,2012.

［36］YOUSEF A M F, CHATTI M A, SCHROEDER U, et al. What Drives a Successful MOOC? An Empirical Examination of Criteria to Assure Design Quality of MOOC ［C］//Advanced Learning Technologies (I-CALT), 2014 IEEE 14th International Conference on IEEE, 2014：44－48.

［39］马瑞,吴晓璐,孙倩君,等.MOOC 传播效果评价指标体系构建研究［J］.现代教育技术,2015

(6)：71 - 77.

[40] 赵宇翔,朱庆华. Web2.0 环境下用户生成视频内容质量测评框架研究[J]. 图书馆杂志,2010 (4)：51 - 57.

[41] 金燕,李丹. 基于 SPOC 的用户生成内容质量监控研究[J]. 情报科学,2016(5)：86 - 90.

[43] [46] [49] Heidi Cohen. Content Quality Definition：25 Experts Weigh In [EB/OL]. [2019 - 04 - 15]. https://heidicohen. com/content-quality-definition-experts/.

[44] 丁敬达. 维基百科词条信息质量启发式评价框架研究[J]. 图书情报知识,2014(2)：11 - 17.

[45] [47] 张博,乔欢. 协同知识生产社区的内容质量评估模型研究——以维基百科为例[J]. 现代情报, 2015(10)：17 - 22.

[51] [54] 李青,刘娜. MOOC 质量保证体系研究[J]. 开放教育研究,2015(5)：66 - 73.

[55] [57] 杜栋. 现代综合评价方法与案例精选[M]. 北京：清华大学出版社,2005.

[56] 伍鹤,李露. 中外商业银行竞争力对比：理论与实证[C]//中国数量经济学会,2006.

A New Study on the Evaluation Index System for Content Quality of Online Course：A Perspective from Learner Experience and Knowledge Payment

HUANG Lu，PEI Xinning，ZHU Yingxi

Abstract：Online course has been criticized for their tendency to copy traditional school courses and for being lack of inno-vation. Thus，recognizing the importance of learner sovereignty in the "smart connected era"，should regard "learning experience" as the key demand；in the paid learning model of "sharing economic era"，"content" is the core value of online course. Based on these，we propose a new perspective for online courses evaluation，"the quality evaluation of online courses in the meet of learners' experience of content". This paper defines the concept of online course content quality， and selects the key indicators of online course content quality evaluation from three dimensions：curriculum，Internet and development. We use quantitative research method to make empirical selection. Firstly，use the questionnaire survey to collect 419 learners' opinions about online course content quality evaluation，then analyze the membership degree of each index by Fuzzy Comprehensive Evaluation，followed by analyzing the relevance and discrimination by SPSS 23.0，in order to eliminate duplicate，highly crossed and of low variable coefficient indexes，and lastly test the reliability and validity of the evaluation system. Finally，an online course content quality evaluation system is built， including three first-level indicators：professionalism，scarcity and standardization；18 second-level indicators，such as appropriateness，consistency and scientificity，etc. It is suggested that the online courses development should fully understand learners' "knowledge needs" and satisfy learners' experience for "content".

Key words：Online Course；Content Quality；Learner Experience；Knowledge Payment；Online Education；MOOCs

（本文原载《远程教育杂志》2020 年第 1 期）

高校新教师培训的调查分析与建议

——以某985高校为例

邢　磊　邱意弘　刘卫宇

摘　要: 新教师培训是奠定教师教学职生涯基础的关键一步。自各高校开始开展校本新教师培训以来,培训内容更加丰富,培训形式也更加多样。通过对某985高校2013—2019年已受训且开始教学职业生涯的新教师进行问卷调查发现:新教师对有深入参与机会的培训形式认可度更高;对入职培训从内容到形式的需求均呈现多元化;对时间灵活的、退出门槛低的、自我掌控度高的教学发展服务形式更偏好。根据调查分析,建议搭建立体化的新教师教学发展服务体系;在培训内容和形式上提供更加包容、多元的选择;从培训设计上,优先满足愿意接受帮助提高教学的新教师。

关键词: 高校新教师培训;参与式;问卷调查;教师培训方案

新教师培训①可能是奠定教师教职生涯胜任能力最为关键的第一步。从1985年开始,我国逐渐形成了以北京师范大学和武汉大学两个国家级培训中心为核心,基于六所部属师范大学的六大区培训中心参与组织协调,省级中心、重点高校和一些重点学科为培训基地的高校教师培训组织框架[1]。在这一培训组织框架下,新教师岗前培训的内容主要围绕高等教育学、高等教育心理学、高等教育法规概论、高等学校教师职业道德修养等方面进行,在实际培训中大都采用短期内集中培训方式,采用课堂教学为主的传统讲授方式[2]。随着近年来国内高校越来越多的建立教学发展机构并承担新教师培训工作,新教师培训开始更多借鉴国外一些成熟的做法,在培训内容、培训形式等方面都正在经历着较大的调整和快速更迭发展。

在培训内容方面,随着教师能力标准观的兴起和发展,新教师培训在传播科学教学知识,推广优秀教学经验之外,增加了科学教育内容进而提升教学胜任能力的部分,更多纳入了对教师能力标准的考虑。在培训形式方面,由单一讲座方式向多元化培训形式发展。多元化有两个层次,一是培训活动不局限于学年初的集中培训,还可以在更长的时间跨度里包

作者简介: 邢磊,上海交通大学教学发展中心助理研究员,研究方向为高校教师教学发展、教育技术;邱意弘,上海交通大学教学发展中心副教授,研究方向为高校教学评价;刘卫宇,上海交通大学教学发展中心助理研究员,研究方向高校教学管理。

基金项目: 全国教育科学"十三五"规划2018年度教育部重点课题"循证的高校教师教学核心素养框架研究",编号:DIA180403。

①　典型的"新教师培训"内容既包括福利、政策等入职须知,也包括教学、科研等职业技能。本文仅考察新教师培训中的教学培训部分,所以如无特别说明"新教师培训"即指"新教师教学培训"。

含"工作坊、社交活动、在线手册资源、学习社区及导师制等"多种培训活动的新教师研修计划[3];二是在培训方法上不局限于讲座,而是强调培训过程中的学员参与,使得"学习不再是一个被动接受的过程,而是一个自主、合作、探究的过程"[4]。这种参与式的培训方式"迅速发展成为目前在世界范围内被广泛采用的一种典型的教师培训模式。"[5]

对于新教师培训的评价方面,在过去全国性的高校教师岗前培训中,教师感受不是关注的重点,评价主要是"在培训结束后采用纸笔考试的形式考察他们的培训情况是否合格"[2]。随着高校成立自己的教学发展机构,开展新教师培训,"吸引教师参与,使教师愿意长期使用教学发展服务"成为一个工作重点。相应的,评价开始重点关注教师的感受和满意度。"对教师培训效果的评价大多是采用定性评估,比如,培训结束通过问卷调查教师的感受或组织教师进行座谈,询问学习情况。"[6]

本研究考察的国内某985高校的新教师教学培训为期两天,包含"大学教学基础"工作坊、优秀教师经验分享讲座、了解学生讲座、教学相声剧及微格教学模块,以期达到传播先进教学理念和经验,并让新教师有体验、有实践、有反思的目的。本研究致力于从受训教师角度,收集对现有的新教师培训方案的意见和建议,以便能更好地服务于新教师群体。

一、研究设计与实施

1. 研究问题

本研究希望通过收集的数据主要回答两个问题:①新手期教师对教学发展的需求是什么么?②已受训教师对新教师培训有什么看法?希望能在对这些问题讨论的基础上,把握新入职教师教学培训进一步改进的方向。

2. 调查问卷设计与实施

A、B两套调查问卷均为研究者自主编写,基于柯氏评估模型。柯氏评估模型包含四个层次的评估,从低到高依次为反应、学习、行为、结果[11]。反应层评估包括满意度(认可度)、相关度及投入度,学习层评估包括收获的知识、技能、转变的态度及自信心,行为层评估为受训者在工作中使用学到的知识技能的情况,结果层评估由培训而达到的目标结果的程度。

A问卷面向刚接受完培训的新教师,侧重反应层的评估,题项涉及对培训内容、培训形式的认可度、相关度,并收集对培训的建议。满意度的题项用李克特(Likert)5级选项(1~5分打分,5分为完全同意,4分为基本同意,3分为说不清楚,2分为不太同意,1分为不同意),相关度的题项用李克特3级选项(3分为帮助很大,2分为有些帮助,1分为说不清),建议题为主观题。

B问卷面向接受培训后一年左右的新教师,侧重学习层和行为层的评估。此时大多数人已进行实际教学操作,参加培训时的一些模糊感受已经在教学实践中得到加强或淡忘,对于培训有效性的看法也更多基于教学实践而非一时感受。因此,题项涉及对培训内容的印象、擅长及欠缺的教学技能、教学意愿、参加教学发展活动的情况,并再次收集对培训的建议。印象深刻的培训内容为排序题,选3项排序。除建议题为主观题外,其他为选择题。

在2013—2019期间开展了调查,A问卷为纸质问卷,在当年培训结束时发放,总共发放644份,回收有效问卷521份,回收率80.9%。B问卷为网络问卷,向上一年参加过培训的教师通过邮箱发送链接,总共发放628份,回收有效问卷191份,回收率30.4%。

3. 数据分析

以算术平均分析了客观题的数据,以文本分析对主观题进行了分析。

二、研究结果与讨论

填答者分布在27个院系,B问卷填答者中81.7%的新教师承担课程教学,每学期课时数在32课时(2学分)以上的占34.6%。

1. 培训的满意度及相关度

培训刚结束时,新教师们对整个教学培训的总体满意度、组织效率、满足需求及帮助教学方面的分项满意度都很高,在Likert 5分量表上均超过了4.50(见图1)。新教师们认为帮助最大的是微格教学实践环节,在Likert 3分量表上达到了2.87,其次是大学教学基础工作坊,为2.80(见图2)。

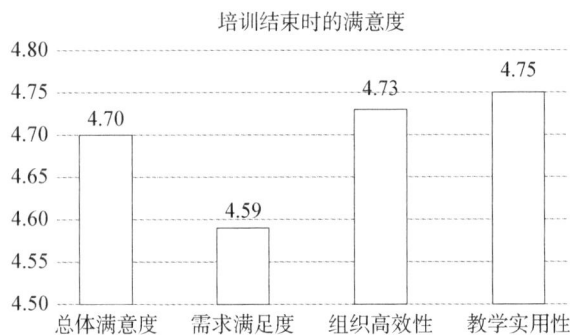

图1 培训结束时对培训内容及形式的满意度(李克特5分量表)

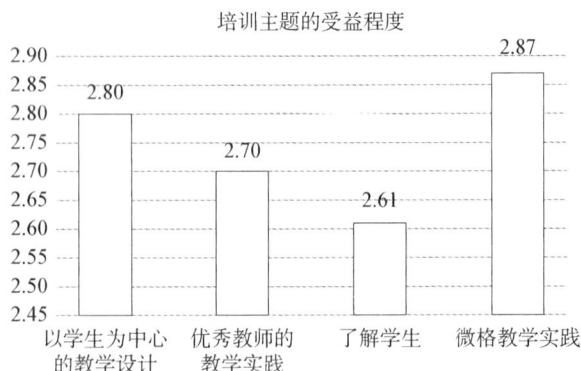

图2 培训内容的受益程度(李克特3分量表)

2. 实践后的反思

当一年后对新教师进行追踪调查时,印象深刻的内容及帮助最大的活动如表1及图3所示。从表1的数据可知,为参训教师提供更多亲身参与机会的培训活动和环节给教师留下的印象更深刻。词频率最高的是微格教学,共75次,其次是大学教学基础工作坊,共52次。这个结果与刚培训结束后的调查结果一致。微格教学是教师实践从大学教学基础工作坊学到的理念和知识,并且能获得同伴反馈;同时通过给同伴反馈,强化习得的知识。大学教学基础工作坊让参训教师一直处于"先行后知"的实践-反思状态,获得经验后再进行反思升华。这两种培训活动都不属于典型的面对面培训形式,也因为脱离传统知识传授的限制

表1　词频分析

一级编码	二级编码	二级编码词频	一级编码词频
微格教学	微格	64	75
	试讲	4	
	模拟授课	5	
	上课演练	2	
教学工作坊	教学工作坊	7	52
	体验式培训	40	
	大学教学	1	
	互动式教学	4	
教学经验	教学经验	13	22
	讲座	8	
	师德教育	1	
教学相声	相声	10	10
了解学生	了解学生	4	5
	学生问卷	1	

受益大的主题

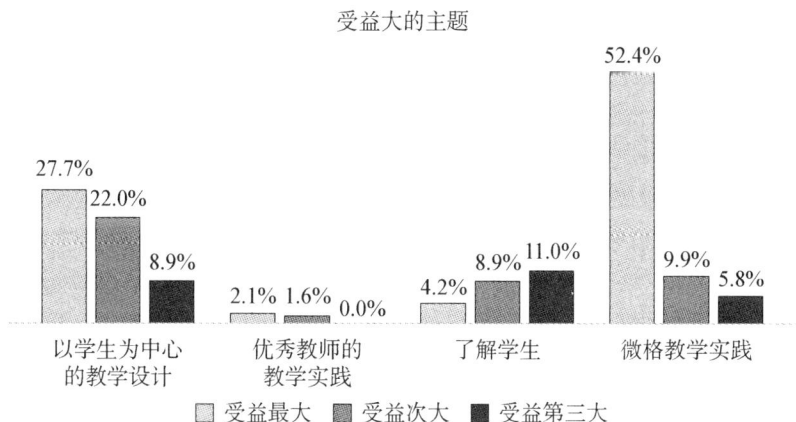

图3　一年后认为帮助大的培训主题

而为参与性的大幅提升提供了可能。另一方面,亲身参与的活动和环节对教师的帮助更大。图 3 显示帮助最大的环节是微格教学,其次是工作坊,都高于讲座式的培训活动。作为更多采用参与式方法的面授培训环节,工作坊为参训教师提供了更多互动以及练习的机会,这保证了参训教师留下更深刻印象并获得更多学习收获。这也进一步佐证了培训方法变革所具有的合理性和必要性。

3. 欠缺及不缺的教学技能

如图 4 所示,填答者在回答"目前最欠缺的教学能力"这一问题时,排在第一的是"学习科学",达 39.8%,排在第二的是"主动学习策略",为 35.1%,其他选项的选择比例分别是"评价学习效果"(34.0%)、"教学设计"(24.6%)、"教育技术"(24.6%)、"教学设计"(24.6%)、"讲授法"(8.9%)、"其他"(6.8%)等。

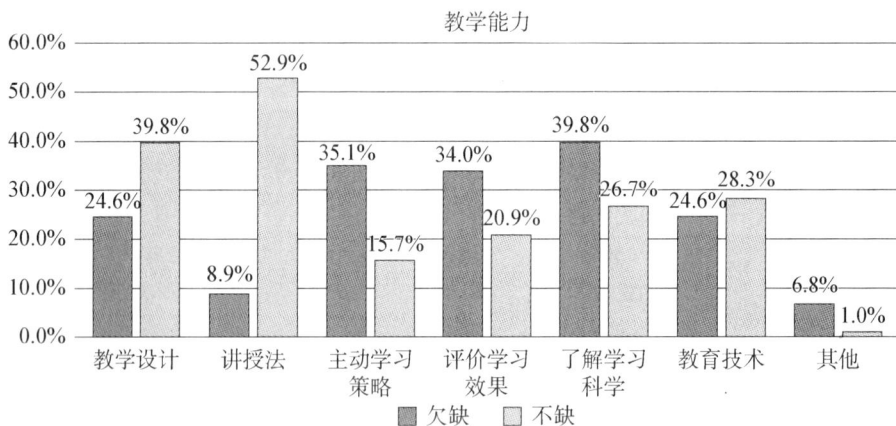

图 4　欠缺及不缺的教学技能

而在回答"目前最不欠缺的教学能力"这一问题时,排在第一的是"讲授法",达 52.9%,排第二的是"教学设计",为 39.8%,其他选项的选择比例分别是"教育技术"(28.3%)、"学习科学"(26.7%)、"评价学习效果"(20.9%)、"主动学习策略"(15.7%)、"其他"(1.0%)等。

由于 81.7%的 B 问卷填答教师已经开展实际教学工作,所以对教学相关话题的"当前"需求可能反映了教师早期从教实践中的真实情况和所面临的挑战,比如:"讲授法"被认为最不欠缺,原因可能是因为新教师已经在实践中磨炼出了让自己觉得"不欠缺"的讲授技巧;而对"学习科学""主动学习策略"的需求可以解释为教师基本度过了只关注自身"完成教学"的最初紧张阶段,开始将注意力从"教"慢慢向学生的"学"转移,当发现一些并不令人满意的课堂学习现象时,对提升教学效果的基本原理及有效方法产生了需求。

4. 偏好的教学发展形式

填答问卷的教师在被问及"你认为获得帮助最好的形式"问题时,42.5%的填答教师选择"获得丰富的教学相关资源(方法、案例等)",选择第二多的是"参加日常培训活动(工作坊、午餐会等)"(29.6%),其他的选项还有"申请个性化的咨询服务"(17.2%)、"参加研修班,集中学习充电"(10.2%)等,详见图 5。

最佳受益形式

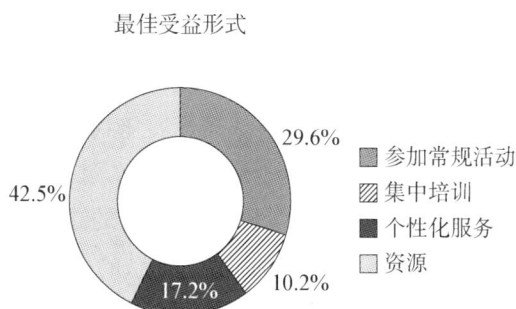

图 5　偏好的帮助形式

近半的教师选择"获取教学资源"作为最主要的获取教学帮助的途径,另外超过四分之一的教师也更倾向于"日常培训活动",累计超填答教师 70%。这两类教学发展服务的形式都是以时间分散、时长短小、话题碎片化、参与灵活为特征的业务类型;而具有相反特征的"参加集中研修班"获选比例只有 10.2%。这提示一是绝大多数教师更倾向于采用时间灵活的、退出门槛低的、自我掌控度高的教学发展服务,二是教师对教学发展服务形式的需求是多元的,单一的服务形式可能都不足以满足所有教师的需求。值得探讨的是,同样具有灵活性和个性化特征的"咨询服务"(17.2%)并未获得老师的普遍偏好。而在国外高校教学发展服务体系里,咨询是很主要的服务类型(比如:密西根大学教学中心 2014 全年的咨询服务人次达到 2 254 次[3])。这可能是因为两个方面的原因,一个是国内对"咨询"还比较陌生,教师不知道这种服务究竟提供的是什么样的体验,也不知道是否会有帮助;另一个是"咨询"可能容易跟"评估"、"诊断"等让教师敬而远之的概念混为一体,这会引起教师的顾虑,担心接受服务被别人贴上"教学不好"的标签。

三、结　　论

通过以上对调查数据的分析和探讨,我们可以得出以下两个结论。

1. 参与度高的培训形式更受新教师肯定

尽管"内容"与"形式"之间究竟谁决定谁在哲学范畴里的争议由来已久[6],尽管对大学教学传统的观点认为"大学讲堂的内容严格地限制着形式",忌讳"以'形'伤'神'"[7]。但从已受训新教师对培训的反馈数据来看,参与度高的培训形式给新教师留下更深的印象,同时也更获认可。特别是微格教学作为一种让参训教师"做中学"的培训形式得到了超过半数的受训教师的肯定。工作坊作为一种与传统讲座相对的培训形式,其更优的培训效果也得到了一定程度的证实。

2. 新教师对教学能力提升的需求是多元化的

从调查数据中,还可以解读出一个普遍现象:新教师各方面的需求都呈现多元化。无论是对培训主题的兴趣还是对培训组织方式的倾向,无论是对培训的时长还是培训开始的时机,完全没有一致的意见。以教师都印象深刻的大学教学基础工作坊为例,有教师说"可进一步重点介绍教育理论和规律化""除了西方理论还可以介绍中国教育哲学",也有人提出"理论部分有些多,不太清楚该如何把学到的教学理念转化到教学实践中去""应更贴近教学实际需求,如在教学计划和微课程序上,而非理论的介绍上,过于繁复"。这种多元化的取向一方面和参训教师差异有很大关系,不同的入职时间、不同的岗位和职业发展方向使得参训教师对新教师培训的期望各不相同。另一方面,不同院系的政策、环境以及专业、课程的特性也一定程度决定了不同教师需求上的差异,在调查开放题中就有教师提到希望"分学院请有经验的前辈介绍一些本学院的情况",也有提出"可以将专业相近的老师集中在一起,同时邀请一两个相关专业老教师当顾问",以此增进同一个学院的新进教师之间的交流。

四、建   议

1. 搭建立体化的新教师教学发展服务体系

从教学评估的视角来说,了解受训教师对培训的"印象"和反应只是一个方面,限于本研究的局限我们没有更多数据来回答其他一些也很值得探讨的问题,比如:"受训教师从培训中实际学会了些什么?"、"在1～2年的教学新手期中又到底做得怎么样?"等等。不论从哪个方面探讨新教师培训的效果,明确培训的目标都应该是最核心、首要的前提。为什么要向新入职的教师提供新教师教学培训?因为希望新教师能够获得充分的准备来顺利度过教学新手期。如果认可这个目标,那么就可以尝试从调查的结果中反思目标达成的状态。比如:52.9%的填答教师认为自己不缺"传统讲授技巧",虽然从统计上说这已是所有教学技能中获选比例最高的一项,但是依然还有近10%的填答教师并没有完全的自信能驾驭这种最传统、常用的教学方式。这是否一定程度上说明,一部分的新教师在培训后的1～2年教学新手期中仍处于独自探索的状态并且最终未收获足够自信?也许他们凭借自身努力"生存"了下来,但不意味着他们的初期教学实践称得上"顺利",也无法说新教师们经历了一个好的教学发展过程,更不意味着面向新教师人群的教学发展服务体系已经充分完备。在调查的开放题中多次有教师提到希望"增加教师之间的交流互动环节",也有"组织后续活动"的诉求。这些都是新教师教学培训进一步巩固培训效果可以考虑的改进维度,是搭建更立体化的新教师教学发展服务体系可以拓展的方向。

2. 在培训内容和形式上提供更多包容、多元的选择

新教师对新教师培训的内容、形式以及组织方式等方面的倾向性上都呈现多元化。这种现象究其原因既有新教师的个体经历的差异,也有外部的环境影响因素。应对的方法可以有两个方面:一是尽量将不同需求的教师加以分层,将岗位需求类似的教师分在同一个

班级,针对不同岗位和职业发展倾向的新教师人群,可以提供不同的培训方案和相应的培训证书;二是把新教师培训变得更包容多元,无论是培训内容还是形式,尽可能让参训新教师有更多选择。比如:可以借鉴密西根大学做法[4],在培训中用分会场的形式同时提供不同主题供教师选择参加。也可以在依托培训教材及学习管理系统提供丰富的自主学习拓展资源。

3. 优先满足"愿意接受帮助提高教学的新教师"

还有一个可以讨论的是调查问卷的填答率。从研究的角度,38%的问卷填答率可能会导致研究发现以及数据解释有所偏差。尽管在本研究的范围之内可能很难得到真正的答案,但我们仍需要去探讨填答率背后可能的原因。会不会是那些认为新教师培训作用大或对培训满意度高的教师更多地参与了问卷填答?会不会是那些在培训后的1~2年更积极参与教学发展中心活动的教师因为与中心进一步建立了良好的互动关系而更愿意填答?还是说,只是因为没有时间或者正巧出差没有条件导致有些教师没有参与调查?事实上,从调查数据本身我们很难看到充分的证据支持或否定任何一个假设。但如果我们从另一个实践的角度来看,也许这种偏差并不那么重要。因为教学发展实践遵循的一个很基本的逻辑应该是:尊重和满足教师的真实需求。即教师产生"需求",教学发展中心收集并针对性的定制"服务"来帮助满足需求,再通过收集教师使用服务的"反馈"进一步完善服务,这是一个可以不断螺旋演进的行动循环。那些愿意积极按照这个逻辑与教学发展体系良性互动的教师,是教学中心更应该优先重视的对象,提出的需求也理当优先考虑加以满足,这是教学发展工作开展的有效抓手。从这个角度来说,研究可以不拘泥于是否准确回答了"全校新教师人群对新教师培训的反应"这个问题,因为"如何服务好愿意接受帮助提高教学的新教师"可能更有实践意义。

参考文献

[1] 管培俊,吕杰,徐金明. 我国高校教师培训工作及其评价——新时期中国高等学校教师培训工作之二 [J]. 中国高等教育,2001,Z1:40-43.

[2] 周金虎. 高校新任教师培训的现实困境与路径选择[J]. 国家教育行政学院学报,2012,07:27-31.

[3] ELLIS D, ORTQUIST-ABRENS, L. Practical Suggestions for Programs and Activities [M]// GILLESPIE K, ROBERTS D, A Guide to Faculty Development. 2nd Ed.. San Francisco: Jossey-Bass, 2010:121-122.

[4] 陈向明. 在参与中学习与行动—— 参与式方法培训指南[M]. 北京:教育科学出版社,2003:8.

[5] 曾琦. 参与式教师培训的理念及实践价值[J]. 全球教育展望,2005,07:18-20.

[6] 曾琦,杜蕾. 参与式教师培训效果的评价研究[J]. 教师教育研究,2007,04:51-54.

[7] 密西根大学 Center for Research on Learning and Teaching. 2013—2014 Annual Report [R]. 美国:密西根大学 Center for Research on Learning and Teaching,2014.

[8] 密西根大学 Center for Research on Learning and Teaching. New Faculty Orientation [OL]. http://www.crlt.umich.edu/programs/orientationschedule,2015-6-11.

[9] 潘志新. "内容与形式"关系考辨[J]. 前沿,2011,11:61-65.

[10] 曹永国,陆思东. 大学讲堂:内容还是形式[J]. 现代大学教育,2006,(04):13-15.

[11] KIRKPATRICK D. Great Ideas Revisited: Revisiting Kirkpatrick's four-level-model. Training & Development, 1996,1: 54 – 57. atrick M

The Survey on New Faculty Orientation: the Case of a Top University in CHINA

XING Lei, QIU Yihong, LIU Weiyu

Abstract: The New Faculty Orientation (NFO) is a critical step in a teacher's teaching career. The contents and forms of the NFO are diverse since universities start to carry out it. Through the survey to teachers in a top university in China who have taken the NFO in 2013 to 2019, the training programs which need deeper engagement win higher recognition, more diversified training contents and forms are more needed, and the teaching training programs characterized with time flexible, low entry cost and high-degree of self-control are more preferred. Based on the survey, we should build multidimensional service system for new faculty members for their teaching development; provide more comprehensive and diversified choices in training forms and contents, and give higher priority to those new faculty members who want to improve their teaching when designing the training program.

Key words: New Faculty Orientation; participatory approach; survey; training program

（本文原载《中国大学教育》2020 年第 7 期）

上海交通大学教师教学发展项目的实施与评估

谢艳梅　王立科　陈虹锦　梁竹梅　邱意弘

摘　要： 高校教师教学发展项目的专业性、针对性和有效性将直接影响教师的参与度、个人发展自觉性以及教与学的效果。上海交通大学教学发展中心基于DCSF模式(需求、案例、服务、反馈),设计与实施了教学工作坊、教学午餐会、教与学讲坛3个具有代表性项目,为探讨高校教师教学发展项目的设计、实施与评估提供新的视角。项目效果评估表明：DCSF模式实施项目,对于教师的即时价值与长期价值并不相同,但两者在提供新的教学方法和策略方面都得到了高度认可;能促进教师"以学生为中心"的教学认知与行为方面的改善;对于教师教学认知及行为影响并非是马上发生的,而是一个较为缓慢的过程。

关键词： 上海交通大学;教学发展中心;DCSF模式;教学工作坊;教学方法

20世纪中叶以来,为提高高校教师专业化水平,各国大学纷纷设立了教师教学发展专业机构,并开展了多样化的教师教学发展项目。继1962年密歇根大学成立了世界上第一所教与学研究中心(Center for Research on Learning and Teaching,CRLT)后,截至2000年,美国有超过60％的高校设立了大学教师发展机构[1]。欧美国家的实践表明：在大学内部建立教学机构,能有效地支持本科教学,形成校内教学质量保障系统,促进本科教学质量保障常态化、制度化和专业化[2]。教师教学发展项目是支撑教师教学发展中心促进教师专业化发展、提升教学质量的重要途径与载体。

一、教师教学发展的主要任务与挑战

(一)高校教师教学发展及其服务项目

美国教育联合会界定的教师发展包括4个方面,即个人发展、专业发展、教学发展和组

作者简介：谢艳梅,助理研究员,教育学硕士;王立科,副教授,高等教育学博士;陈虹锦,上海交通大学化学化工学院教授,副院长,理学硕士;梁竹梅,上海交通大学教学发展中心副研究员,讲师,材料学博士;邱意弘,上海交通大学教学发展中心咨询师,副教授,工学博士。

织发展。个人发展涵括：提高教师的生涯规划和沟通的能力，培养自我发展意识并指导其如何有效地保持身心健康；专业发展涵括：促进个人成长，获取或增进与专业工作相关的知识、技能和意识等；教学发展涵括：学习材料的准备、教学模式与课程计划的更新；组织发展致力于营建积极的组织气氛，促使教师进行新的教学实践[3]。教育学家潘懋元先生认为，大学教师发展内涵包含3个组成部分：学科专业水平，即基本理论、专业知识、实践能力；教师职业知识与技能，即教育理论、教学能力；师德，即一般学者的人文素质、教师的职业道德[4]。

虽然国内外关于教师发展的内涵表述稍有不同，围绕"教师发展"所成立的机构名称、提供的服务项目不一，其使命也各有特色，但内容大多聚焦于教师培训、教学咨询、教学评估及教学研究4个方面，且都将提升高校的教与学质量作为高校教师教学发展中心最核心的任务。

（二）高校教师教学发展项目设计与实施的挑战

相比国外高校教师教学发展中心的悠久历史，国内教师教学发展中心尚处于早期阶段，在教师教学发展项目设计与实施过程中，都面临着一些共性的挑战，而对国内高校来说，这些挑战尤为突出。

第一，思维定式：教师的教学理念无法匹配时代发展的人才培养需求。人才培养是在一定的历史条件和框架中的，社会的发展与变迁对于人才的素质能力提出了新的要求。如何使教学能面向未来，需要学校、教师对教育目标、教学过程、教学评估等进行重新审视与探索。美国自开启"以学生为中心"（student-centeredness）本科教学改革以来，其重要的教学范式转变是从"老三中心"，即以教材为中心、以教师为中心、以教室为中心，转变到"新三中心"，即以学生发展为中心、以学生学习为中心、以学习效果为中心[5]。但是在实践中，部分教师并不认同"教学是师生双方对知识的共同建构"，理念的偏差令教师在教学中不能尊重学生的已有知识背景及经验，不能将追求学生最终的学习效果和能力培养作为教学的主要任务。

第二，压力大：教师承受科研的重压，难以兼顾自身发展的专业化。教学、科研、社会服务是高校教师的基本职责。在现有的评估体制下，如何平衡教学与科研的时间分配、精力分配是每一个高校教师都面临的选择。教学与科研的压力使得教师必须在某个时间段内完成指定的任务，但是教师教学发展项目的效果一方面需要教师投入更多的精力去改进教学技能、提升教学研究能力，另一方面却由于这些付出在短时间内难以见到效果，使得教师难以兼顾自身发展的专业化。

第三，不接地气：教师教学发展项目不能精准聚焦于教师想解决的问题。关于需求调研能使教学发展项目的主题与教师的需求对应，但是在项目的实际实施中，却无法精准聚焦于教师想解决的问题。现有的教学发展培训师队伍大多是具有教育学、心理学、教育技术学背景的博士，专业背景常使他们在教学发展内容的展示上偏爱理论讲述，追求理论结构的完整性，但所服务的对象（教师）对于内容的要求指向于解决真实的问题和基于实践导向的策略、方法及评估手段。另外,如何使教学发展项目具有学科针对性,也是一个较难解决的问题。

二、基于 DCSF 模式的教师教学发展项目实施

美国质量管理专家沃特·阿曼德·休哈特(Walter A. Shewhart)针对质量管理提出 PDCA 循环,后由爱德华·戴明采纳与推广,成为广泛应用的质量持续改进模型。PDCA 是一个持续循环的过程。它将质量管理分为 4 个阶段,即 P(Plan)—计划,D(Do)—执行,C(Check)—检查,A(Action)—处理[6]。在每一次循环中,它将成功的部分纳入流程进行巩固,不成功的地方留待下一循环去解决,以此不断迭代、完善,从而有效保证质量的持续提升。基于 PDCA 循环,上海交通大学教学发展项目在内容、结构、流程上不断迭代、优化,形成了教师教学发展项目设计与实施的 DCSF 模式。该模式的运行包括需求(Demand)、案例(Case)、服务(Service)及反馈(Feedback)4 个环节。

上海交通大学教学发展中心成立于 2011 年 4 月,是学术性的服务机构。DCSF 模式是教师教学发展项目"自下而上"从项目主题设计、项目内容展示、项目执行、项目优化 4 个方面所提炼出的指导方法。需求导向是教师教学发展项目设计的起点,案例路径和服务本质是教师教学发展项目实施的过程保障,持续反馈促进项目质量的不断提升。DCSF 模式可以为教师发展组织及实施人员了解项目实施与质量管理提供思路。

(一) 项目主题设计:需求(Need)导向

教师教学发展项目在行政支撑及自愿参与的基础上推进,多角度挖掘需求对项目的设计与实施具有重要的意义。"自下而上"式的需求收集、需求分析是教师教学发展项目设计的起点。研究表明:教师知道什么以及怎样表达自己的知识对学生的学习至关重要,教师知识的深化是促进他们自身学习和发展的主要途径[7]。只有在详细了解了教师对教学的理解及其教学实践后,教师发展项目的设计才能对教师发展起到作用。教师教学发展项目的主题设计依据"自下而上式"的需求收集,通过调查问卷、深度访谈、服务数据分析及课堂观摩 4 种途径从教师教学实践中挖掘教学需求,再从需求中分辨出可通过培训解决的真问题,并分解成教学发展活动主题,以此作为项目设计的起点。

现有的已收集数据反映了不同阶段教师需求的差异化:新入职的教师需求更多的是教学策略、教学方法、教学资源及对青年教师成长的指导;职业发展中期的教师对教学理论、教学学术研究、创新性的教学方法有更多的关注;职业成熟期的教师希望了解不同领域、不同学科和具有前沿视野的优秀教学。项目的主题需求主要通过以下 4 种途径进行数据收集,如表 1 所示。

表 1　上海交通大学教师教学发展中心需求调查途径及内容

途径	对象	频率	内容	目的
调查对象	全校教师	每年一次	知识背景；教学需求；课程概况；现实环境及可用资源	了解教师的教学行为、理念、资源等
活动前置问卷	参加教学发展项目的老师	每学期一次	您期望了解哪些方面的内容；您期望能解决您哪些方面的问题	提高主题内容展示的针对性
活动反馈问卷	参加教学发展项目的老师	每学期一次	活动内容满意度；组织方式满意度；活动的针对性满意度；活动的改进	评估活动满意度及改进措施
学科教师访谈	学科教师	若干次/年	教学认知；教学行为；教师专业化发展需求	了解不同学科教师的教学认知、行为差异
学生访谈	本硕博学生（以本科生为主）	若干次/年	学习满意度；学习需求；学习效果	了解学生学习的过程、结果、需求
资深教授访谈	国外资深教授 国内资深教授	5～8 名/年	创新教学理念；校本优秀教学案例	发现优秀教学理念、实践
院系管理者访谈	院系管理者	1～2 次/年	院系发展规划；教学激励政策；教学资源及服务	了解院系对于教与学的政策及挑战
课堂观察	学校教师	若干次/年	教师教学行为；教学进度；教学环境；教学效果；师生关系等	观察教师的教学行为、专业化发展程度
网络数据分析	网页浏览率后台报名记录	以实际情况为准	主题的浏览率；报名率；报名教师的人口学信息	区分不同院系、不同发展阶段教师在主题需求上的差别
顾问讨论会	中心内部管理人员及内部培训师	2 次/年	需求调研数据及相关访谈分析报告	设计教师发展项目

（二）项目内容展示：案例(Case)路径

教学是一种情境性很强的科学与艺术,具有复杂性、动态性、不确定性等特点。陈向明认为,理论的抽象性、确定性与客观性特征,与教师工作的在场性、不确定性和主观性之间缺乏足够的亲和力;教师工作的对象是现实,目的是改造现实,而理论工作虽然把实践作为对象,但目的是构造思想[8]。教师的个体经验、教学案例不应该在教师教学发展项目设计中被忽视,而是应该成为被积极运用的一种资源。在教学实践中,课程性质、班级规模、学生知识背景、师生关系、教学环境等都会影响教与学的效果。任何抽离了教学情境的教学理论无法有效帮助学习者,而直接向教师呈现教育学、心理学、学习科学的抽象理论并不能让教师深入理解并有效应用。丰富情境性的真实教学案例在教师教学发展项目内容展示中应该被重视,通过跨学科、跨领域、不同风格的优秀教学案例展示,让教师在体验、讨论、反思中去理解"什么是优秀的教学"及其背后的科学理念,从而探索出适合自己课程的教学设计、教学方法、评估方式。

基于教师经验的反思、理论、应用会充分激活参与教师的实际经验从而帮助教师接受并理解其背后的教育学、心理学、学习科学的原理,对教师的教学形成持续的正向反馈,给教师带来持续的启发与反思。

(三) 项目执行: 服务(Service)本质

教学发展中心是一个学术性服务机构,其发展基因里一直带有较强的"服务意识"。高质量的服务是指在专业性的基础上快速地响应需求并反馈。

教师教学发展项目的目的是改变教师原有的理念,提升教师的教学能力,促进教师专业化成长。密歇根大学教与学研究中心的经验表明:教学中心应主动寻求向教师提供服务的机会并对教师的需求做出回应[9]。教学发展中心不仅需要在服务内容的科学性上得到教师们的认可,更要从情感、心理上得到教师的认同与信任。

教师是教师教学发展项目服务的主体。教师感受到自己被尊重和被理解,才有可能尊重和理解自己的学生[10]。密歇根大学教与学研究中心的朱尔平博士曾在教学发展人员胜任力提升(国际联合项目)2019研修班的演讲中介绍:"密大的服务性是要体现专业性的、高质量的服务……代表中心发出去的每一封邮件的措辞、语气等都会反复斟酌、反复修改、校对,注意每一个细节……"上海交通大学教学发展中心创始主任高捷教授在中心创立之初就提出"亲和力是教学发展的生命线"。教师教学发展项目在实施中,与教师直接接触的流程繁多,包括通知方式是否友好、资料的获取是否便捷、环境的布置是否配合内容展示的需求、教师的反馈能否被快速吸收并改进、所介绍的教学方法及策略是否基于参与者的知识背景、创新型的教学方法能否让教师以最低成本去尝试,这些细节最能展示中心在本质上是服务机构还是行政部门。

对于邀请来的主讲者,教学发展项目协调人需要帮他们快速了解学员的背景、偏好及相关疑惑的解答并充分尊重他们对于活动的一些想法。在内部,服务也是一种意识,不断调整优化流程,让每个参与的同事都能在最优的流程下工作。有4个标准可以来用判断服务的层级:服务的目标是否考虑了服务对象的背景及经历?服务流程、细节是否考虑了服务对象的便捷与效率?服务是否考虑了后续的可持续性?服务是否有效?

(四) 项目优化: 持续反馈(Feedback)

持续反馈是指对项目的流程、内容、服务、结果等进行评估,形成解决方案,运用于项目下一次的设计与实施,以此不断改进提升。

PDCA循环被用于工业界的质量控制与管理,在教育项目的实施上同样可以发挥作用。

重视教师的反馈可以持续改进项目在内容深度、广度、有效性，活动流程的优化、服务质量与效率的提升，从而使项目不断迭代完善。依据问卷、访谈等途径收集的教师反馈提升了教师教学发展项目的主题设计的针对性：2011—2014 年的主题设计侧重于大学教学策略，包括设定学习目标、引导有效的课堂讨论、团队合作学习实践策略、如何激发学生的学习动机等。2015—2018 年主题设计中增加了青年教师成长、教学与科研促进、教学学术、创新能力培养、学习分析等内容。这是基于环境的变化，也是基于教师需求反馈而作出的调整。

　　基于教师的反馈改善了活动的流程及活动的效果满意度。中心自 2017 年起设置由3 个开放性问题组成的活动前置调查：您希望在本主题中听到哪些内容？关于本主题，您有哪些问题希望解决？除本主题外，您还希望了解什么内容？活动前置调查运行期间，累计有5 838 人次报名，报名教师提供了 1 446 条反馈意见。图 1 为前置调查词云表。这些反馈意见在活动开始前由中心提交给教学发展培训师及主讲人用于调整自己的内容结构及细节。活动前置反馈实施后，教学工作坊的"针对性"评估满意度提高了 7%。

图 1　教师活动前置调查反馈词云图

　　当教师的需求被回应、当教师的反馈被迅速采纳，这会激发教师对于这个平台的信赖并积极提出更多、更优质的建议。在这个过程中，教师与中心都是活动的设计者、建设者、参与者、推动者及完成者。

三、教师教学发展项目实施效果评估

　　评估教学发展项目的质量是国内外教学发展研究人员和各利益相关者特别关注的问题。密歇根大学教与学研究中心副研究员、评估主任玛丽·怀特（Mary C. Wright）曾提出

5 个用于描述及记录评估中心工作的核心问题及数据来源[11]。以下，我们以 Mary C. Wright 提出的框架为原型并对其中的第三项和第四项做了合并处理，以此来评估上海交通大学教学发展中心基于 DCSF 模式设计与实施的教学发展项目（以下用"项目"简称教学工作坊、教学午餐会、教与学讲坛三项服务）。

（一）项目服务情况分析

自 2011 年 4 月起，截至 2019 年 3 月，上海交通大学教学发展中心已举办教学工作坊 142 期、教学午餐会 122 期、教与学讲坛 68 期，总计举办 332 期此类教师教学发展项目，累计服务校内教师 11 941 人次，覆盖 29 个学院。其中，副教授群体是参与活动最多的群体；参与活动人次最多的前 5 个学院依次为：电子信息与电气工程学院、外国语学院、农业与生物学院、机械与动力工程学院、生命科学技术学院。2016—2018 年的三类项目校内服务情况，如表 2 所示。

表 2　2016—2018 年教学工作坊、教学午餐会、教与学讲坛校内服务情况

项目	活动定位	主题类型及示例	2016 年		2017 年		2018 年	
			期数	参与教师人次	期数	参与教师人次	期数	参与教师人次
教学工作坊	教学工作坊侧重教学基本技能	● 大学教学实用策略系列 ● 通用能力提升系列 ● 教育技术系列 ● 教学学术系列	1	296	13	546	9	363
教与学讲坛	国际、国内名学的校本经验及国际视野	● 国际视野系列 ● 校本资源系列 ● 教学与科研促进系列	11	619	13	701	14	838
教学午餐会	教学讨论与反思	● 教与学交流系列 ● 教学管理互动系列 ● 国外访学交流系列 ● 运动与健康系列 ● 职业管理与发展系列 ● 青年教师成长系列	8	355	11	546	14	703

（二）项目价值评价

参与者对项目价值的评价，所依赖的证据在于年度调查问卷的调查、活动反馈问卷及参与活动教师教学认知及教学行为的访谈。综合活动反馈问卷的开放题项与 2015 年的年度调查问卷、教师访谈所提及的收获，可以交叉验证的是：教学发展中心项目在向参与者提供新的教学方法和策略方面价值明显且被教师高度认可。2015 年，教学发展中心通过邮箱向

全校一线教师发送了教学发展中心年度调查问卷,共收回 268 份有效问卷,问卷包括 50 个题项共 4 个部分:基本信息、教学行为影响因素、教学发展中心服务有效性、改进及建议。针对"教学发展中心的活动是否有价值",39.55%的教师认为活动"非常有价值",46.27%的教师认为"比较有价值";针对"在教学发展中心的活动中的收获(多选)",教师收获最大 4 点依次是:(1)教学方法与策略的借鉴(56%);(2)促进了自我的反思(46%);(3)与更多的老师交流(44%);(4)教学理念的改变(32%)。

2019 年 3 月,332 期活动结束后发放满意度反馈问卷:"您在本次活动中有哪些收获?"参与者提及频率最高的三项分别是:开阔了视野;提供了新的教学方法和策略;启发了思维。

2015 年的问卷调查与 2019 年活动现场即时满意度反馈问卷关于活动的价值的反馈稍有不同,两者在"教学方法和策略"上都得到认同与肯定,但即时现场满意度反馈问卷中更强调对视野的拓展和对思维的启发;而从一个较长时间段来评估 2015 年年度问卷,教师们更认同项目对自我反思、与同事的交流、教学理念的改变等方面的积极作用。

(三) 参与者在认知与行为上的改变

教学发展项目的最终目的是通过推动教师教学认知及行为的改变,从而促进学生学习效果的提升。2015 年的问卷调查表明,教师们认为加强与学生的交流是改进教学最有效的途径,其后依次为参加培训研讨会及与同行交流。多项访谈及研究的证据表明:项目能促进教师在"以学生为中心"的教学认知与教学行为方面的改善。

中心在 2017 年对 42 名不同院系且长期参加教学工作坊、教学午餐会、教与学讲坛的教师进行抽样访谈,问题包括:您想培养学生的哪些能力来应对未来社会对人才的需求?您通过什么教学方式达成这个目标?之前的教学与现在的教学有什么不同?通过文本分析,这些教师在教学认知和行为上的变化可以总结为:从早期关注课程内容到关注学生的态度、动机;在教学方法和技巧上开始注意关注学生的反馈,并对反馈数据进行分析、总结;对教学的思考趋向从多方面、多角度进行。多次参加教学工作坊、教与学讲坛的教师 Z(机械动力与工程学院,副教授,2016/12/15)反思自己教学上的变化:"……以前比较关注的是自己备课的细致、讲解的清晰和有条理……现在更加关注学生对于教学的感受,比较注重对于学生课程学习兴趣的激发。关注学生的学习状态,引导他们思考和提问。现在的教学中,我引导学生不仅仅去追求学习的效果,更重要的是让学生去享受学习的过程……"另一个可以确认的证据是,2017 年对长期参加上海交通大学教师教学发展项目的教师教学反馈的已有研究表明:教师的教学反馈实践同时也在发生变化:①从详细评论的具体任务到解决任务级别内外问题的组合;②从学习周期结束时提供反馈到在开始时指导常见错误及问题;③教师通过使用社交软件和新的课程格式来提高反馈的效率[12]。值得强调的一点是,教师教学发展项目对于教师教学认知及行为影响并非是即时发生的,而是一个缓慢的过程。

(四) 大学对项目和活动的新需求

在中心收集到的各类需求调查问卷及访谈中,教师们呈现出的需求关注点处于一个缓慢变化的过程。教师教学发展项目处于逐步完善的过程中,教师在参与教学发展项目的过程也开始趋向于教学上的成熟。在中心举办活动的早期,教师们希望提供"更多的教学方法和策略",随后又变化为"教育学、心理学理论、创新型的教学方法、针对具体学科的教学方法";自2017年以来,对创新能力培养、新技术,包括翻转课堂、投票器、学习分析、邀请外籍名师来开办教师教学发展活动、交叉学科的教学成了新的关注点;而唯一持续受到关注的需求是:教学评估,即学生评教、同行评估、课堂观察等。

此外,来自校内的其他部门和院系,基于教学发展中心在非行政化推动中所提供的优质服务和内容,越来越多的部门和院系开始主动成立教学发展分中心并开始举办具有学科特色的教学发展项目。这是一个值得期待的发展方向。

教师的专业化发展是一个缓慢持久的过程,提升高校的教与学质量是一项长期的工作。如何通过教学发展项目有效推动教师的专业化发展,从而实现教与学质量的提升需要更多的探索、实践与研究。相对于行政化的强制命令,高质量的内容和有亲和力的服务所赋予教师的尊重与价值更能吸引教师主动参与教师教学发展项目,更能激发教师"发自内心的改变"和自我发展的自觉性,以此促进教师的专业化发展,从而提高教与学质量。

参考文献

[1] 陈时见,等.高校教师教学发展机构研究:基于七国21所大学的个案[M].重庆:重庆出版社,2012:5.

[2] 汪霞.中外大学教学发展中心研究[M].南京:南京大学出版社,2013:5.

[3] 苏强,等.大学教师教学发展的理性思考与超越之维[J].教育研究,2015(12):52-58.

[4] 潘懋元.大学教师发展论纲——理念、内涵、方式、组织、动力[J].高等教育研究,2017(1):66-69.

[5] 赵炬明.论新三中心:概念与历史——美国SC本科教学改革研究之一[J].高等工程教育研究,2016(3):35-56.

[6] JAMES R E, WILIAM M L.质量管理与质量控制(第七版)[M].焦叔斌,译.北京:中国人民大学出版社,2010:5.

[7] 康内利,等.专业知识场景中的教师个人实践知识[J].华东师范大学学报:教育科学版,1996(2):28.

[8] 陈向明.理论在教师专业发展中的作用[J].北京大学教育评论,2008,6(1):39-50.

[9] 康斯坦斯·库克.提升大学教学能力:教学中心的作用[M].杭州:杭州大学出版社,2011:46.

[10] 陈向明.从教师"专业发展"到教师"专业学习"[J].教育发展研究,2013(8):1-7.

[11] 玛丽·怀特,魏戈.大学教学发展中心的效益评估——以密歇根大学学习与教学研究中心为例[J].北京大学教育评论,2014,12(2):13-26.

[12] WEI W, YANMEI X. University Teachers' Reflections on the Reasons Behind Their Changing Feedback Practice [J]. Assessment & Evaluation in Higher Education,2017:1-13.

Implementation and Evaluation of Faculty Development Program for Teaching and Learning: A Case Study of Shanghai Jiaotong University

XIE Yanmei, WANG Like, CHEN Hongjin, LIANG Zhumei, Qiu Yihong

Abstract: The professionalism, pertinence and effectiveness of teaching and learning development programs will directly affect faculty participation, personal development consciousness, and the effect of teaching and learning. Based on DCSF Model(demand, case, service, feedback), the Center for Teaching and Learning Development of Shanghai Jiaotong University designs and implements three representative programs, namely teaching workshops, teaching luncheons, and teaching and learning forums, to provide a new perspective for exploring the design, implementation and evaluation of teaching development projects for college teachers. The evaluation of the project effect shows that the DCSF model implementation of the project has different immediate and long-term values for teachers, but both have been highly recognized in providing new teaching methods and strategies; it can promote the "student-centered" teaching cognition and behavior; the impact on teachers' teaching cognition and behavior is not immediate, but a relatively slow process.

Key words: Shanghai Jiaotong University; Center for Teaching and Learning Development; DCSF Model; teaching workshop; teaching method

（本文原载《高教发展与评估》2020 年第 7 期）

高校海归青年教师首聘期工作满意度的地域差异研究

——基于 2008—2017 年 20 所城市调查数据的分析

李奕赢　朱军文

摘　要：不同地区高校海归青年教师的首聘期工作满意度及其影响因素，是分析海归教师择业与流动的地域倾向以及该地区高校人才竞争力的重要依据。本研究以问卷形式调查了近 10 年归国的 379 位海归青年教师的首聘期工作满意度，发现新一线城市海归青年教师首聘期工作满意度的总体水平最低；一线城市的总体满意度年度波动较大，其薪酬待遇满意度较低；二线城市的满意度总体水平尚可，但其文化适应和母国环境适应维度的满意度较低。各地区高校改进海归人才引进工作应聚焦本地区的主要制约因素并采取针对性举措。

关键词：海归青年教师；工作满意度；地区差异

一、引　言

近年来，我国高校引进的海外人才规模持续增长，人才跨校、跨地区流动成为常态。不同地区高校海归青年教师的首聘期工作满意度及其影响因素，是分析海归人才择业、流动的地域倾向和不同地域高校人才竞争力的重要依据。本文基于多地区的问卷调查，对不同城市高校海归青年教师的首聘期工作满意度及其影响因素进行研究，以期探究青年海归人才选择从业城市和地域流动的原因。

埃克特(R. E. Eckert)和科恩(A. M. Cohen)等学者较早对社区学院教师的工作满意度水平进行了评估和分析。[1-2]本特利(P. J. Bentley)等学者基于"学术人员工作流动调查问卷"(Changing Academic Profession Survey)，对 12 个国家学术教师的工作满意度进行了对比分析，发现加拿大、芬兰等国学术教师的满意度水平较高(加拿大约有 74% 的教师表示比较满意或非常满意)；德国、阿根廷等处于中等水平；葡萄牙和英国等国家学术教师的满意度较低。[3]在高校教师工作满意度测量方面，国外学者建立了较为完整的理论体系，形成了应

作者简介：李奕赢，上海交通大学高等教育研究院博士研究生；朱军文，华东师范大学教育学部教授，人才全球战略与海归人才发展创新团队首席专家。

基金项目：国家社会科学基金(教育学)一般课题(BIA160116)。

用较广的高等教育教师工作满意度量表,例如诺埃尔·莱维茨大学雇员的满意度调查①、高等教育纪事大学工作调查②、高等教育雇员工作调查③、员工工作环境评估调查④等。

我国关于高校教师工作满意度的研究从 2000 年开始逐渐增多,研究对象覆盖北京市、上海市、湖南省、黑龙江省、辽宁省、湖北省等地区。2012 年出版的《工蜂:大学青年教师生存实录》一书引起了社会对青年教师生存状况的广泛关注,青年教师工作满意度与专业兴趣、专业发展、社会认同、经济收入等因素密切相关。[4-6]2015 年以来,有研究聚焦高校高层次人才流动,发现高校竞相提高引进人才薪酬和科研资助经费,刺激了人才流动,进一步加深了我国东、西部地区人才分布不均衡状况[7],形成"中西部危机"和"东北部困境"[8]。部分聚焦海归青年教师的研究发现,海归青年教师总体工作满意度不高[9],在薪酬待遇、学术发表、职称评聘、项目(课题)申请等方面反应强烈[10]。文科类海归青年教师多感到发表论文困难较大,科研进展缓慢。[11]

我国学者对高校教师工作满意度的研究以调查问卷法和个案访谈法居多。有学者借鉴国外的工作描述指数量表(JDI)⑤、明尼苏达满意度量表(MSQ)⑥等,结合我国高校教师的特点,侧重于自我实现、工资收入、工作强度、领导关系和同事关系等方面[12],编制了相应的调查问卷。徐笑君和余晓飞较早编制了聚焦海归教师群体的工作满意度量表。[13]

本研究以近 10 年归国的高校青年教师为样本,聚焦海归教师归国工作初期即首聘期的满意度问题,依托调查数据,开展跨地域比较研究,以期对高校海归人才的聘用政策和人才地区间流动等研究提供分析视角。

---

① 诺埃尔·莱维茨大学雇员满意度调查(Noel-Levitz College Employee Satisfaction Survey, CESS),是由 Rufalo Noel-Levitz 高等教育公司设计编制的。该公司系 1973 年成立的全球知名组织,专门为高等院校开展调查。

② 高等教育纪事大学工作调查(Chronicle of Higher Education's Great Colleges to Work For Survey)是由《高等教育纪事报》和 ModernThink 公司共同资助的、对大学教师工作情况进行分析的调查,问卷包括 78 个 5 点式量表项目,15 个人口统计学问题和 2 个开放性问题,测量指标包括工作满意度/支持、环境、专业发展、薪酬福利、工作/生活平衡、设施、资源和效率等。

③ 高等教育雇员工作调查(Higher Education Survey of Employee Engagement, HESEE)是由得克萨斯大学(University of Texas)开发的用以调查大学雇员工作情况的测量工具。问卷包括个人基本信息和 48 个调查问题,采用 6 点式量表。

④ 员工工作环境评估调查(Personal Assessment of the College Environment, PACE)是由北加利福尼亚大学(North Carolina State University)教育学院编制的,主要测量员工对校园工作环境的满意度。调查采用 5 点式量表,共有 46 个项目。

⑤ 工作描述指数量表(Job Descriptive Index, JDI)是由斯密斯等人(Smith, Kendall)编制的,它通过 72 道题目评估对工作五个方面的满意度。

⑥ 明尼苏达满意度量表(Minnesota Satisfaction Questionnaire, MSQ)是韦斯(Weiss)在 1967 年基于赫兹伯格的双因素理论所设计的工作满意度量表,其变量分为内在变量和外在变量。明尼苏达问卷分为长式问卷和短式分卷两种。

二、研 究 方 法

（一）核心概念界定

（1）海归青年教师。已有研究一般认为，海归教师是指在海外获得博士学位（包括在港澳台地区获得博士学位），并归国工作的教师。[14-15]这与我国多项人才计划的遴选标准基本一致，如："千人计划"规定，申请人一般应在海外取得博士学位；"青年千人计划"对申请人的一项要求是"申报时具有连续 36 个月以上的海外科研工作经历，并已取得博士学位"[16]。据此，本文将海归教师界定为出生地为中国大陆（不包括港澳台地区），在境外（包括港澳台地区）获得博士学位，现全职工作于中国大陆高校的教师。

关于"青年"，李光奇曾在《"青年"年龄划分与标准管见》中将青年时期分为低、中、高三个阶段，其中 14～18 岁为低龄青年、18～28 岁为中间层次青年、28～40 岁为大龄青年。[17]"青年千人计划"对青年的年龄限定为不超过 40 周岁。[18]黄峰在江西省高校青年教师职业满意度的研究中，也将青年教师的年龄限定为 40 周岁以下。[19]国外学者对教师早年职业生涯（Early career）的年龄划分标准亦以 40 周岁为界限。[20]因此，本文亦采用 40 周岁及以下为青年的标准。

（2）首聘期。首聘期是在近年来我国高校人事制度改革中逐渐开始被使用的一个概念。目前，在我国高校教师聘任工作实践中，教师签订的首个工作合同，其任期尚不统一，大多在 3～6 年范围内。在学界已有的关于工作适应的研究中，通常将研究对象参加工作初期的 1～3 年或者第一个组织任期作为主要观测期。[21]本文综合这些观点和实践，兼顾不同学科的特点，将海归教师归国工作的最初 3 年，即归国第一份工作的 3 年内任期（含 3 年）视为首聘期。

（二）调查问卷的设计与发放

（1）调查问卷设计。本研究调查问卷共分 3 个部分：个人特征变量等基本信息，包括性别、年龄、回国工作初期的最高职称、所在学科、回国时间、在境外累计生活时间等；高校海归教师首聘期整体工作满意度水平；9 个具体维度的工作满意度，包括工作本身、工作条件、工资福利、个人生活、人际交往、成长发展、自我实现、母国环境适应和文化适应等。量表采用李克特 5 点量尺（"非常不满意"记 1 分，"比较不满意"记 2 分，"中立"记 3 分，"比较满意"记 4 分，"非常满意"记 5 分），正向计分衡量受试者的满意度，分数越高表示受测者的工作满意度越高。

（2）调查问卷的试测与数据采集。考虑到高水平研究型大学引进海外人才起步较早，在职海归教师体量比较大，本研究共选取 48 所"2017 年中国最好大学排名"[22]靠前的学校作为采样对象。海归教师的基本信息和联系方式主要从样本学校官网所公示的教师履历中获得；在样本学校各个学院（不包括医学院和艺术学院）的教师名单中，按教师姓名的拼音排序选取 8 名左右海归教师作为调查对象，若少于 8 名，则全部纳入样本。本研究共搜集到 4 190 条海归教师信息。

2017 年 9～11 月，通过邮件向样本教师共发放问卷 1 409 份，回收问卷 184 份，排除无效问卷 22 份，有效问卷共 162 份，有效回收率约 11.50%。使用 SPSS(22.0)软件对 162 份前测问卷进行探索性因素分析，对结构效度进行检验，最终提取工作群体、工作本身、工作条件、薪酬待遇、生活支持、文化适应和母国环境适应 7 个因子。2017 年 11 月—2018 年 4 月，正式发放问卷 4 190 份，回收 573 份，删除首聘期内年龄超过 40 岁以及回国年份在 2008 年之前的海归教师的问卷，有效问卷共 379 份，有效回收率为 9.05%。

为了验证前期使用试测数据取得的结构效度的有效性，在正式问卷收集完成后，使用 AMOS 软件对探索性因素分析所得出的 7 个因子进行了验证，最终结果为：X^2/df 值等于 2.93(X^2/df 接受度临界值为 5，数值在 1～3 为佳，数值越小表示拟合越好)；CFI 值等于 0.889，TLI 值等于 0.876，接近于 0.9(CFI 和 TLI 数值在 0.9 以上时通常被认为拟合结果优良，在 0.8～0.9 被认为结果可以接受)；SRMR 值等于 0.05，RMSEA 值等于 0.059(表示拟合可接受的 SRMR 与 RMSEA 的数值范围为小于 0.08)。总体而言，正式问卷的验证性因素分析结果良好。

（3）7 个因子的含义。工作群体，指高校海归教师与领导、同事及科研团队内部的合作、沟通与交流情况，以及单位、科研平台和科研团队对海归教师产生的影响；工作条件，指高校为海归教师提供的办公条件、办公环境和文体娱乐设施等方面的支持；工作本身，指职业本身的自主性、稳定性、压力大小、工作目标实现程度、成就感和责任感等；生活支持，指高校为海归教师及其家人所提供的在户籍政策、住房政策、配偶工作政策和子女就学政策等方面的支持；薪酬待遇，指海归教师首聘期工资收入，获得的科研启动经费情况，是否享受人才引进政策所提供的补贴、奖金等福利待遇，以及对未来加薪的预期；母国环境适应，指海归教师回国后对所在城市经济发展水平、公共服务水平以及自然环境等方面的适应情况和评价；文化适应，指海归教师回归母国文化环境后，在人际社交、日常生活等方面的行为和心理上的重新适应和调整。本文基于这些因子对工作满意度从 7 个维度进行对比分析。

（三）样本分布

根据 2018 年 4 月 26 日第一财经·新一线城市研究所发布城市榜单①的划分，调查样本分布在 20 座城市，包括一线城市 3 个、新一线城市 10 个、二线城市 7 个。一线城市的样本数为 139 人、新一线城市有 164 人、二线城市有 76 人（见图 1）。[11]

---

① 2018 年 4 月 26 日，第一财经·新一线城市研究所发布"新一线城市峰会暨 2018 中国城市商业魅力排行榜"，推出了最新一期的城市商业魅力榜单。现有学术文献大多采用此榜单。

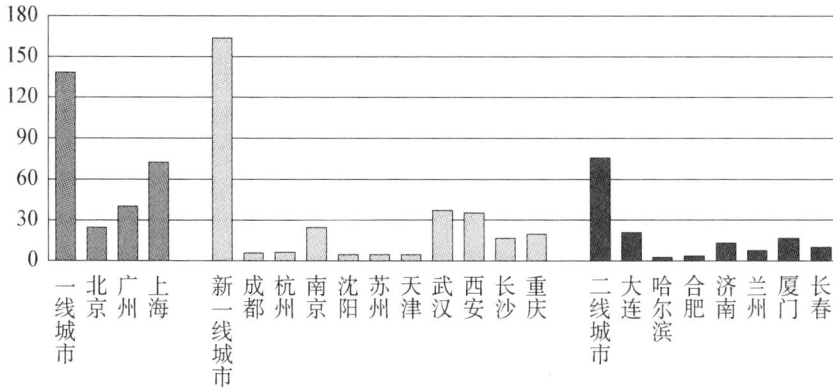

图 1　调查样本的城市分布情况

调查样本的基本信息见表 1。其中,男性占总数的 70.2%,女性占 29.6%;多数教师在首聘期内的最高职称为中级数的 70.2%,女性占 29.8%;回国时年龄在 30~35 岁的占 59.1%;有 37.5% 的教师受到了人才引进政策的支持;在境外生活 5~10 年的教师比例最高,占总数的 46.4%,其次是在境外生活 3~5 年的教师,占 29.6%;多数教师在首聘期内的最高职称为中级或副高级职称,占比分别为 36.7% 和 39.6%;出国(境)留学费用主要由境外企业、学校、学院、导师的奖学金(基金)承担和资助的占 40.6%,由国内单位或国家留学基金委资助的占 25.3%。

表 1　调查样本的基本信息

基本信息	类　别	频率	百分比(%)
性别	男	266	70.2
	女	113	29.8
在境外累计生活时间	1~3 年(含 3 年)	47	12.4
	3~5 年(含 5 年)	112	29.6
	5~10 年(含 10 年)	176	46.4
	10 年以上	44	11.6
回国时年龄	29 岁及以下	105	27.7
	30~35 岁	224	59.1
	36~40 岁	50	13.2
是否获人才引进政策支持	否	237	62.5
	是	142	37.5
首聘期最高职称	初级(助教、研究实习员)	1	0.2
	中级(讲师、助理研究员)	139	36.7
	副高级(副教授、副研究员)	150	39.6
	正高级(教授、研究员)	89	23.5

基本信息	类　别	频率	百分比（%）
出国（境）资助方式	国家留学基金委资助	91	24.0
	国内学校、工作单位资助	5	1.3
	境外企业、学校、学院、导师奖学金（基金）资助	154	40.6
	自费	99	26.1
	其他	30	7.9

三、海归青年教师首聘期总体满意度的地区差异

（一）不同类别城市海归青年教师首聘期总体满意度的差异

通过计算近 10 年回国的青年教师首聘期满意度的平均值和持满意态度（选择了"非常满意"或"比较满意"）教师的占比（见图 2），发现在二线城市工作的海归青年教师的总体满意度水平最高（平均分值为 3.23，39.47% 的人持满意态度），新一线城市的总体满意度水平最低（平均分值为 2.88，28.05% 的人持满意态度），一线城市的总体满意度处于中间水平（平均分值为 3.07，36.69% 的人持满意态度）。从时间维度看（见图 3），一线城市海归青年教师首聘期的满意度波动较大；新一线城市海归青年教师首聘期满意度在三类城市中较低，但近 10 年来其总体满意度水平稳步提升，尤其近两年提升明显；二线城市海归青年教师首聘期的工作满意度水平高于其他两类城市，但总体上没有明显的走高趋势。

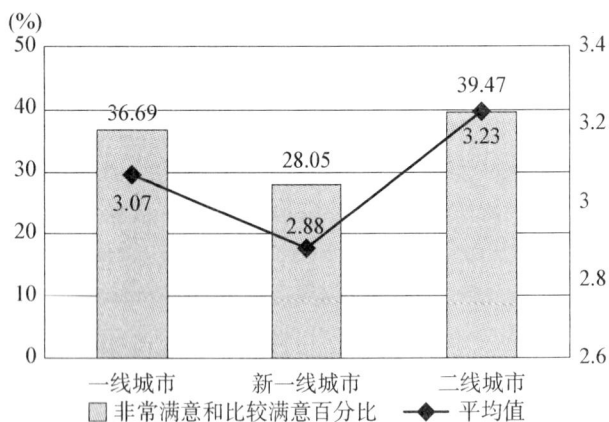

图 2　不同类型城市海归青年教师首聘期总体满意度的平均值和持满意态度者的百分比

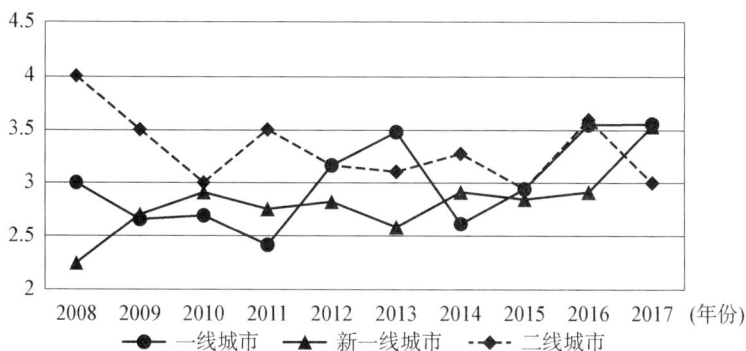

图3　不同类型城市海归青年教师首聘期总体满意度的年度变化

（二）部分代表性城市海归青年教师首聘期的总体满意度

选取北京、上海、广州作为一线城市的代表，选取南京、西安、武汉、重庆作为新一线城市的代表，选取大连和厦门作为二线城市的代表，发现：在一线城市中，北京和上海的总体工作满意度水平较高，广州的总体工作满意度较低；在二线城市中，厦门和大连的总体工作满意度均较高，平均分值皆大于3.3，厦门的总体工作满意度更是介于北京和上海之间；在新一线城市中，重庆、武汉和西安的总体满意度水平较二线城市以及北京和上海略低，南京和广州在代表城市中处于最低水平（见图4）。

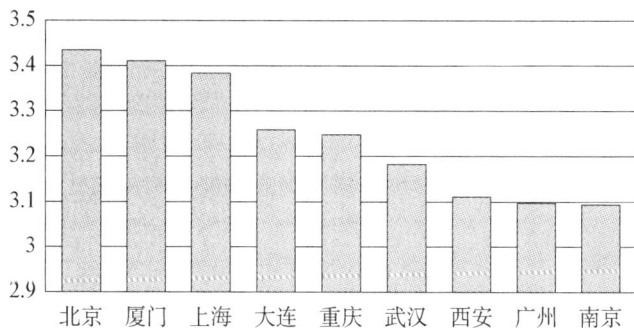

图4　部分代表城市海归青年教师首聘期工作的总体满意度

表2　单因素方差分析结果（因子变量-城市类型）

	一线城市	新一线城市	二线城市	F	P
总体水平	3.07±0.99	2.88±0.96	3.23±0.88	2.602	0.075
工作群体*	3.28±0.73	3.01±0.77	3.16±0.77	4.869	0.008
工作本身	3.42±0.60	3.26±0.66	3.39±0.67	2.769	0.064
工作条件	3.35±0.88	3.21±0.74	3.30±0.78	1.123	0.326
生活支持	2.96±0.82	2.84±0.87	2.81±0.82	1.016	0.363

	一线城市	新一线城市	二线城市	F	P
薪酬待遇	2.77±0.82	2.78±0.83	2.80±0.76	0.170	0.844
文化适应*	3.76±0.56	3.57±0.69	3.51±0.62	5.244	0.006
母国环境适应*	4.11±0.58	3.33±0.78	3.19±0.92	54.656	0.000

注：* 代表 p<0.05。

四、海归青年教师首聘期工作满意度地区差异的多维度比较

（一）不同类型城市海归青年教师首聘期工作满意度的分析

运用单因素方差分析法进一步探究了不同类型城市海归青年教师首聘期工作满意度在7个因子上的差异（见表2），结果表明：在5%的显著水平，三类城市的海归青年教师在工作群体（P=0.008<0.05）、文化适应（P=0.006<0.05）和母国环境适应（P=0.000<0.05）方面存在显著差异；在10%的显著水平，首聘期工作满意度总体水平（P=0.075<0.10）和工作本身（P=0.064<0.10）在不同类型城市间存在显著差异。

采用最小显著性差异法（least significant difference）对不同时期的满意度进行两两对比分析，结果表明：在工作群体方面，一线城市与新一线城市存在显著差异（P=0.002<0.05），一线城市海归青年教师在首聘期与领导、同事以及科研团队内部的合作、沟通与交流明显好于新一线城市；在文化适应和母国环境适应方面，一线城市与新一线城市、二线城市均有显著差异，其满意度明显高于后两类城市，另外，新一线城市的满意度也高于二线城市。

（二）部分代表性城市海归青年教师首聘期满意度的多维度对比分析

多维度的比较分析表明，母国环境适应和文化适应的满意度水平均较高（平均分值大于3的评价可以认为总体较满意），除西安以外，其他城市这两方面的满意度水平均处于第一象限。在母国环境适应维度，广州和上海的满意度水平较高（平均分值大于4），其次是北京、厦门和南京，这些均属于东部城市；西安、武汉和重庆等中西部新一线城市母国环境适应维度的满意度较低。在文化适应维度，不同城市的差异不大，平均分值在3.4～3.8（见图5）。

代表性城市海归青年教师首聘期生活支持和薪酬待遇两个因子的满意度均较低。在生活支持维度，北京、大连和西安的满意度相对较高，上海、广州、武汉、重庆、厦门和南京多为不满意，其中南京、厦门、重庆和武汉的满意度平均分值小于2.9。生活支持涉及户籍政策、住房补贴政策、配偶工作安排和子女就学等，部分城市仍有较大改进空间。在薪酬待遇维度，所有代表性城市的满意度平均分值均小于3，为所有因子中满意度最差的。综合两个维

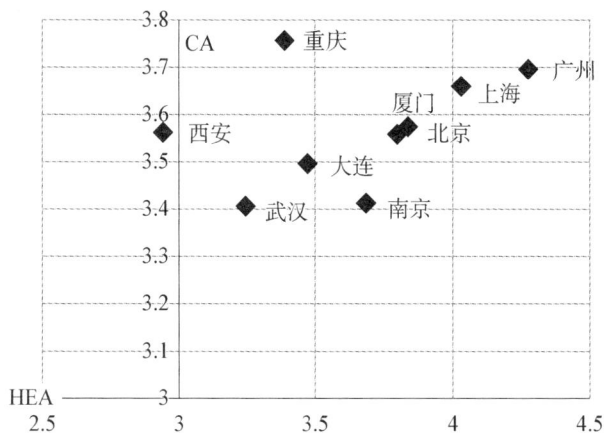

图 5　母国环境适应(HEA)和文化适应(CA)两个维度满意度的城市差异比较

度来看,南京在生活支持和薪酬待遇方面的满意度最低,其次是武汉和重庆,厦门、西安和北京在薪酬待遇方面的满意度相对较好(见图 6)。

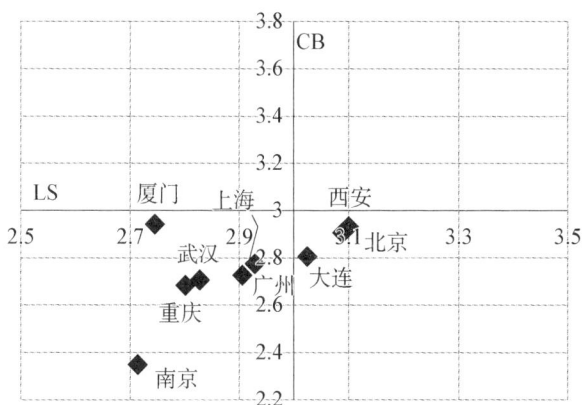

图 6　生活支持(LS)和薪酬待遇(CB)两个维度满意度的城市差异比较

代表性城市海归青年教师对工作群体和工作条件的满意度较高,多数城市的满意度分布在第一象限,为满意评价。在工作群体满意度方面,武汉和南京的满意度较低,多为不满意,广州的满意度水平尚可,北京和上海较高。在工作条件满意度方面,厦门、武汉、南京和重庆的满意度较低,大连、上海、北京的满意度水平较高(见图 7)。

不同城市海归青年教师对工作本身满意度的对比分析表明,北京的满意度水平较高,上海、重庆和大连次之,南京、武汉和广州的海归青年教师于首聘期内对工作本身的满意度水平较低(见图 8)。

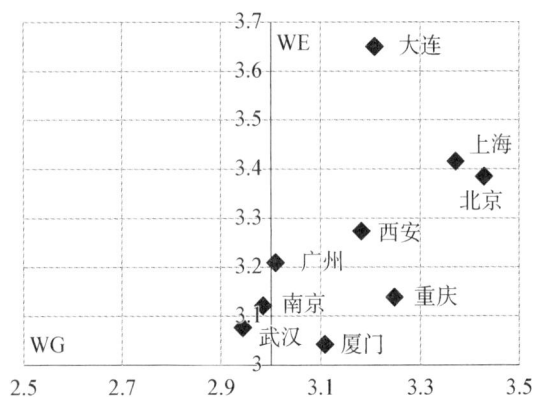

图 7　工作群体（WG）和工作条件（WE）两个维度满意度的城市差异比较

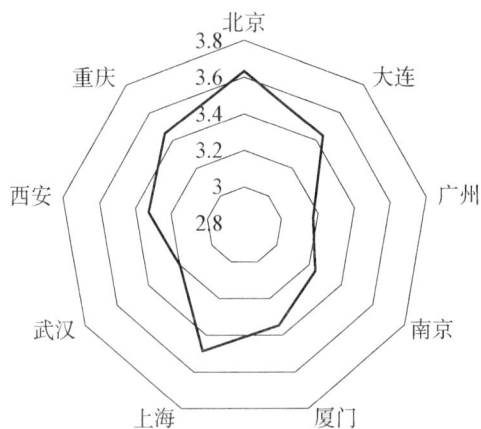

图 8　工作本身满意度的城市差异比较

五、结 论 与 讨 论

本研究以问卷形式调查了近 10 年来回国青年教师的首聘期工作满意度，以一线城市、新一线城市和二线城市作地域类型划分，分析了海归青年教师首聘期工作满意度的地域差异，主要结论如下。

（一）海归青年教师首聘期工作满意度的整体水平不高

在一线城市、新一线城市和二线城市中，对首聘期工作持满意态度的海归青年教师的比例分别为 36.69%、28.05% 和 39.47%。有关国外高校教师工作满意度情况的研究表明，德国约为 88%，加拿大和澳大利亚为 60% 左右[23-24]，相比而言，我国海归青年教师群体的首聘期工作满意度处于较低水平。

海归青年教师首聘期工作满意度的总体平均分值为 3.02,低于何根源对北京、上海、河南、湖北、湖南等 10 省市高校教师工作满意度进行调查所获的平均分值,亦即海归青年教师首聘期的工作满意度低于国内普通高校教师的工作满意度。近 10 年来,国家、地方和高校对引进海外人才高度重视,诸多政策迭出,引进人才规模明显增长。[25]但从海归青年教师对工作的满意度来看,如何用好人才仍然有待改进。

(二) 新一线城市海归青年教师的满意度不高,但近年有提升趋势

2008—2016 年,新一线城市海归青年教师首聘期工作整体满意度的平均分值小于 3,但 2013 年以后有逐步提升趋势。从不同类型城市满意度水平的方差分析来看,新一线城市海归青年教师在与领导、同事以及科研团队内部的合作、沟通与交流方面,以及在文化适应和母国环境适应方面的满意度均低于一线城市。

在代表性城市中,武汉、西安和南京多个维度的满意度均较低,其中南京和武汉在文化适应、薪酬待遇、生活支持、工作群体以及工作条件等方面的满意度均处于垫底位置。此前有学者研究发现,武汉、南京为近年来人才流失较为严重的地区。[26-27]本研究的发现一定程度上印证了上述现象。

(三) 一线城市海归青年教师的总体满意度波动较大,薪酬待遇满意度较低

一线城市海归青年教师的首聘期工作满意度处于三类城市的中间水平,且不同年份波动较大,因而仍有较大改善空间。具体到各分维度,其薪酬待遇的满意度相对较低,其他方面的满意度则高于另外两类城市。薪酬待遇是制约一线城市海归青年教师首聘期满意度的重要因素,其具体内容包括工资收入水平、科研启动经费、奖励措施和未来加薪预期等。广州的总体满意度水平较低,在 9 个代表性城市中居第 8 位,其工作本身的满意度在 9 个城市中最低,工作群体方面的满意度亦不高,处于第 7 位。有学者提出,北京、上海等一线城市近两年开始控制人口流入,而新一线城市却相继出台吸引人才的新政策,加强人才引进。这种政策趋势有可能导致人才逃离北上广等一线城市,增加新一线城市留住人才的机会。[28]从本研究的结果来看,北京、上海的海归青年教师首聘期满意度的平均值仍然高于新一线城市,若再对薪酬体系做出调整,海归人才逃离的可能不大,但作为一线城市的广州,情况并不乐观。

(四) 二线城市海归青年教师的首聘期工作满意度水平较高

二线城市海归青年教师首聘期工作满意度的平均得分值(3.23)在三类城市中最高,且 2008—2017 年均在 3 分及以上波动,始终处于满意水平。本研究所涉及的二线城市虽均不在"长三角"和"珠三角"范围内,但多为省会城市或经济中心城市,聚集了本省的优质资源,如哈尔滨、长春、兰州、厦门等。由于海归青年教师的数量比一线城市少,故他们获得引进人才政策支持的比例较大。例如,从调查对象的反馈来看,厦门市大约有 58%的海归青年教师

受到了引进人才政策的支持,兰州的比例为 62.5%,长春为 40%,高于新一线城市。此外,二线城市的海归青年教师在"所在城市是否方便照顾父母"这个题项的评分较高。可以看出,在中国人的传统观念里,回归家庭、有家人陪伴会对其工作满意度起到积极的作用。这也是二线城市定向吸引海归人才的优势所在。

参考文献

[1] ECKERTR E, STECKLEIN J. Career Motivation and Satisfaction of Junior College Teachers [J]. Junior College Journal,1959,(30):83-89.

[2] COHEN A M. Community College Faculty Job Satisfaction [J]. Research in Higher Education,1974,(4):369-376.

[3] [20] [23] BENTLEY P J, et al. Job Satisfaction around the Academic Word [J]. Springer Netherlands,2013.

[4] 廉思.工蜂:大学青年教师生存实录[M].北京:中信出版社,2012:1-66.

[5] 朱新秤,卓义周.高校青年教师职业满意度调查:分析与对策[J].高等教育研究,2005,(5):56-61.

[6] 高鸾,陈思颖,王恒.北京市高校青年教师工作满意度及其主要影响因素研究——基于北京市 94 所高校青年教师的抽样调查[J].复旦教育论坛,2015,(5):74-80.

[7] 方勇,颜佳佳."双一流"建设导向的人才流动博弈分析[J].科技管理研究,2018,(12):148-155.

[8] [27] 黄海刚,连洁,曲越.高校"人才争夺":谁是受益者?——基于"长江学者"获得者的实证分析[J].北京师范大学学报(社会科学版),2018,(5):39-51.

[9] 徐笑君."海归"教师工作满意度调查分析[J].人力资源,2009,(21):35-37.

[10] [14] 张东海,袁凤凤.高校青年"海归"教师对我国学术体制的适应[J].教师教育研究,2014,(5):62-67.

[11] 朱佳妮.学术硬着陆:高校文科青年海归教师的工作适应研究[J].复旦教育论坛,2017,15(3):87-92.

[12] [24] 李志英.高校教师工作满意度研究——以新疆乌鲁木齐市高校为例[D].上海:华东师范大学教育科学学院,2011:102-165.

[13] 余晓飞.基于工作满意度视角的高校"海归"教师人力资源管理政策研究——以上海高校"海归"教师为例[D].上海:复旦大学管理学院,2009:5-66.

[15] 余广源,范子英."海归"教师与中国经济学科的"双一流"建设[J].财经研究,2017,(6):52-65.

[16] [18] 2017 年"千人计划"青年项目申报工作须[EB/OL]. http://1000plan.org/qrjh/article/70096.

[17] 李光奇."青年"年龄划分与标准管见[J].青年研究,1994,(5):7-8.

[19] 黄峰.江西省高校青年教师职业满意度研究——以 H 大学为例[D].南昌:江西师范大学高等教育研究中心,2012:15-16.

[21] YANG JT. Antecedents and Consequences of Job Satisfaction in the Hotel Industry [J]. Journal of Hospitality Management,2010,29(4):609-619.

[22] 软科中国最好大学排名 2017[EB/OL]. http://www.zuihaodaxue.com/zuihaodaxuepaiming2017.html.

[25] 中国统计年鉴 2017[EB/OL]. http://www.stats.gov.cn/tjsj/ndsj/2017/indexch.htm.

[26] 黄海刚,曲越,连洁.中国高端人才过度流动了吗——基于国家"杰青"获得者的实证分析[J].中国高教研究,2018,(6):56-61.

[28] 周慧.人才争夺战重塑人口图谱,新一线城市常住人口快速增长[N].21 世纪经济报道,2018-04-02(01).

A Comparative Analysis on Young Returnee Faculty Job Satisfaction during Early Career in Different Cities
—Based on the Data of 20 Cites from 2008 to 2017

LI Yi-ying，ZHU Jun-wen

Abstract：Job satisfaction of young returnee faculty is an important indicator for ensuring the stability of high-level talents，especially during their early career. Through the comparative analysis on 379 young returnee faculty in different cities in these ten years，it found that job satisfaction of young returnees in early career was the lowest in the new first-tier cities；job satisfaction in first-tier cities fluctuated strongly in recent years，and the satisfaction of compensation and welfare was quite low；job satisfaction in second-tier cities was fair，with poor culture adjustment. Therefore，universities should improve the introduction of returnee talents，and focus on the restraining factors.

Key words：young returnee faculty；job satisfaction；regional disparity

（本文原载《高等教育研究》2018 年第 11 期）

论上海市教师教学激励计划的优化
——以大学"数学分析"课程为例

杨 旭 朱小敏

摘 要：上海市教育委员会自 2012 年提出在上海部分高校开展教师教学激励计划试点工作，及至全面覆盖所有市属高校以来，取得了丰硕成果，使得高校在人才培养上迈上了一个新的台阶。然而，目前大学教学中仍存在诸多没有真正得到解决的问题。鉴于此，从教师教学激励计划出发，深入思考、探讨教师教学激励计划的深度优化，使其能够事半功倍地服务于大学教学。在教师教学激励计划的基础上，提出教师—学生交互激励计划，并以"数学分析"课程为例，探讨教师—学生交互激励计划的可行性，以期让学生能够自发地与教师交流，热爱学习，享受学习，从而从根本上激发大学生的学习热情和学习兴趣，最终形成良好的自主学习习惯。

关键词：激励计划；深度优化；交互激励计划；自主学习

一、课堂教学的重要性及存在的问题

在教与学的过程中，学生是教学中的主体。课堂教学的重要性显而易见，因为所有的教学活动、教学环节基本上都是以课堂教学为基础而展开的，为了提高课堂教学质量有很多这方面的探索[1-2]。然而，目前的大学课堂教学还有很多的不足和问题，比如：专业课课时不足，课堂教学师生互动不足，学生课堂玩手机等。这些问题都亟待解决。对于数学专业的学生来说，还存在一些其他的问题。

首先，相关调查统计显示，在本校（上海立信会计金融学院）应用统计学专业的某一级学生中，大概只有 1/3 不到的学生是主动选择本专业，而大部分的学生或是被调剂到该专业中的，或是由家长帮其选择的专业，因而从心理上他们对其是有一定抗拒心理的。这些新生对他们一年级将要学习的"高等代数"或"数学分析"等难度较大的专业课是难以接受的，同时他们会对该专业的前景和意义产生很多疑惑，不知道学习该专业以后可以从事什么样的工作，这些都是影响他们学习热情的重要因素。同时，对于这类课程，往往是由一些刚刚走上

作者简介：杨旭，上海立信会计金融学院统计与数学学院讲师，博士；朱小敏，上海交通大学数学科学学院博士研究生。

讲台的教学经验匮乏或资历较浅的青年教师进行授课,通常是单方面讲授,课堂气氛较沉闷,因而很难调动学生的学习兴趣。其实,对于"高等代数"或"数学分析"等难度较大的专业课,年轻教师每次要在两节课内讲清楚一节内容已经实属不易,还要让每名学生尽可能听懂,那就难上加难了。另外,目前绝大多数高校和教师所关注的是在课堂教学上,认为只要把每堂课上好,至于课后学生们怎么学是他们自己的事情。这其实是不全面的。因为教学过程并不仅仅包括课堂教学,还包括课堂之外教师与学生的沟通交流、辅导和答疑,这些都应该是整个教学过程所包含的内容。

其次,目前的中学教育太多以应试教育为主,学生们好不容易熬过了中学,到了大学似乎都变成了脱了缰绳的野马,面对大学教学方式的变化,很多学生需要很长时间,有的甚至需要一两个学期甚至更长的时间来适应。对他们来说,像"数学分析"或"高等代数"这样的专业性很强的必修课程,是很难在有限的时间内取得学习成效的,由此更加阻碍了他们的学习热情和学习兴趣。就拿笔者曾经教过的班级(应用统计学专业)来说,整个班只有极个别学生会努力学习,进行所谓的深层学习,即会学习术语、记忆公式,并将公式应用于新的解题过程中。对于这些学生来说,他们能够达到预期的学习成效,而对于其他绝大多数学生而言,他们只会采用表层学习,即运用低阶认知水平去完成所有的学习任务[3]。既然课堂上的预期学习目标,绝大多数学生是很难达到的,那就需要他们利用课后的时间去自行纠正或者需要教师来纠正。但是很多时候学生没有形成自主学习的良好习惯,教师与学生之间没有形成一个良好的沟通交流模式。鉴于上述这些问题,上海市在2012年下发了《上海市教育委员会关于开展市属本科高校骨干教师教学激励计划试点工作的通知》(简称《通知》)[4],提出要在高校开展教师教学激励计划。该计划的提出和实施在一定程度上激发了教师的教学热情和学生的学习热情,较好地化解了上述问题。只有把课堂教学和课外教学两手抓,才能在真正意义上把整个教学过程做到极致,让学生的学习真正见成效。这应该就是教师教学激励计划的出发点和落脚点。

二、教师教学激励计划的成效及存在的问题

教师教学激励计划从2012年开始在3所高校试点,目前已经覆盖了上海市全部市属公办本科高校。该计划旨在以加强教师教学绩效考核和规范教师行为为重点,进一步激发教师教书育人的动力和能力,形成有利于高校教师队伍可持续发展的制度环境和教书育人的文化氛围,使上海高校教师的工作条件得到明显改善,实现高校教师队伍结构明显优化、整体素质明显提高、教学质量明显提升的目标。以笔者的理解,该计划针对的是课外教学,以此作为课堂教学的辅助手段,即课堂上没有理解的内容和知识点,学生可以通过教师课后的坐班答疑、晚自习辅导等形式来进一步理解和巩固。该计划自实施以来,取得了很多重要的教学进展。经统计[5],2017年春季学期,一项针对21所市属高校19 365名本科生的调研显示,学生对教师坐班答疑、自习辅导的参与度分别为59.51%和42.50%,通过电话、网络等

方式咨询教师的比例为 71.43％,师生课外互动呈现常态化特征;2017—2018 学年,上海 21 所激励计划试点高校的教授、副教授承担的课程门次数比例和课时数比例都与其占授课教师人数的比例基本一致,90％以上的教授、副教授走上讲台为学生授课。由此可见,通过实施教师激励计划,确实达到了该计划的工作目标。

但是,通过这些统计数据我们发现,仍有 40.49％（57.5％）的学生并没有参与到教师坐班答疑（自习辅导）中来,仍有 28.57％的学生没有通过电话、网络等方式咨询教师。这些比例还是相当大的。根据简单的概率方法,可以估算出仍有 6.65％左右的学生从来没有参加到教师坐班答疑、自习辅导或电话网络等咨询方式中来。对于这 6.65％的学生我们不能将他们放弃,因为有教无类,我们不能让任何一名学生游离于教学之外。这才是教育的初衷。因此,教师激励计划的实施虽然取得了很多成绩,但仍存在一些问题,如:仍然有一些教师没有被激励起来;学生和教师的时间不统一,即学生来找教师辅导答疑但教师不在办公室。为了解决这些问题,笔者认为这要从学生出发,因为该计划对学生而言并不具有强制性,从而使得学生的覆盖面仍然不是太广。

三、教师—学生交互激励计划的必要性和实施构想

（一）教师—学生交互激励计划的必要性

要解决教师激励计划中出现的各种问题,我们必须更加全面、更加富有成效地将教师教学激励计划切实执行起来。教师教学激励计划中着重要求作为教师要如何做、如何规范,却忽略了怎样调动作为教学主体的学生的主观能动性。这就好比厨师做了一桌子美味佳肴,却没有人来品尝,只能浪费。因而有必要对教师教学激励计划进行优化。这里,笔者提出教师—学生交互激励计划。所谓教师—学生交互激励计划,是指在教师激励计划的基础上,在将激励计划与学生平时成绩、学分或社会实践活动等挂钩的前提之下,强制性要求学生参与课外答疑或晚自习辅导等课外辅导。特别地,那些 6.65％的学生,他们可能对专业有所疑惑,对未来产生了迷茫,所以没有学习热情。对于这些学生,必须强制性地要求他们执行激励计划。唯此,教师才有机会与他们进行沟通,走进他们的内心世界,让他们从心里接纳教师,才能建立良好的师生关系,使其回到正常的学习轨道上来。换言之,必须明确学生在激励计划中需要做的事情,这样才能够做到事半功倍,真正体现激励计划应有的成效。

教师和学生作为教学活动中的两大对象,教师的责任除了教授书本上的内容外,还有一个很重要的就是要培养学生学习的能力;而学生作为教学活动的主体,虽然有自主性,但是也需要稍加一点强制性,毕竟人都是有惰性的。教师—学生交互激励计划的出发点是强制性地让全体学生参与到学习中来,尤其是参与到与教师的沟通交流中来,最终的目标是使得学生能够更加积极主动地参与到学习中,参与到与教师的沟通交流中来。该计划要求每一名学生都能走进教师办公室,通过教师的答疑解惑逐渐学会自主学习。

（二）实施构想

具体实施情况如下：

实施对象：全校一、二年级新生。

实施科目：通过专家评议评定来确定需要安排激励计划的课程，这些课程应该是专业性较强、具有一定研究性、难度较大的课程，比如"高等数学""线性代数""数学分析"等。

实施时间：对大学一、二年级学生实施，即该计划只在每名学生的前两个学年实施。因为如果说中学是应试教育，学生没有时间或根本没有思考自主学习，那么，大学前两年就是大学生形成自主学习模式的关键阶段。

实施方式：在原来的教师激励计划的基础上，着重加上学生激励计划的内容，即每名学生在其大学前两年的每一个学期中，对于该学期需要进行坐班答疑和晚自习辅导的每一门课程，必须要与任课教师沟通交流，进行面对面答疑，且次数不能太少，至少2～3次（根据实际，具体课程的难易程度不同，需要学科专家或教务处确定具体的次数）；一旦某学生该学期所选的所有需要进行坐班答疑和晚自习辅导的课程中任何一门没有达到该课程制定的次数标准，那么该学生该学期这门课的平时分（或者其他考核内容，比如取消奖学金评选资格等，要具有较强的惩罚性）直接判定为不合格，做到一票否决。同时，学校可以建立一个教师答疑预约系统，使整个激励计划的执行更加规范化，也可以避免学生找教师但教师不在场的情况出现。

由上可见，该计划具有一定的强制性、普适性和平等性，即每一名大学一、二年级学生都必须强制执行，如果没达到要求，都要进行惩罚。通过以上手段来让学生逐渐养成自主学习的习惯，帮助他们更好地适应大学的生活和未来的工作。

四、具 体 实 例

笔者是上海立信会计金融学院"数学分析"这门课程的任课教师，在2018—2019年第二学期的"数学分析二"课程的教学过程中，采取了这种激励方式。具体地，要求本学期每个人至少面对面答疑3次，不包括微信或邮件等其他方式，对于达到的学生会在其最终平时分上加5分，对于没有达到的学生会在其最终平时分上扣5分。但在具体实施过程中只有不到50%的学生执行了该计划（因为该计划不具有强制性，所以很多学生并不重视），所以最终对达到要求的学生加了分，对没有达到的并没有扣分。笔者教授了两个大班，其中一班有85人、二班86人（不包括重修的学生）。到学期结束时，一班的学生共答疑87次，答疑人数40人，平均答疑率2.175次/人，答疑通过人数35人，其中有45名学生从未进行面对面答疑；二班学生共答疑83次，答疑人数38人，平均答疑率2.184次/人，答疑通过人数33人，其中有48人从未进行答疑。在最终的期末总评中，一班未通过人数为25人，其中有19人从未进行面对面答疑；二班的未通过人数为22人，其中有17人从未进行面对面答疑。从这个数据可以看出,在挂科的学生中绝大多数是从没有进行过答疑的;在答疑的人中,答疑通过率分别为87.5%和86.8%。这说明面对面答疑和通过率之间有很密切的相关关系。这也是我们考虑优化教学激励计划的初衷,就是希望更多的学生来进行答疑,至少在课程通过率上会有很大的改善。同时也说明,"数学分析二"的答疑次数定为3次是比较合适的,因为在平均答疑率大约2次/人的情况下,答疑通过率接近90%,如果每个人都达到3次的话,那么答疑通过率应该能达到95%以上。经历了这一个学期的测试,笔者认为,改进之后的教师—学生交互激励计划对于提高那些参加答疑的学生的通过率确实有效。同时也在很大程度上说明,由于学生自己制定的要求没有太大的约束力,导致不合格的学生分别有76%和77.3%从没参加过答疑,要使该计划能更充分地发挥它的作用,还需要其具有一定的强制性,需要推广到整个学校。只有这样,才能充分发挥激励计划的最大作用,使整个教学过程能更完善,更充实。

五、总　　结

通过对原有的教师激励计划的改进,使之成为对学生具有一定约束力,促进学生学习的教师—学生交互激励计划,我们坚信该计划会将学生拉到学习轨道上来,至少反映在课程通过率上,应该比以往有很大的提高。另外,通过与任课教师更深层次的沟通,增强学生的学习热情,增进师生感情,让他们在学习上少走弯路,不至于迷茫、找不到人生目标等,都具有一定的帮助。通过在大学一、二年级学生这一个较为特殊群体实施激励计划,相信会对他们适应大学学习氛围,找到个人的自主学习模式,起到一个很好的促进作用,使得大学校园中学生乐于和教师交流沟通,成为大学里面最自然不过的一件事情。

参考文献

[1] 何莉敏,程慧琴,侯双玉,等.数学文化融入大学数学课程教学的改革[J].高师理科学刊,2013,33(3):82-84.

[2] 庞坤.基于多媒体学习理论的大学数学教学设计[J].数学教育学报,2013,22(3):86-88.

[3] 约翰·比格斯,凯瑟琳·唐.卓越的大学教学:建构教与学的一致性(第四版)[M].上海:复旦大学出版社,2015:17-19.

[4] 上海市教育委员会.上海市教育委员会关于开展市属本科高校骨干教师教学激励计划试点工作的通知[R].上海,2012.

[5] 董少校.上海实施本科教师教学激励计划,提升人才培养质量——坐班答疑入课表,九成教授上讲台[N].中国教育报,2018-07-23(01).

On the Optimization of Shanghai Teachers' Teaching Incentive Plan
—Taking the University's Mathematical Analysis Course as an Example

YANG Xu，ZHU Xiao-Min

Abstract：Since 2012，the Shanghai Municipal Education Commission has proposed to carry out the pilot work of the teachers' teaching incentive plan in some colleges and universities in Shanghai，and then formally and comprehensively covered all the municipal colleges and universities. It has achieved fruitful results，making a big step in the training of talents. However，there are still many problems that have not been solved in the current university teaching. In view of this，starting from the teachers' teaching incentive plan，this paper discusses the deep optimization of the teachers' teaching incentive plan，so that it can serve the university teaching with less effort. On the basis of the teachers' teaching incentive plan，this paper puts forward a teacher-student interactive incentive plan，and takes the Mathematics Analysis course as an example to explore the feasibility of the teacher-student interactive incentive plan. The ultimate goal is to enable students to communicate spontaneously with teachers and enjoy learning，thus fundamentally stimulate college students' enthusiasm for learning and interest in learning，and ultimately form good autonomous learning habits.

Key words：incentive plan；deep optimization；interactive incentive plan；autonomous learning

（本文原载《黑龙江教师发展学院学报》2020 年第 2 期）

外语教师评价素养发展：理论框架和路径探索 *

金 艳

摘 要：本文回顾了语言评价素养的概念定义和理论框架，提出了我国语言评价素养研究的分类体系，并通过典型案例分析了语言评价素养研究的内容和方法，并对我国外语教育环境下的教师评价素养发展提出了建议。作者指出，语言评价素养是一个多层面、多维度的概念，外语教师应根据评价活动类型有所侧重的发展评价素养。具体来说，外语教师不仅需要理解和使用大规模考试，开发和实施学业测试和课堂评价，而且要结合我国外语教育改革动态，不断提高评价的有效性，改进评价对教学的导向作用。

关键词：语言评价素养；理论框架；发展路径；外语教师

一、引 言

随着语言测试用途的不断拓展，考试的结果被用于各种高风险决策，考试的社会学问题越来越受到重视（McNamara & Roever 2006；杨惠中、桂诗春 2007，2015）。高风险考试要求从业者确保考试的专业化，合理使用考试结果，关注考试所产生的社会效应（Brindley 2001；Davies 2008；Spolsky 2008）。同时，随着教育问责制的推行，对问责考试（accountability testing）开发者和使用者的评价素养也提出了更高的要求（Chalhoub-Deville 2016）。教师是问责考试最主要的利益相关群体，教师的评价知识、评价能力和伦理道德水平等对其职业发展具有重要意义（Fulcher 2012；Popham 2009；Rea-Dickins 2008）。在这些因素的推动下，评价素养（assessment literacy）逐步被纳入语言测试的研究范畴，并受到越来越多的关注。

目前，我国有多种用于入学、毕业、就业等目的的高风险外语考试，还有各类校本考试和课堂评价（Cheng & Curtis 2010；Yu & Jin 2016），涉及教师、学生、家长、教育政策制定和行政管理部门、社会使用者等多个群体。然而，目前国内对外语教师的评价能力探讨比较零散，对教师评价能力的理解还不够全面，能够结合教学实践和教学情境进行对教师评价能力的探讨则更少（唐雄英 2013；许悦婷 2013）。本文将聚焦教师这一重要的教学和评价主体，

作者简介：金艳，上海交通大学外国语学院教授。

＊本文基于 2018 年 4 月 20 日于北京举办的"第二届英语教学与测评学术研讨会"的主旨发言修改而成，在此向会议主办方北京师范大学外文学院和外语教学与研究出版社表示感谢。

探讨外语教师评价素养的发展路径。

二、语言评价素养的理论框架

（一）语言评价素养的概念

Taylor(2009)指出，语言评价素养(language assessment literacy)研究需要清晰的概念界定，即采用通俗的、非专业化的方式描述其内涵和外延，使其更易于被理解和运用。Davies(2008)基于其长期从事语言测试研究和实践的经验，从原则、知识和技能三个维度，对语言评价素养作了简洁、清晰的界定。原则是指导考试开发和使用的理论基础和伦理道德；知识是支撑考试实践的语言能力和教育测量方面的知识体系；技能是考试设计、评分、数据分析和成绩报告等方面的实践能力。

以 Inbar-Lourie 为代表的后现代派从社会建构主义视角理解语言评价素养，强调知识和意义在社会环境中的共建，由此形成了更加全面、动态的语言评价素养观（参见 Inbar-Lourie 2008，2013a；Taylor 2009；Xu & Liu 2009）。Inbar-Lourie(2008)回顾了教育学、语言教学和测试领域有关评价素养的研究文献，提出语言评价素养由 3 个核心模块组成，即"为什么评""评什么"和"怎么评"。她认为，语言评价工作者应掌握如何选择或设计评价工具、分析评价结果，但是仅有这些实践能力还不够，还需要具备相关理论和认识论的知识，将评价实践融入教育学、语言学及应用语言学的知识体系。Inbar-Lourie 的贡献在于明确提出语言评价素养并非狭隘的语言测试专业知识，而是一个与语言学习各方面紧密关联的动态知识体系。

Fulcher(2012)基于实证研究拓展了评价素养的概念。该研究开展了教师问卷调查，采用因子分析方法，构建了一个立体三维的语言评价素养扩展定义（见图 1）。该定义的底层是语言评价的实践能力，即开发、实施和使用语言评价的知识、技能和能力；中间层是评价过程、原则和理念，即评价者需熟悉考试过程，了解指导考试实践的原则和理念，包括道德规范和行为准则；顶层是环境因素，即评价者需要在更广泛的历史、社会、政治和哲学背景下开展评价，以更好地理解评价的机制及其对社会、机构和个人的影响。扩展后的定义涵盖了语言评价活动的各个方面，包括评价的环境、评价工具的开发和使用及其产生的后果。不仅如此，该定义把"原则"作为一个独立的层面，凸显了理论基础、行为准则和道德规范对语言评价的重要性。

（二）语言评价素养的研究

林敦来、武尊民(2014)将语言评价者分成两大类：①与评价活动密切相关者（如评价从业者）；②更广泛意义上的评价活动相关者（如政策制定者、用户）。不同群体的评价素养研究内容有所不同。对于第一类群体，研究内容主要是语言评价知识库理论和培训的方法、材

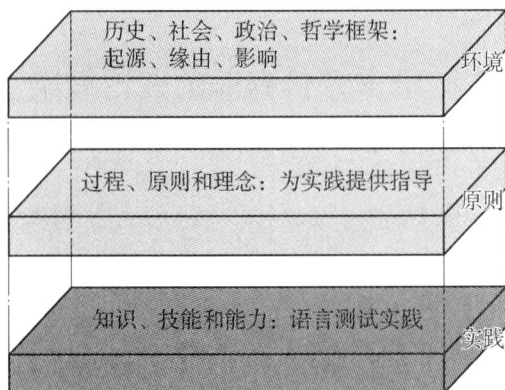

图 1　语言评价素养的拓展定义

资料来源：笔者译自 Fulcher 2012：126.

料、课程等；对于第二类群体，研究主要围绕语言评价熟悉程度或语言评价素养连续体的建立。参考该分类框架，同时结合作者对我国语言评价素养研究文献的回顾，本文提出一个更适合我国语言评价素养研究的分类框架（见图 2）。

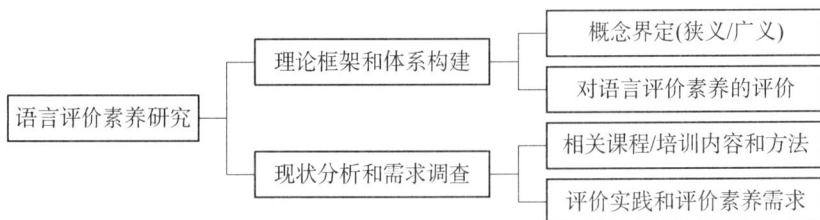

图 2　我国语言评价素养研究的主要类型

　　我国语言评价素养研究主要分为两大类：一类是理论框架的构建，另一类是现状分析和需求调查。在理论层面上，我国学者重点关注了语言评价素养概念界定（如林敦来、高淼 2011；林敦来、武尊民 2014；唐雄英 2013；许悦婷 2013），也有学者开始探索评价连续体（如 Xu & Brown 2017），即测量个人或群体的评价素养的工具。在实践层面上，我国的研究聚焦课程和培训的内容和方法（如 Jin 2010；Jin & Jie 2017；Lam 2015），关注不同群体的需求以及他们的评价实践（如 Fan & Jin 2013；Jin，Zhu & Wang 2017；Xu & Brown 2017；Xu & Liu 2009；Zhang & Yan 2018；许悦婷、刘永灿 2008）。以下将以笔者曾主持的三项研究为例，阐述语言评价素养研究的内容和方法。

（三）案例分析

案例 1：语言测试课程调查

Bailey & Brown（1996）和 Brown & Bailey（2008）在全球范围内开展了两次关于语言测试课程的问卷调查，了解课程设置、教学内容以及学生对课程的反馈。但是，这两次调查几乎没有来自中国的样本，仅 2008 年的数据中有两份问卷来自中国。为此，Jin(2010)开展了我国的语言测试课程调查，内容包括任课教师的教育背景、教学经历、教学内容、教学方法，以及学生的看法和教材等。通过对 86 名教师的问卷调查发现，这些课程虽然较好地覆盖了语言测试理论和实践的主要内容，但是课程很少涉及教育和心理测量方面的最新发展，命题和数据分析的实战操练严重欠缺，大部分教师尚未重视拓展后的整体效度观，对语言测试的社会学问题，包括考试的社会影响和教学后效等探讨不够。

案例 2：自动评分对写作教学的影响

为了了解大学英语四、六级考试作文和翻译自动评分对教学可能产生的影响，我们设计了一份测量教师和学生自动评分相关的评价素养问卷，调查了教师和学生：①运用自动评分系统的经历；②对自动评分的认识和理解；③对自动评分的评价和信心；④对自动评分可能产生的教学后效的看法(Jin, Zhu & Wang 2017)。研究发现：教师对自动评分系统的理解和认识显著优于学生；教师和学生对自动评分系统能"读懂"文本的信心不足，对评分的准确性和公平性也有一定程度的担忧；教师和学生都认为自动评分系统的运用可能会对学生的写作动机、写作策略等产生负面影响。这些研究结果对自动评分系统的推广运用具有重要启示。

案例 3：工作坊有效性研究工作坊是语言评价素养培训的主要方式之一

工作坊是语言评价素养培训的主要方式之一(Malone 2008)。但是，语言测试领域鲜有关于工作坊效果的实证研究。Jin & Jie(2017)调查了一个为期一周的语言评价培训课程的有效性。研究问题是：①学员对课程各个模块的评价如何？②以前的培训经历对学员的评价是否有影响？③课程是否能有效提高学员的语言评价素养？数据分析发现，学员对课程的整体评价以及各个模块的评价很高，而且以前的培训经历对其评价基本没有影响。研究采用了自行设计的语言评价素养测试，通过学员和对照组的答题数据分析发现，学员在课程相关的评价素养各维度上均有所提高。

（四）对语言评价素养发展的启示

自 20 世纪 80 年代起，语言测试领域就开始重视对教师的测试理论和实践能力的培养。国内外出版了多本浅显易懂、面向语言教师的测试理论与实践专著（如 Heaton 1988；Hughes 1989；McNamara 2000；Weir 1993；桂诗春 1986；刘润清、韩宝成 1999；武尊民 2002；张厚粲 1983；邹申 1998），还举办了各种培训活动(Malone 2008)。但是，对语言评价素养理论和实践的深入研究始于近 10 年。Fulcher 指出，"语言评价素养研究仍处于起步阶段"(Fulcher 2012：117)。2011 年在美国召开的第 33 届"国际语言测试研究研讨会"(Language Testing Research Colloquium，LTRC)首次举办了以语言评价素养为主题的专题研讨会，会议报告发表于 Language Testing 创刊 30 周年的纪念专刊（Inbar-Lourie 2013b；Taylor 2013）。

通过对语言评价素养概念定义和相关研究的回顾，可以看出，语言评价素养是一个多层面、多维度的复杂概念,语言测试领域已经开始探索这些层面和维度以及各个维度之间的关系,并开展了教师评价素养现状和需求方面的各种实证研究,这些研究结果对教师培训、课程设计、改进考试对教学的后效等都具有重要的参考价值。但是,语言评价素养的理论框架仍有待进一步论证,语言评价素养的发展路径仍有待探索。下面将以评价素养理论框架的进一步研究为出发点,结合我国外语教育体系的特点,探讨我国外语教师评价素养发展的路径。

三、外语教师评价素养的发展路径

（一）评价素养的理论框架研究

Taylor(2013)指出,Fulcher(2012)的理论框架没有细致区分不同群体的要求,也未指出各个层面所包含的维度和所需达到的程度。为此,Taylor对评价活动的相关群体进行了细分,从内圈的评价工作者(如考试设计者、研究者),到中间层面的评价实施者(如课程设计者、教师),再到外围的评价相关群体(如公众、政策制定者),并针对不同的群体提出了更细致的语言评价素养维度以及各个维度上所需达到的要求。以对教师语言评价素养的要求为例(见图3),教师应掌握评价相关的理论知识、专业技术能力、评价原则理念、语言教学能力、社会文化知识、本土实践能力、个人信念/态度、评分和决策能力等;对语言教学中的评价素养来说,核心维度是教师的评价实践能力,相对而言,其测量理论、伦理道德等方面则可略知一二。

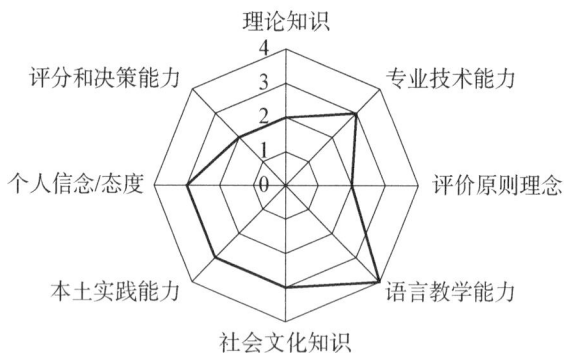

图3　语言教师评价素养图
资料来源：笔者译自 Taylor 2013：410.

结合前文评价素养研究回顾来看,我国的语言评价素养研究领域目前仍处于一个盲人摸象的探索阶段,即缺乏一个整体的指导性框架,研究者根据自身的实践经验,从不同的视角了解教师评价素养的现状和需求。从国际上该领域的研究进展来看,Taylor(2013)等学者所提出的评价素养要求也仅仅是理论假设,尚未经过实证研究。因此,评价素养发展首先需要进一步探索契合培养对象和评价环境的理论框架,如适合我国外语教学环境的教师评价素养应包含哪些维度、各个维度上的具体要求是什么、这些维度之间的关系如何等。

（二）发展路径探索

1. 对外语教师的评价素养要求

尽管外语教师的评价素养发展仍缺乏指导性的理论框架,但是 20 世纪 70 年代末以来我国外语教育领域快速发展,使我们得以在外语评价实践的摸索过程中获得许多经验。因此,参考 Fulcher(2012)的拓展定义和 Taylor(2013)针对不同群体提出的语言评价素养图,同时结合我国外语教育领域的主要评价实践活动分类,笔者提出一个对外语教师评价素养要求的模型(见图 4)。

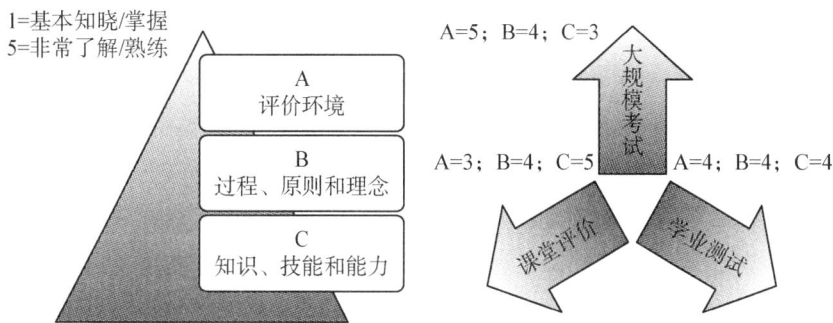

图 4　我国外语教学中的评价类型和对应的评价素养要求

首先,如图 4 左侧所示,评价素养主要包含三个层面:评价环境(A),评价过程、原则和理念(B),以及评价知识、技能和能力(C)。如果我们把对教师的评价素养要求从低到高予以描述,并用李克特五点量表表示为 1~5,那么对外语教师评价素养的要求就可以根据各类评价任务的特点,用类似评分时采用的量表进行更为细致的描述。其次,如图 4 右则所示,我国外语教学中采用了多种类型的评价,主要包括以下三大类:大规模考试(如高考、大学英语四、六级考试),校本的学业测试(如分班考试、期中或期末考试),以及丰富多样的课堂评价。不同类型的评价目的不同、方法和内容不同、教师和学生的参与度不同,所需的评价素养也不同。

具体来看,外语教师经常开展的是课堂评价活动,包括设计评价任务、实施课堂评价、记录评价结果、反馈评价信息等。首先,这些评价活动对教师在实践层面的评价素养要求最高(C=5),其次是过程、原则和理念层面的评价素养(B=4),而环境层面的要求则相对可以低一些(A=3)。外语教师有时需要参加校本学业测试的开发和实施,包括确定考试目的、制定考核目标、设计和命制试题和评分标准、实施考试和评分、报告考试结果。这些评价活动对各个层面的评价素养要求都较高(A=4,B=4,C=4)。大部分外语教师并不直接参加大规模考试设计,但他们需要了解考试的目的,理解考试的目标,熟悉考试的内容、题型和评分标准，理解分数含义，并且合理使用考试结果。与课堂评价不同，大规模考试方面的评价素养要求以环境层面为最高（A＝5），实践层面为最低（C＝3）。当然，如前文所述，这些对外语教师的评价素养要求是作者依据实践经验提出的假设，有待将来在实证研究中得到进一步论证。

2. 外语教师的评价素养培训

评价素养发展既具理论性，又有很强的实践性。外语教师既需要评价专业知识和技能，又需要外语教学能力和经验。评价素养的培训应根据外语教师的实际需求，平衡好实践、原则和环境等不同层面的要求（Taylor 2009）。而且，培训课程可以分模块，对每个维度上的评价素养进行细致的培训；培训方式有工作坊、在线学习、自学等。工作坊尽管费时、昂贵，但仍是最常用的方法，是正式课程的有效补充（Malone 2008）。

无论采用何种培训方式，也无论针对何种类型的评价活动，评价素养都需要在教学和评价实践中不断发展和提高，脱离实际运用的培训是不会产生良好效果的。从研究角度来看，评价素养并非一个"非此即无"的概念，而是一个循序渐进的连续体，可以分层次、分等级，形成一个有坡度的阶梯。因此，我们需要加强语言评价素养连续体的研究，开发对评价素养掌握程度进行评价的工具，探索提高评价素养培训有效性的方法和途径。

20 世纪 90 年代初，美国教师联盟和全国教育测量委员会等机构提出了教育评价能力职业标准，从评价工具的选择、评价工具的设计、评价的实施、评价结果的解释和运用、评价手段的开发、评价结果的报告以及评价中的伦理道德等 7 个方面对教师的教育评价能力提出了要求（参见唐雄英 2013）。目前，我国对教师评价能力发展仍缺乏理论研究和实践探索，教师资格认证也尚未对教师评价能力提出任何要求。如果能够开发出评价教师语言评价能力的有效工具，就可以用来跟踪培训过程、检验培训效果，并对参加培训的教师进行评价素养资格认证或颁发合格证书。

3. 评价素养发展与外语教育改革

环境因素是评价素养理论框架中的一个重要层面。我国外语教师的评价素养研究和发展还需紧密结合国家外语教育改革动态，满足国家对不同教育层次的评价要求。例如，根据《国家中长期教育改革和发展规划纲要（2010—2020 年）》（国家中长期教育改革和发展规划纲要工作小组办公室 2010），九年义务教育阶段的要求是减少考试和竞赛，各种等级考试和竞赛成绩不得作为义务教育阶段入学与升学的依据；对高中阶段教育的要求是全面实施高中学业水平考试和综合素质评价。因此，对中小学外语教师评价素养的培养需要更多地侧重课堂评价和学业测试，并以促进学习作为评价的重要理念。

此外，我国正在推进外语教育目标和能力标准的改革（林蕙青 2015，2016），评价体系改革既是外语教育改革的内容，也是教育改革的重要推动力；评价体系不改，教育改革则无法推进。以最近教育部考试中心发布的《中国英语能力等级量表》（2018）为例，外语教师需要了解量表研制和发布的社会背景（即"环境"层面的评价素养），学习量表的理论基础和框架结构，理解量表的等级设置原理和原则（即"原则"层面的评价素养），并在教学实践中使用量表,特别是在课堂评价和学业测试的设计和实施过程中,研究量表所描述的能力标准与课程目标的关系,探索量表对教学评价的作用和意义,验证量表的效度并对量表的改进提出意见和建议(即"实践"层面的评价素养)。

四、结　语

本文分析了语言评价素养的基本概念和理论框架,回顾了语言评价素养研究的主要内容和方向,提出了对我国外语教师评价素养发展的思考。首先,发展外语教师的评价素养需要开展更多的相关研究,以构建适合外语教师的评价素养发展理论体系。其次,外语教师的评价素养发展不仅要与国际接轨,更要突出我国外语教育环境的特点。我们的外语教学和评价环境、规模、管理体系等与国外不同,外语教学和评价方法、教师评价素质与国外也有差异,在评价素养发展中需充分考虑环境因素的影响,探索适合我国外语教育的发展路径。最后,需要指出的是,本文仅关注了教师群体,但是教学是教师和学生共建的过程,目前语言测试领域很少有关于学生评价素养方面的研究(Watanabe 2011)。因此,未来的理论研究和实践探索都需要更多关注学生这个重要的利益相关群体。Inbar-Lourie(2013b)在 Language Testing 专刊的编者按中指出,语言评价素养的研究和发展任务艰巨。我们需要更清晰的概念定义和理论框架,需要进一步明确提高语言评价素养的目的,究竟是为提高专业程度较高的测试从业者水平,使其成为更好的守门员,还是服务于更广泛的利益相关群体? 还需要根据各个方面素养的重要性程度,构建一个有梯度的语言评价素养共核体系。

参考文献

[1] BAILEY K M,BROWN J D. Language testing courses:What are they? [M]// Cumming A, Berwick R. Validation in Language Testing. Clevedon, UK:Multilingual Matters,1996:236-256.

[2] BROWN J D, BAILEY K M. Language testing courses:What are they in 2007? [J]. Language Testing, 2008, 25 (3): 349-384.

[3] BRINDLEY G. Language assessment and professional development [M] // ELDER C, BROWN A, GROVE E et al. Experimenting with Uncertainty:Essays in Honour of Alan Davies. Cambridge:Cambridge University Press, 2001:126-136.

[4] CHALHOUB-DEVILLE M. Validity theory:Reform policies, accountability testing, and consequences [J]. Language Testing, 2016, 33 (4): 453-472.

[5] CHENG L,CURTIS A. English Language Assessment and the Chinese Learner [M]. New York:Routledge, 2010.

[6] DAVIES A. Textbook trends in teaching language testing [J]. Language Testing, 2008,25 (3): 327-347.

[7] FAN J, JIN Y. A survey of English language testing practice in China:The case of six examination boards [J]. Language Testing in Asia, 2013, 3:7.

[8] FULCHER G. Assessment literacy for the language classroom [J]. Language Assessment Quarterly 2012,9 (2): 113-132.

[9] HEATON J B. Writing English language tests (2nd Ed.) [M]. London:Longman,1988.

[10] HUGHES A. Testing for Language Teachers [M]. Cambridge:Cambridge University Press,1989.

［11］INBAR-LOURIE O. Constructing a language assessment knowledge base：A focus on language assessment courses［J］. Language Testing，2008，25（3）：385－402.

［12］INBAR-LOURIE O. Language assessment literacy［M］// CHAPELLE C A. The Encyclopedia of Applied Linguistics. Oxford：Wiley-Blackwell，2013：2923－2931.

［13］INBAR-LOURIE O. Guest editorial to the special issue on language assessment literacy［J］. Language Testing，2013，30（3）：301－307.

［14］JIN Y. The place of language testing and assessment in the professional preparation of foreign language teachers in China［J］. Language Testing，2010，27（4）：555－584.

［15］JIN Y，JIE W. Do Workshops really work? Evaluating the effectiveness of training in language assessment literacy［C］. Paper presentation at the 39th Language Testing Research Colloquium，Colombia，2017.

［16］JIN Y，ZHU B，WANG W. Writing to the machine：Challenges facing automated scoring in the College English Test in China［C］. Paper presented at the symposium "Human-machine teaming up for language assessment：The need for extending the scope of assessment literacy" at the 39th Language Testing Research Colloquium，Colombia，July，2017.

［17］LAM R. Language assessment training in Hong Kong：Implications for language assessment literacy［J］. Language Testing，2015，32（2）：169－197.

［18］MALONE M. Training in language assessment［M］// SHOHAMY E，HORNBERGER N H. Encyclopedia of Language and Education. Vol. 7：Language Testing and Assessment（3rd Ed.）. New York：Springer，2016：225－239.

［19］MCNAMARA T. Language Testing［M］. Oxford：Oxford University Press，2000.

［20］MCNAMARA T，ROEVER C. Language Testing：The Social Dimension［M］. Oxford：Blackwell，2006.

［21］POPHAM W J. Assessment literacy for teachers：Faddish or fundamental?［J］. Theory into Practice，2009，48（1）：4－11.

［22］REA-DICKENS P. Classroom-based language assessment［M］// SHOHAMY E，HORNBERGER N H. Encyclopedia of Language and Education. Vol. 7：Language Testing and Assessment（3rd Ed.）. New York，NY：Springer，2008：257－271.

［23］SPOLSKY B. Introduction：Language testing at 25：maturity and responsibility?［J］. Language Testing，2008，25（3）：297－305.

［24］TAYLOR L. Developing assessment literacy［J］. Annual Review of Applied Linguistics，2009，29：21－36.

［25］TAYLOR L. Communicating the theory，practice and principles of language testing to test stakeholders：Some reflections［J］，Language Testing，2013，30（3）：403－412.

［26］WATANABE Y. Teaching a course in language assessment to test takers［J］. Cambridge ESOL：Research Notes，2011，46：29－34.

［27］WEIR C. Understanding and Developing Language Tests［M］. New York：Prentice Hall，1993.

［28］XU Y，BROWN G T L. University English teacher assessment literacy：A survey-test report from China［J］. Papers in Language Testing and Assessment，2017，6（1）：133－158.

［29］XU Y，LIU Y. Teacher assessment knowledge and practice：A narrative inquiry of a Chinese college EFL teachers experience［J］. TESOL Quarterly，2009，43（3）：493－513.

［30］YU G，JIN Y. Assessing Chinese Learners of English：Language Constructs，Consequences and Conundrums—An Introduction［M］. London：Palgrave Macmillan，2016.

［31］ZHANG C，YAN X. Assessment literacy of secondary EFL teachers：Evidence from a regional EFL test［J］. Chinese Journal of Applied Linguistics，2018，41（1）：25－46.

［32］桂诗春. 标准化考试——理论、原则与方法［M］. 广州：广东高等教育出版社，1986.

［33］国家中长期教育改革和发展规划纲要工作小组办公室. 国家中长期教育改革和发展规划纲要（2010—

2020 年）［Z］.

［34］ 林敦来,高淼.教师评估素养:理论与实践［J］.外语教学理论与实践,2011(4):29 - 37.

［35］ 林敦来,武尊民.国外语言评价素养研究的最新进展［J］.现代外语,2014(5):711 - 720.

［36］ 林蕙青.深化考试招生制度改革,加强国家外语能力测评体系建设［J］.中国考试,2015(1):3 - 6.

［37］ 林蕙青.建立国家外语测评体系提升国民语言能力［J］.中国考试,2016(12):3 - 4.

［38］ 刘润清,韩宝成.语言测试和它的方法［M］.北京:外语教学与研究出版社,2000.

［39］ 唐雄英.语言教师评价能力问题探讨［J］.外语测试与教学,2013(4):51 - 59.

［40］ 武尊民.英语测试的理论与实践［M］.北京:外语教学与研究出版社,2002.

［41］ 许悦婷.外语教师课堂评估素质研究述评［J］.外语测试与教学,2013(4):42 - 50.

［42］ 许悦婷,刘永灿.大学英语教师形成性评估知识的叙事探究［J］.外语教学理论与实践,2008,(3):61 - 67.

［43］ 杨惠中,桂诗春.语言测试的社会学思考［J］.现代外语,2007(4):368 - 374.

［44］ 杨惠中,桂诗春.语言测试社会学［M］.上海:上海外语教育出版社,2015.

［45］ 张厚粲.标准化考试简介［M］.北京:高等教育出版社,1983.

［46］ 邹申.英语语言测试—理论与操作［M］.上海:上海外语教育出版社,1998.

Defining and Developing the Assessment Literacy of Foreign Language Teachers

JIN Yan

Abstract：Based on a review of the literature on the definition and the conceptual framework of language assessment literacy，the author proposed a classification of studies conducted in China on language assessment literacy. Cases were then described to demonstrate the focuses and methodologies of research on language assessment literacy. Based on the review of the conceptual framework and research of language assessment literacy，the author put forward suggestions for the development of the language assessment literacy of foreign language teachers in China. It was noted that language assessment literacy is a multi-level，multi-dimensional construct and should be developed by taking into consideration types of assessment activities. Specifically，foreign language teachers should be able to understand and use large-scale language tests，and develop and administer school-based achievement tests and classroom assessment. More importantly，they should pay due attention to the reform policies of China's foreign language education so as to continuously improve the validity and washback of their assessment activities.

Key words：language assessment literacy；conceptual framework；developing route；foreign language teachers

（本文原载《外语教育研究前沿》(原名《中国外语教育》)2018 年第 2 期）

上海交通大学医学院在线教学的探索与实践

沈　理　钮晓音　周　栋　蒋　益　邵　莉

摘　要：随着信息化技术的日新月异和迅猛发展,如何利用信息技术手段全方位推进在线教学,全面启动在线学习,把突发事件对教学的影响降到最低,上海交通大学医学院通过探索和实践,选择合适的在线教学模式,实现线上教学与线下教学"实质等效",以期为"线上线下"无缝衔接做好充分准备,确保教学质量。

关键词：在线教学;实质等效;线上线下;教学质量

为落实《教育部应对新型冠状病毒感染肺炎疫情工作领导小组办公室关于在疫情防控期间做好普通高等学校在线教学组织与管理工作的指导意见》[1]和上海市防控新冠肺炎工作及《上海市教育委员会等六部门关于疫情防控期间加强校企联动、做好高校学生实习实践管理工作的通知》[2]要求,上海交通大学医学院利用信息技术手段全方位推进在线教学,全面在线开课。

2020年春季学期,上海交通大学医学院本科生课程计划开课390门,开设634个教学班,涉及本科生20 681人次。根据课程性质与实际情况,本学期线上开设课程360门。在第1~4周计划开课188门,开设419个教学班,涉及本科生16 314人次。依托爱课程、超星等教学平台实现在线教学活动。开课第一周,应参加教师和学生全数加入在线教学活动,各门课程在线教学运行情况良好。

一、精心组织,精准实施

上海交通大学医学院第一时间召开疫情期间教学安排紧急会议,明确教育部和上海市关于防控新冠肺炎工作要求,根据疫情的发展和上级的指示立即通知学生推迟2020年春季学期开学时间,逐一排摸师生教学相关情况,妥善安排疫情防控期间各项事务,即刻启动布置在线教学的一系列相关工作。

作者简介：沈理,上海交通大学医学院教务处;钮晓音,上海交通大学医学院副教授;周栋,上海交通大学医学院学生工作处;蒋益、邵莉,上海交通大学医学院教师。

基金项目：上海高校课程思政教育教学改革试点项目(2019德育03-129)。

（一）加强组织领导，成立在线教学工作小组

医学院成立了"疫情防控期间本科在线教学工作组"，成员为各二级学院与主要职能部（处）、各附属医院的临床医学院负责人，以院校联动协调各专业在线教学工作的安排。首先，工作组明确各学院及部（处）在疫情防控期间的职责，积极落实教学任务；定期召开各专业教学安排讨论会，并制定相应的预案，着手全学期教学安排调整工作，在医学院教学安排总体预案框架下，制定适合各院系细化的二级预案；通知全体教师做好开展线上教学的准备，组织教师参加培训以尽快熟悉教学平台操作，同时对学生在线学习进行指导及做好服务。

工作组在后续严格落实在线教学的课程安排与建设、模拟预演、压力测试、备用方案、学生服务等工作（图1），督促各院系及授课教师按时完成所有授课准备；并组织全员在线教学压力等测试，详细了解测试过程中出现的不足和漏洞，完善在线教学组织与管理，强调在线教学有关要求及注意事项。

（二）结合课程性质，选择合适授课模式

探讨教学等相互结合的教学模式，分类开展在线教学活动。"直播教学模式"为授课教师在排课时间通过视频直播平台实时授课，也可根据需要播放部分录制视频，要求学生在线实时听课学习，适时线上进行师生讨论互动；"录播教学模式"为授课教师安排学生在排课时间学习提前制作的录播视频，并结合开展线上课堂教学活动，如讲解难点、讨论问题、布置习题等；"慕课教学模式"为授课教师安排学生课前学习慕课资源，排课时间利用直播平台开展线上讲解难点、讨论问题、布置习题等的教学活动；"研讨教学模式"为授课教师课前安排学生通过教学课件、教学资料等进行学习，排课时间利用直播平台、微信或 QQ 课程群等开展研讨、分组讨论等教学活动。

此次医学院的大部分理论课程采用录播为主，结合直播、慕课等多种形式开展在线教学；PBL（problem-based learning）、CBL（case-based learning）等课程采用研讨教学形式，即先发放资料给学生，通过直播会议的形式开展小组线上讨论，学生完成相应学习报告，如PBL 案例机制图等。

（三）加强师资培训，提升教师信息化教学能力

线上线下相结合的教学模式是未来智能化教育的发展趋势。学校和教师应主动利用教学信息技术、网络技术构建最佳的教学模式，为学生提供多样化的教学资源，对学生的个性化学习发展起到更好的辅助作用。医学院通过开展三个阶段"停课不停学"教师信息化教学能力提升培训，积极培养优秀师资队伍，在保障在线教学质量的同时推进"金课"建设。

第一阶段：培养信息化教学基础。医学院教务处联合党委教师工作部，组织教师每日通过手机应用学习平台免费为教师提供线上课程。课程围绕提升信息技术应用能力展开，

分为"技术先导""综合提升""重点突破""示范指导"四大主题,采取"线上课程＋专家直播"的模式,力求帮助一线教师切实掌握在线教学的工具和平台运用的综合能力,保证在线教学质量与学生学习效果。

"技术先导"课程致力于提供直观的产品使用指导。"综合提升"课程围绕教学实践的分享、在线教学的方法、课程教学的设计3个模块进行安排,教师可对自身信息技术应用能力进行查缺补漏,有针对性地进行重点提升。"重点突破"课程聚集教师的各种建议与需求,针对重点问题进行突破。"示范指导"课程则采取专家直播报告配合示范课程展示的形式,帮助一线教师理解教学理论,落实教学设计。

第二阶段:强化信息化教学能力。医学院组织广大教师参加"上海交通大学疫情期间在线教学教师培训",通过平台制作类、视频制作类、教学技巧类、教学示范类四类培训进一步强化教师的信息化教学能力。

第三阶段:储备应急方案教学能力。为确保在线教学顺利开展,医学院组织全院教师进行在线直播虚拟教室培训学习。重点介绍教师如何以主持人身份控制虚拟教室的操作,以及对进入虚拟教室人员的管理,为应急备用方案做好准备。

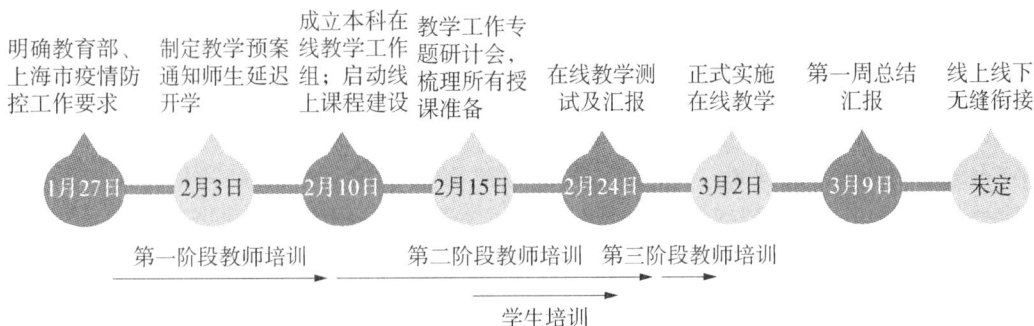

图1　在线教学工作组时间轴

(四) 多师联动,鼓励学生自主学习

在确定实施在线教学计划后,上海交通大学医学院积极排摸每一位学生是否具有网络、设备等相关接受在线教学的条件,同时制定《疫情防控时期在线学习指南(学生版)》,并通过医学院官微发布《交医喊你上课啦!开学第一课:防控疫情从我做起》《今日始,开启在线课堂模式!亲爱的交医老师同学,你们准备好了吗?》等推送,帮助学生做好在线学习的思想准备。

在线上课程全面铺开前,医学院通过"空中思政热线",以及辅导员、班导师撰写的多篇博文,提倡"停课不停学,做学习的主人",鼓励身处全国各地学生通过自学自律、善于思考和笃信从医的实际行动,致敬前线抗"疫"的奋斗者。

二、建立审核清单制，确保"实质等效"，以期"线上线下"无缝衔接

上海交通大学医学院高度重视疫情防控期间教学组织与管理工作，充分认识全面实施在线教学的重要性和挑战性，各院系主动承担主体责任，努力保障教学秩序，完成教学任务，尽力保证"实质等效"，以期保障在线教学与疫情结束后的线下课堂教学基本无缝衔接，并积极探索教学方式方法创新，在力争完成教学任务的同时建设一批高质量在线课程。

（一）在线授课前准备

根据在线教学资源现状和原教学进度安排，医学院合理调整教学形式，制定合适的在线教学课程方案。组织教学团队开展网络课程建设、在线集体备课等教学活动，为按时开展在线教学和学生自主学习做好充分准备。督促各院系按 4 个教学周为一轮进行课程建设，并确保提前一周在一轮开课前建设完毕。要求课程负责人对课程的所有任课教师、选用的教学模式及教学日历进行审核，把好质量关；教师做好课程教学日历的备案工作，以供教学督导线上听课使用及教学管理部门抽查；指定教学团队首席教师或课程负责人为课程建设的第一责任人，所有在线课程内容必须由教学团队首席教师或课程负责人进行审核，确保在线课程资源做到符合国家相关政策和规定；鼓励教师结合本次疫情一线医护的感人事迹以体现专业思政教育立德树人的思想性，经审核无误后才能向学生开放。

根据医学教育课程性质和授课形式要求，医学院制作了《疫情防控时期在线教学指南（教师版）》指导教师开展在线教学。考虑到集中线上授课可能对平台造成拥堵、卡顿等情况，以及大规模建课可能会导致难以成功上传资料全平台的问题，医学院采用多种平台相结合、多个平台做备用的方式，确保教学计划和线上授课能顺利完成。

为确保教学运行精准无误，医学院采用"线上课程设置检查清单"和"在线课程测试情况报告"汇报制度，将所有课程内容的思想性和规范性提前审核、提前完成在线班级组建、下发各课程学习资料（教学大纲、教学日历、课程课件等）供学生下载等教学工作细节化，确保提前完成每一项在线教学的准备工作并及时反馈至教务处，基本实现了在线教学准备和课程管理"零"差错。

1. 课程表和教学日历

调整后的在线教学课表和教学日历信息，应包括教学课程、时间安排、授课教师、主要内容、对应在线教学平台、辅导教材等内容。需于在线教学开始前，提前一周将课表信息和教学日历发布给学生，并开放线上课表对应的在线课程。全院教务员与辅导员通力协作，确保通知到每位教师，确认每位学生均接收到课表。

2. 辅导教材

医学院为学生提供了 2020 年春季学期电子教材目录，结合各课程所需辅导材料，明确罗列在课程表上，并提前将材料通过网盘、邮件、学习群等下发，同时制作教材电子版的服务

说明供学生参考。

(二)在线授课的实施

1. 实施要求

在线课程授课或负责教师在上课时间登录教学平台,课程开始时告知学生课堂要求,课后及时关注学生留言,通过不同渠道及时解答学生疑问,做好辅导和答疑工作。医学院要求授课教师加强线上课程的形成性评价,建议教师通过在课程章节中适当设置思考题或练习题,学生通过平台或邮件反馈作业,教师及时批改反馈等形式,进行过程考核。

在提倡学生"停课不停学,做学习的主人"加强思政教育的同时,医学院加强学生学习督查,要求辅导员在线学习期间组织学生线上签到,及时关注学生在线学习任务完成情况,督促学生按时完成所有在线课程学习,并加以指导,收集学生反馈;要求教务员每周统计学生一周学习任务点完成情况,未完成学习任务点学时数则等同于旷课,按照《上海交通大学学生手册》中旷课相关规定处理。

2. 实习生在线教学安排

结合实习要求及毕业要求,要求临床医学实习学生完成临床技能操作视频和临床案例研讨学习。临床技能训练视频内容依托上海交通大学医学院临床技能中心建设,共46个章节、400多分钟。实习学生按要求登录,完成所有临床技能操作视频学习。临床案例研讨学习:医学院教师撰写24个覆盖内、外、妇、儿的经典临床案例,组织以学生自学为主、CBL教学为辅的形式,分批发放案例学生版、教师版等学习资料,完成案例的研讨学习。

3. 毕业班学生在线学习指导

针对有毕业设计或毕业论文要求的专业,要求论文指导老师布置文献阅读、综述撰写等任务,并开展在线指导学生毕业相关工作。

(三)在线授课后反馈

医学院建立即时教学反馈通道,对教师和学生的在线授课和学习情况进行跟踪查验,收集师生反馈信息,掌握师生教学动态,对发现的问题进行及时沟通和解决,并向教学主管部门报送相关信息。

学院实施教学运行"日日报"和"每周报"制度。"日日报"关注教师在线教学整体情况(包括是否按时上课、教师上课状态、工具使用熟练度、课堂秩序等)、学生在线学习整体情况(包括出勤率和听课状态等)、是否存在网络或平台流畅性问题,及时将当天在线教学运行情况进行反馈和处理。"每周报"关注统计一周课程运行信息、在线教学资源建设情况、平台综合运用的实践与思考、师生交流及互动情况、需要改进的问题等。一周课程结束后经各院系教务员统计,我校所有学生均全部完成教学任务点。

三、全程督导，质量保障

教学督导制度是高等学校内部教学质量监控体系的重要组成部分，是学校自我监督、自我发展和自我完善的内部质量保证机制[3]。为及时掌握在线教学整体情况，深入了解学生意见与需求，帮助学生提高学习有效性和针对性，学院按"校、院、系（室）"三级教学督导体系，对在线教学进行督导。医学院领导、教务处、学生指导委员会、网络信息中心等开展了新学期在线课程巡视巡察。本科教学督导委员会专家、各院系领导及专家督导针对在线开设课程，分别进行线上督导听课、辅导答疑和指导课程团队教学活动等，并积极分析总结教学软件和平台的优缺点，协调解决在线教学中出现的各种问题，及时向学校有关部门反馈师生意见和建议。

在线教学第一周结束后，医学院向各级督导发起"网络教学评价问卷"，问卷采用不记名方式，共收到督导专家反馈96份，其中校级督导18份、二级学院督导78份，均为有效问卷。经对问卷数据进行统计，具体汇总见表1。

表1 督导在线教学评价问卷结果

	好（%）	一般（%）	差（%）
在线整体状况	93.75	6.25	/
教学态度	97.92	2.08	/
教学组织	92.71	6.25	1.04
教学内容	95.31	4.69	/
课程资料	95.83	4.17	/
教学工具应用	86.46	13.54	/
教学方法	87.50	12.50	/
师生互动和交流	54.17	41.67	4.16
教学效果	75.00	25.00	/

医学院也向全部参与在线学习的学生发起"网络教学学生评价问卷"，问卷采用不记名方式，共收到学生反馈1474份，占学生总数的75%，均为有效问卷。经对问卷数据进行统计，具体汇总见表2。

表2 学生在线教学评价问卷结果

	好（%）	一般（%）	差（%）
教师教学态度	84.60	14.99	0.41
教师教学组织管控	78.02	20.69	1.29
教学内容	88.53	10.99	0.48

续表

	好（%）	一般（%）	差（%）
课程资料	82.16	17.10	0.74
教师讲课熟练程度	85.28	13.43	1.29
教师教学工具应用	76.05	22.86	1.09
教师教学方法	74.83	23.74	1.43
师生互动和交流	58.21	34.60	7.19
教学效果	74.02	23.61	2.37

根据调查结果，医学院第一周在线教学整体状况良好，得到了督导专家和学生的一致认可。授课教师秉持了良好的教学态度，为在线课程做了充分的教学准备，教学内容符合大纲要求，课程资料准备充分，平台工具运用熟练。专家们对录制的教学课件给予肯定，指出教师在教学过程中能够理论联系实际，并结合本学科临床实践或实验内容，恰当地举例帮助学生加深对知识的理解，增加了启发式教育。特别值得一提的是，很多临床教师即使身在抗"疫"第一线也心系教学的认真态度，感染了学生，增添了教学过程中更多感恩和互动。

大部分专家和学生认为在线教学效果良好。同时，由调查分析得知，无论教学督导还是学生，对于在线教学的"师生互动和交流"满意度显然是不够的，可能是由于网络教学的局限性。为发挥医学及其相关学科特点，进一步提高教学效果，督导和学生提出了各种建议：可以适当增加直播案例讨论，如临床课程增加CBL讨论，以增强互动性及学生参与的积极性；适当增加拓展知识点，如专业进展性参考文献、更多学习网络链接等，便于学生在全新的在线教学模式下做好课前预习。

四、总　　结

对在线教学的探索还在路上。此次突发意外情况下的大规模在线教学，对教师和学生都是一次全新的尝试，也是对学校教学管理一次全新的挑战。上海交通大学医学院积极迎接挑战，推进"课前自主学习、课堂直播学习、课后及时反馈"的有效对接，进行综合跨平台协同开展在线教学，打造在线教学运行与质量监督的闭环，将成熟的课程资源（课件、视频、电子版教材、文献阅读资料等）用于学生课前自主学习；选择合适的、专业的在线平台用于课堂直播或录播教学，并组织讨论、答疑辅导、提交批改作业、即时反馈；使用微信群、QQ群作为联络平台，全方位多渠道提升了在线教学的实效性。今后，医学院将继续探索教学的新方法，以寻找适合医学教育发展的最佳组合式教学模式。

参考文献

[1] 中华人民共和国教育部. 教育部应对新型冠状病毒感染肺炎疫情工作领导小组办公室关于在疫情防控期间做好普通高等学校在线教学组织与管理工作的指导意见(教高厅〔2020〕2号)[OL]. [2020 - 02 - 04].

［2］ 上海市教委. 上海市教育委员会等六部门关于疫情防控期间加强校企联动、做好高校学术实习实践管理工作的通知(沪教委高〔2020〕13 号)[OL].[2020 - 02 - 18].

［3］ 李铭,魏春岚. 建设特色督导评价体系保障医学教学质量[J]. 高校医学教学研究(电子版),2019,9,(6):3 - 6.

Exploration and Practice of Online Education in Shanghai Jiao Tong University School of Medicine

SHEN Li，NIU Xiao-yin，ZHOU Dong，JIANG Yi，SHAO Li

Abstract：With the fast development of information technology, how to use information technology to promote online education in all-round cooperation and how to start online study to minimize the impacts of emergencies on education are worth thinking. The exploration and practice in Shanghai Jiao Tong University School of Medicine perfectly connect online and offline education and ensure the quality of education by choosing the appropriate online education mode to achieve the "substantial equivalence".

Key words：Online education，Substantial equivalence，Online and offline education，Education quality

(本文原载《当高校医学教学研究(电子版)》2020 年第 2 期)

工科大学物理"黄金分割教学模式"的研究与实践

董占海　邢　磊

摘　要：本文第一部分简单说明什么是黄金分割教学模式并提出这个教学模式的背景。第二部分介绍实施这一教学模式的难点和对策，包括如何腾出互动时间、如何设置互动任务。第三部分介绍教师在课堂上应该做什么，包括为什么要易化物理、如何易化物理。第四部分介绍如何让学生在课堂上积极互动。最后一部分讨论黄金分割教学模式的教学效果评价，包括学生的认可度评价、参与度评价和学生能力自评三个方面。

关键词：黄金分割教学模式；基于问题的学习；量化互动表现；学生认可度评估；学生参与度评估；学生能力提升自评

一、黄金分割教学模式的提出

上海交通大学开设的大学物理课选课学生数量达3000多人，历年来采用常规讲授教学模式。为了更好地活跃课堂，同时提高教学质量，笔者在担任大学物理课程教学中实施了翻转课堂教学，并在2014年进行了翻转课堂教学和常规教学的教学效果对比研究，发现翻转课堂的教学模式更受学生欢迎。[1]

然而，在进一步的教学实践中，笔者发现了一个似乎是自相矛盾的现象：学生一方面非常喜欢翻转课堂教学模式；另一方面又强烈要求教师在课堂中多讲授。这种现象反映出，学生既希望能够深度参与学习活动，这可能是由翻转的课堂教学形式所提供的，同时又希望课程能够保证含金量，而这可能是由教师的讲授部分所保证的。

为了确定最佳的课堂翻转程度，笔者开展了工科大学物理课堂翻转度的准实验研究，通过问卷调查了解学生的期望，将学生期望的课堂教学模式：教师占用2/3时间讲授、1/3时间供学生互动称为"黄金分割A"教学模式；同时将教师占用1/3时间、学生互动时间占2/3的教学模式，设定为"黄金分割B"教学模式。针对"黄金分割A""黄金分割B"和传统教学模式进行准教学实验研究，发现以教师为中心的传统教学模式虽然可使学习知识易化，但因学生参与度太低、学生知识内化程度低，教学效果不是最好；而因大学物理中有很多内容比较

作者简介：董占海，上海交通大学物理与天文学院教授，博士；邢磊，上海交通大学教学发展中心助理研究员，北京大学博士研究生。

抽象,"黄金分割 B"模式翻转度太大,缺少教师对知识进行易化的环节,教学效果也不是最好。比较好的教学模式是学生所期望的"黄金分割 A"模式,即教师占用 2/3 的课堂时间讲授,留出 1/3 的时间供学生使用。[2,3]

黄金分割教学模式提出教师占用 2/3 的课堂时间进行讲授,留出 1/3 的时间供学生使用,但这并不是简单的课堂时间分配,而是在新的时间框架下,对课程内容重新进行梳理、整合和重构,从而实现这一黄金分配教育模式。

二、黄金分割教学模式的教学设计

在课程教学内容不变的前提下,采用黄金分割教学模式意味着课堂教学任务需要压缩在原来的 2/3 的时间内完成,为课堂留出 1/3 的互动时间,同时要新增占据 1/3 课时的互动教学内容。因此,需要对大学物理教学内容重新进行梳理、整合和重构。只有既突出以学生为中心的学习体验和感受,又保留传统教学覆盖核心和重点知识的优势,才能真正体现黄金分割教学模式的优势。

(一) 优化知识点的教学逻辑设计,提升教学效率

知识点的教学逻辑设计是指传授知识点的具体教学思路。做一个类比:若让知识点对应一枚煮鸡蛋、让知识传授对应剥鸡蛋壳,从鸡蛋的某处一小块一小块剥壳是一种"逻辑设计";从鸡蛋的腰部滚压出一条蛋壳裂缝,再对分蛋壳是另一种"逻辑设计"。显然后一个设计更节省时间。

大学物理中有很多知识点也有不同的教学逻辑设计,根据课程需要选择合适的逻辑设计,可以达到事半功倍的效果,为课堂腾出互动时间。例如,大学物理中磁约束内容的传统讲法有两种:受力分析法和能量磁矩守恒法。通过多年教学实践探索,笔者还提出了第三种讲法:等效小磁针方法。三种方法的教学逻辑设计及其优缺点对比如表 1 所示:

表1 磁约束教学逻辑设计对比

	教学逻辑设计	优点	缺点
受力分析	对运动带电粒子在约束磁场中进行受力分析	出发点直接明了	(1)对运动半径小的带电粒子不好分析;(2)不省时
磁矩守恒	先证明带电粒子的磁矩守恒,然后找到带电粒子横向运动对应的动能与磁矩关系,再完全量化。用动能守恒得到磁约束结果	分析过程完全量化	(1)计算过程涉及 10 多个数学公式,过于理论化;(2)占用时间长
等效小磁针	将带电粒子绕磁场线做螺旋运动等效成一个小磁针,将外磁场等效成一对大磁铁	方法简单,图像清晰,节省时间	缺少定量计算

工科大学物理的内容讲授,需要物理图像清晰的定性的方法。第一个方法过于琐碎且不省时;第二个方法过于公式化又浪费时间;而第三个方法简单、图像清晰、节省时间,起到了事半功倍的效果。

优化知识点的教学逻辑设计需要教师做广泛的调查研究,寻找、探索和钻研针对重点难点的教学逻辑设计方法。

(二) 整合梳理教学内容,合理设置互动任务

在黄金分割教学模式中,教学互动活动的设计非常重要,高质量的互动活动能够激发学生,提升学习效果,为此要整合梳理整门课程的教学计划、进度和教学内容,合理设置互动任务。总结多年教学实践经验,课堂互动任务可以主要基于如下3个方面进行设计:

1. 将部分教学内容转换为课堂互动任务

一个简单的做法是将原来教师讲授的内容转换为课堂互动任务。具体做法是将教学内容拆解为一系列台阶型问题或任务,通过教师讲授和互动教学来交替完成。

大部分大学物理的教学内容都可做均匀的拆解,但有些内容的知识点关系密切、整体性强,拆解后会丢失系统属性,关联度高的大知识块不再分割。因此,台阶型任务会由大小不同的知识块串联而成。对于均匀拆解的教学任务,可以按照2∶1的比例由教师和学生交替完成。对于非均匀拆解的教学内容,教师可选择完成大知识块,小知识块可作为学生互动任务。例如,教师用10分钟左右的时间完成一个任务,紧接着抛出一个问题或任务与学生互动,让学生完成,互动时间最好控制在5分钟左右。这样一个交替完成任务的教学片段大致持续15分钟。在实际教学过程中,最好不要让这样的教学片段持续时间超过15分钟,以保证学生的持续注意力。[4,5]

2. 为学习难点设计互动任务

若学生已有的认知能力与教学内容之间存在较大的高差,这样的教学内容可能会成为教学难点。如果教师能搭建适合学生认知水平的知识台阶,用过渡型互动任务作铺垫,帮助学生进行知识认知的热身,实现学生从不知道提什么问题、怎么提问题,到催生新问题甚至解决问题的转变,最后达到深入浅出化解学习难点的目的。

例如,运动学中转动参考系中的科里奥利加速度是一个教学难点,如果直接通过速度求导解析的方法推导,呈现给学生的是一堆数学公式,这显然不是教学的目标。如果在这个知识点的教学之前再设置几个过渡型的热身问题,效果会大不一样,热身问题如下:

(1)在匀速转动的转台上做匀速直线运动的物体,在地面参考系看物体的运动轨迹如何,并定量计算加速度。

(2)在匀速转动的转台上沿半径方向做往返直线运动的物体,在地面参考系看物体的运动轨迹如何。

(3)物体在匀速转动的转台上做匀速圆周运动,定量计算加速度。

通过对以上3个特殊情况下物体运动的分析,再过渡到一般情况,不但化解了教学难点,还让学生理解了科里奥利加速度的本质,让学生真正学到了"物理"。

3. 增设课堂评估互动任务,及时检查学生课堂学习效果

为了及时获得学生课堂学习效果,对重点内容增设比较简单、短小的互动任务,对学生进行测试,根据测试结果,为教师提供是否调整、怎样调整教学策略的依据。任务的类型一般是提问、判断、选择、填空或一句话小结,使用的频率是每节课至少一次。对于评估不达标的内容要调整教学策略后重新教学。

例如,在学完角动量守恒定律之后,设置一系列判断题让学生判断以下运动角动量是否守恒:直线运动、圆周运动、椭圆轨道运动、抛物线运动、弹簧摆的曲线运动、圆锥摆的曲线运动等,判断题的严谨表述此处忽略。

三、教学策略之易化课程学习

大学物理内容深奥难懂是影响学生学习兴趣的最主要因素之一。笔者在2013年对201人的样本进行调查研究,首先做了3次影响学习兴趣的要素收集工作。第一次"要素收集"题目为"我喜欢物理是因为……",收集的学生答案有:"物理很有用""逻辑严谨""老师讲得好"等;第二次"要素收集"题目为"我不喜欢物理是因为……",收集的学生答案有:"我的基础差""太深奥""公式多"等;第三次"要素收集"题目为"我认为一个好物理老师应该是……",收集的学生答案有:"讲得清楚""有耐心""有激情"等。

在这一阶段,学生反馈了20多个影响学习兴趣的"要素"。笔者进一步将这些"要素"划分为两类问题:①喜欢大学物理的要素;②不喜欢大学物理的要素。仿照Feldman和Lemos等人的研究方法[6,7],将两类再划分为3个维度,即学生维度、课程维度和教师维度,进行了第二阶段的研究。将第一阶段收集的各要素形成调查问卷并进行调查,得到了两类问题的统计结果,见表2和表3。

表2 学生喜欢大学物理的主要原因

维度	选项	选择比例(%)
学生维度	挑战智力	53.5
	基础好	27
课程维度	方法巧妙	75.5
	逻辑严谨	69
教师维度	讲授清晰	82
	平易近人	81.5
	风趣幽默	74.5
	联系实际	74.5
	多用课堂演示	74.5
	有激情	62
	讲拓展知识	57.5
	多用板书	57.5
	多用图片视频	54.5

如表2所示,在喜欢大学物理的要素中,教师维度有9个要素,所占比例最大。将9个要素按降序排列,有82%的学生希望教师讲授要清晰,有54.5%的学生希望教师多用图片视频,这说明教师的教学水平对学生学习大学物理兴趣的影响很大。

表3　学生不喜欢大学物理的主要原因

维度	选项	选择比例（%）	维度	选项	选择比例（%）
学生维度	没时间学	46.5			
课程维度	公式多	67	教师维度	批评严厉	3
	题目太难	61		仪表不整	34.5
	太深奥	42.5		提问多	5

在课程维度和学生维度（见表3），有67%的同学认为大学物理公式太多，61%的同学认为题目太难，42.5%的同学认为大学物理太深奥，46.5%的同学认为没时间学习大学物理。这充分说明学生的学习感受是导致他们不喜欢大学物理的最主要因素。总之，通过综合分析影响学习大学物理兴趣的各个要素，不管从教师维度看，还是从学生和课程维度看，大学物理学习难度大是影响学生学习兴趣的最主要原因之一。所以在教师主宰的2/3的课堂时间里，重要任务之一是易化物理；而且易化物理并不是降低课程内容的难度，而是通过精心设计教学内容，使得学生感知到难度下降，更多体会到学习的乐趣、收获感和成就感。

（一）揭开物理的神秘外衣，引导学生发现问题本质

《费曼物理学讲义》之所以成为经典[8]，是因为费曼不仅对基本概念、定理和定律的讲解生动清晰、通俗易懂，而且特别注重从物理上做出深刻的叙述。物理学大师的伟大之处是能把复杂的理论通俗化。[9]易化物理就是要揭开物理学的神秘外衣，使物理学变得晶莹剔透，深入浅出地揭示物理的本质。

例如，在相对论理论中有一个长度悖论：地面和火车上有两把长度相同的尺子，当火车运动时，地面观测者测量向前运动火车上的尺子会缩短，反过来火车上的观测者观测后退站台上的尺子也要缩短。在相对论的理论框架内可以自洽地解释这个悖论，但大部分学生内心仍然很纠结究竟是谁测量的更短呢？这时提出一个日常生活中熟悉的问题：身高相同的甲乙两个同学相距1000米看对方的身高，他们"看"对方谁更低？这一问题一抛出，好多学生豁然开朗，进而促进学生对时空本质的进一步思考。

（二）使用直观教学法，联系实际生活，使学习对象具象化

造成大学物理"难"学的原因除了学习者认知能力和知识积累不够外，还有学习内容本身太抽象。这时"易化物理"就是要充分使用直观具象的教学手段，使抽象内容直观具象化。

在直观具象化的教学手段中，有演示实验的使用，有图片、视频等多媒体等的使用。在各种具象教学手段中演示实验尤为重要，一方面物理学是以实验为基础的学科，实验方法是物理学的主要特征；另一方面物理演示实验形象、直观，在理论教学中辅之以演示实验，不但可以化解难点，还可以明显提升学生学习兴趣，深受学生欢迎。

例如，对熵的演示。通过多方调查研究，笔者发现用橡皮筋可以演示熵的变化与吸放热

的关系。在课堂上给每位学生发一根橡皮筋,拉长后紧贴额头一阵后,感觉与体温一样时突然放松,让学生感觉橡皮筋会变热还是变凉?在松弛状态下将橡皮筋紧贴额头一阵,感觉与体温一样时稍微离开额头突然拉长,让学生感觉橡皮筋会变热还是变凉?通过这样一个简单的演示实验,不但使抽象概念更接近实际,而且学生的参与使得学习过程轻松愉快,使学习效果更好。[5]

(三) 讲好物理故事,培养学生的科学精神

创设生动形象的情境叙事或讲好物理故事,符合建构主义教学观[10],可以将难点化解于无形。如果故事不是虚设的,而是在历史上真正发生的,讲好物理故事不但可以易化物理,还可以让学生聆悉大师伟人的研究方法,培养学生的科学精神。

例如,在介绍牛顿万有引力定律时,要先介绍亚里士多德和托勒密的地心说、哥白尼的日心说、伽利略望远镜的发明和开普勒的三定律,再介绍牛顿的万有引力定律,最后还要介绍卡文迪什的称量地球实验。整个故事发展跌宕起伏,遵循从否定—肯定—再否定—再肯定的科学发展规律。

(四) 展现物理学的神奇美,丰富学习感受

不同学生有不同的知识感知特点,比如有的学生视觉感知能力强、有的学生听觉感知能力强。基于学生在知识感知上的差异性,应该尽可能地增加学生对知识信息的多感官感知,使平面知识立体化。展现物理学的神奇美就是全方位、立体化刺激学生感官,强化学生对知识的感知,为学生进一步从"知识的理解"(易化物理)到"知识的巩固和应用"打好基础。

例如,进动是刚体力学中的一个难点。用街边小摊上买的小陀螺演示进动现象,不如用自行车车轮这个大陀螺演示效果好,后者可以让学生亲自参与演示操作,体验陀螺运动的奇妙特性。进一步选一个更大的陀螺地球,分析地球进动的原因并将地球的进动与岁差联系起来,除了让学生感到物理的神奇之处外,还能将进动与历法联系起来,增加学生学习物理之外的体验。

四、教学策略之促进学生有效互动

按照构建主义理论,"学"是学习者在自己头脑中构建认知模型,而"教"仅是起到帮助作用[5,10],有效的教学必须有学生的参与。正如 Mazur 所说,一个成功的课堂,就是课堂上有强烈的互动。[11]

(一) 基于问题和任务促进学生互动

若要课堂实现有效互动,必须有课堂互动任务,从而形成基于问题的学习(problem based learning,PBL)互动教学模式。2015 年,笔者对一个大学物理班级的互动任务进行了

统计。互动任务的类型大致可划分为 5 类,各类比例大致如表 4 所示:

表 4　互动任务类型及比例

任务类型	台阶型	难点过渡型	学习评估型	学生提问型	开放型
大致比例(%)	35	35	13	13	4

其中,台阶型问题串构成的互动任务是由部分教学内容转换而来;难点过渡型问题是为化解教学难点增设的知识热身型任务;学习评估型问题是为了即时评估学生课堂学习效果而增设互动任务;学生提问型问题是课堂教学过程中临时提问产生的新问题;开放型任务是对热点、开放型问题的讨论,比如暗物质、暗能量、磁单极等问题。这些任务紧密结合学习内容,以解决问题的形式促进学生深度参与,帮助学生达成学习目标,在实际操作时可以灵活调整选用,也可以增加其他类型的互动任务,比如总结型的、展示型的互动任务等。

（二）量化评价学生的课堂表现,促进学生积极互动

为了提升学生互动的积极性,笔者实施了一个有效的措施——量化学生课堂互动表现。要求学生记录自己回答的问题和完成的互动任务,以及自己在课堂上新提出的问题。教师根据学生记录情况给每位同学一个量化成绩,并计入课程的总评中。具体措施如下:

（1）教师在每抛出一个问题或任务后,让全体学生思考,邻近同学之间讨论;教师巡视学生完成的进度、情况和存在的问题,然后有针对性地分析讲解,或让部分学生分享他们的思路方法。对于重要内容还要设置评估性问题,检验是否大部分学生均已理解掌握。在 45 分钟一节课内,要抛出 3 个以上这样的问题或任务。

（2）为了量化学生互动表现,让每位同学都准备一个课堂互动表现的记录本,称为课堂本。所有的学生回答的问题和完成的任务要统一编号,对于学生提出的新问题要单独编号。在给量化成绩时,主要依据是确定学生是否参与了互动、是否提出了好问题,而不必太关注学生在完成互动任务时答案是否正确。课堂本每隔 3～4 周提交一次,一个学期提交 5 次左右。

（3）学生的课堂互动表现占总评的 20%,学生的各项成绩构成如表 5 所示:

表 5　学业评价方案

项目	考试	课堂互动	平时作业
权重(%)	60	20	20

笔者的实践证明,量化学生课堂互动表现大大提高了学生互动的积极性,提高了课堂参与率。

五、黄金分割教学模式教学效果

教学评价本身是一个值得深入研究的问题[12]，笔者将采用Lemos等人的评价体系进行评价。[6]黄金分割教学模式对学生学习成绩有明显的效果，已经在文章[1]中详细讨论过，此处仅从学生认可度评估、学生参与度评估、学生能力提升自评3个方面评价，其中学生能力自评是笔者特别设置的。

（一）学生认可度评估

160人的学生样本问卷表明，学生非常认可黄金分割教学模式：92%以上的同学很喜欢所实施的教学模式，98%的学生认为营造了积极的课堂学习氛围，99%的学生认为老师非常不错，90%的同学认为这门课好。

（二）学生参与度评估

实施黄金分割教学模式后，课堂参与率明显提高。一位听课教授说："我从来没见过课堂有99.99%的学生在听课。"一位外籍教授听课后说"I was very surprised that all the students could finish the class task at the same time."学生反馈结果表明，学生互动积极、主动思考、主动学习。学生说："开始主动思考""有现场互动，很多同学都参与进来了""感受最深刻的就是轻松活跃的气氛"等。学生参与度高的另一个标志是学生出勤率高，平均达到95%以上。

（三）学生能力提升自评

学生能力评估是一个比较困难的工作。笔者首次尝试选用学生自评数据来进行评估。表6为学生能力自评内容及自评结果。

从表6可以看出，黄金分割教学模式使学生在多方面能力有明显提升，特别是在获取课程知识（第1项）、解决实际问题（第2项）、学会分析和理性评价他人的思想和观点（第10项）、体验学习乐趣（第11项）等多方面提升最大。应该强调，第10项其实就是评判性思维能力，这方面能力的培养是大学物理课程的最重要任务之一。

表6 学生能力自评

序号	进步程度/比例（%）选项	小进步	中等进步	大进步
1	获取知识能力	0.11	0.11	0.78
2	解决问题能力	0.14	0.30	0.56
3	具备专业技能、方法和视角	0.14	0.30	0.56

续表

序号	进步程度/比例(%)选项	小进步	中等进步	大进步
4	团队合作,沟通、协作能力	0.27	0.43	0.30
5	发展创新能力	0.36	0.36	0.28
6	科学人文等领域的理解和鉴赏能力	0.20	0.38	0.42
7	口头或书面表达能力	0.37	0.36	0.27
8	查找和利用资源解决问题	0.18	0.26	0.56
9	更清楚地认识个人价值,增强社会责任感	0.47	0.22	0.31
10	分析和理性评价他人的思想和观点	0.22	0.21	0.57
11	体验提出问题并寻求答案的乐趣	0.20	0.13	0.67

总之,要体现黄金分割教学模式的优势,可以将教学内容设置成难易程度不同的台阶型问题或课堂任务,综合考虑教学内容和学情,安排1/3左右的时间用于课堂互动。通过优化知识点的教学逻辑设计,腾出课堂互动时间。通过拆解教学内容、增设过渡型问题、增设学习效果评估型问题等方式设置互动任务。教师在课堂的重要任务之一是易化物理。基于问题的学习,结合量化学生课堂互动表现,可以明显提高学生互动的积极性。黄金分割教学模式能够使学生在获取课程知识、解决实际问题、评判性思维能力等方面都得到显著提升。

参考文献

[1] 赵炬明. 聚焦设计:实践与方法(上)——美国"以学生为中心"的本科教学改革研究之三[J]. 高等工程教育研究,2018(2).
[2] 董占海. 大学物理"翻转课堂教学"研究与实践[J]. 物理与工程,2014:6-8.
[3] 董占海,邢磊. 工科大学物理课堂翻转度的准实验研究[J]. 高等工程教育研究,2018(1):136-138.
[4] 邢磊,董占海. 大学物理翻转课堂教学效果的准实验研究[J]. 复旦教育论坛,2015,13(1):24-29.
[5] ERICMAZUR,朱敏. 同伴教学法[M]. 陈险峰,译. 北京:机械工业出版社,2011:7.
[6] 赵炬明. 打开黑箱:学习与发展的科学基础(下)[J]. 高等工程教育研究,2017(4):30-46.
[7] LEMOS M S, QUEIRÓS C, TEIXEIRA P M, et al. Development and validation of a theoretically based, multidimensional questionnaire of students' evaluation of university teaching [M]. Assessment & Evaluation in Higher Education. Taylor & Francis. 2011:843-864.
[8] FELDMAN K A. Effective College Teaching from the Students' and Faculty's View: Matched or Mismatched Priorities? [J] Research in Higher Education,1988,28(4):291-329.
[9] FEYNMAN R P, LEIGHTON R B, SANDS M. The Feynman Lectures on Physics [M]. New Jersey: Addison Wesley, 1963.
[10] 季理真,林开亮. 杨振宁的科学世界:数学与物理的交融[M]. 北京:高等教育出版社,2018.
[11] BADA S O. Constructivism Learning Theory: A Paradigm for Teaching and Learning [J]. IOSR Journal of Research & Method in Education (IOSR-JRME), 2015(10):66-70.
[12] MAZUR E. Farewell, Lecture? [J]. Science,2009(323):50-51.
[13] RUCKER M H, HAISE C L. Effects of variations in stem and response options on teaching evaluations [J]. Social Psychology of Education, 2012,15(3):387-394.

On the "Teaching Mode of Golden Section" in Physics in Engineering Colleges

DONG Zhanhai，XING Lei

Abstract：This paper first gives a brief introduction of the teaching mode of golden section and its background. In the second part，it points out the problems in the application of this teaching mode and provides corresponding measures，including how to put aside interactive time and how to design interactive tasks. The third part introduces what teachers should do in class，why physics should be simplified and how to simplify physics. The fourth part explores how to motivate students to interact actively in class. In the last part，this paper discuses the evaluation of the effect of golden section teaching，including students' satisfaction assessment，participation evaluation and self-evaluation of students' ability.

Key words：teaching mode of golden section；problem-based learning；quantitative interactive performance；students' satisfaction assessment；students' participation evaluation；self-evaluation of students' ability

（本文原载《高等工程教育研究》2020 年第 3 期）

建构式实验教学探索
——以"结构模型设计与制作"课程为例

宋晓冰　陈思佳

摘　要: 通过对土木工程实验类课程结构模型设计与制作的教学实践,梳理和总结了课程教学方式演化过程,形成了以"教、做、论、拓"为教学步骤的"4步法"教学模式,探讨了"4步法"教学模式与建构主义教学理论的契合。该课程的建设过程是将建构主义理论融合到土木工程实验教学中的有益探索,对相关课程具有较好的借鉴意义。

关键词: 土木工程专业;实验教学;建构主义

一、引　言

改革开放40年来,我国经济已逐步进入以创新为主要驱动力的新发展阶段,创新人才培养是新的发展阶段对教育的要求和期望。大学教育承担着为经济建设培养创新人才的重任,但遗憾的是长期以来由于受传统教育观念和"应试教育"体制的影响,我国基础教育实践中主导的教学模式是接受型的。教师讲知识,学生记知识,考前背知识,考后忘知识。教师的讲授侧重于知识的系统性与完整性,生怕漏讲了哪一部分,但对于是否丢失了其他教育要素,则缺乏考虑。最终的结果则是学生虽然考试成绩尚可,但是考完即忘,一旦面对实际工程问题,则无从下手。这一现状亟待改变。

笔者长期从事土木工程专业的本科教学,积累了一定的结构设计竞赛实践教学指导经验,于2010年尝试开设了以学生动手实践为主的实验类课程"结构模型设计与制作"。该课程以帮助学生理解知识、灵活运用知识为着眼点,经历了为期9年"接地气"的实践检验、调整和迭代,先后经历了独立发现、指导性发现和建构式发现3个发展阶段,最终形成了具有典型建构主义教学思想特征的"4步法"教学模式。课程开设至今,上过该课程的同学在国内外各种级别的结构设计竞赛上屡获佳绩,共获得9届全国大学生结构设计竞赛"一等奖",两组同学获得两届国际校际高校结构设计邀请赛"第一名"。本文着重介绍结构模型设计与制作课程的发展历程,并对课程建设进行了反思,希望对相关课程建设起到借鉴作用。

作者简介: 宋晓冰,博士,上海交通大学船舶海洋与建筑工程学院副教授;陈思佳,博士,上海交通大学船舶海洋与建筑工程学院讲师。

二、结构模型设计与制作教学模式的发展与实践

"结构模型设计与制作"课程最早开设于 2010 年,当时开设课程的目的是"以教带训",为各种级别的结构设计竞赛培养参赛选手。回顾 9 年来课程的演化历程,共经历了从独立发现到指导性发现再到建构式学习的 3 个发展阶段。

(一)独立发现阶段

课程开设伊始,笔者借鉴竞赛指导中积累的经验,设计了一系列循序渐进、由浅入深的模型制作题目。上课时学生随机组队,在规定的时间内完成任务,在模型制作完成后,每组同学单独向指导教师陈述模型制作思路和心得体会,并进行加载,教师根据模型加载表现为各组同学评定分数。这种教学方式与学生所熟悉的接受式课堂教学有很大区别,它提倡学生的个人探索、重视知识的学以致用,对于激发学习兴趣、培养实际操作能力是很有效的,因而深受学生欢迎。

这种教学模式与传统的接受式教学区别明显,具有发现式教学(比如"做中学")的特征。但是,在教学中发现教学效果并不如表面看上去那样美好。学生在实际操作中更多获取的是直接经验,缺乏知识的系统性、学习效率较低、个体学习效果的差异大,大部分同学仅凭"动手做"并不能将表面的现象转变为深刻的理解,甚至学生发现的规律还可能是错误的。这种教学方式更多地是具有选拔队员的功能,培养认知的成分偏少。

(二)指导性发现阶段

针对学生独立发现学习方式的不足,及时进行了修正,将单独交流改为集体交流,包括加载前介绍和加载后讨论和总结;在讨论中更加突出教师的意见的系统性,以加深学生对知识的理解。

这是一个学生在教师指引下的主动学习过程,在独立发现的基础上,加入了些许接受式教学的"佐料",是对学生理解知识前提下的指导,而不是简单的传授。教学实践表明,由单独发现向指导性发现的转变,确实实现了强化学生"认知的系统性"的目的。但是还存在不足,主要表现为学生在"做模型"过程中得到的"发现"的质和量有很大差异,而这种差别与两方面因素密切相关:一是学生原有认知框架的差异,即个体在先修课程中学习的知识储备差异以及具备的生活经验差异;二是学生想象力和创造性思维的能力差异。

(三)建构式学习阶段

为了提升认知的质量和效率,笔者参照建构主义的学习观,对课程的教学方式进行了进一步的调整和补充。在"做"之前添加了"教"的环节,在"讨论"之后增加了"拓展"部分,同时对每一个教学环节均进行了补充、完善和丰富,最终形成"教、做、论、拓"的"4 步法"教学

方式。

第1步"教"。为了减小学生原有认知框架差异的影响,在每一课程单元展开之前,加入了对该单元涉及的相关知识介绍。"教"并非是传授新知识,而是回顾旧知识,是引出学生已有的观念。这些已经储存在学生头脑中的旧知识在个体之间存在不同程度的局限性,表现为碎片化、惰性和不灵活,有待通过课程中设计的一系列活动(实践操作、小组讨论或辩论)进行整合、激活和转化,上升为被理解和会运用的知识。"教"的目的是通过回顾,缩小学生之间原有认知框架的差异。

第2步"做"。在"做"阶段,学生沉浸在教师设计的情境中,在规定的时间内,随机分组,进行方案确定、材料性能测定、设计计算、绘制图纸、施工搭建等一系列活动。在这个阶段,学生不是简单地忙于动手操作。整个过程伴随着讨论、思辨、头脑风暴。不仅需要手和脑的联盟,还需要利用各种手段(图纸、照相、摄像、录音等)对活动过程进行详细记录。老师不是提供了环境、条件和设备后就可以旁观了,而是在学生"做"的过程中巡视、观察各组同学对赛题的反应,及时解答同学对赛题理解上的疑问。需要特别注意的是,对于涉及解题方法方面的问题,切记不要直接回答,而是用类似"你觉得呢?"这样的反问,或者采用讨论的方式,引导学生自己得出答案;不要给学生一个现成的想法,而是让学生自己组装出来,这样他们会更理解这个想法,更喜欢这个想法,更愿意去采取行动。

第3步"论"。在"论"阶段,各组同学逐一介绍设计思路、展示制作过程、模型加载测试、教师点评、学生互评。课程进展到这一步是学生观念发生变化、延伸或改变的阶段。在这个阶段要充分发挥教师的引导作用,教师需要在3个方面进行引导:①纠偏,将学生主观形成的观念偏差引向正确的方向;②引导反思,不仅引导对具体的行动进行反思,更要引导对行动的目标展开反思;③引导学生养成批判性思维和创造性思维能力。

第4步"拓"。每一次课为一个单元,着重解决一个主题问题。课上部分由以上3步组成,第4步"拓"是课后拓展部分,公布一个难度和复杂程度更高的具有挑战性的模型设计制作题,在下一次上课前的任何时间都可以到模型室制作模型和加载测试,测试成绩计入最终成绩评定。这一阶段让学生在更加复杂困难的情境下对知识进行二次发现。

研究表明[1]:建构性的学习符合学习的本质,有利于开发人脑的潜力,能促进人的整体、可持续发展。它不是一种具体的学习方法,而是人探索、认识、发现世界的方式。以上"4步法"教学模式具有建构性学习的基本特征,表现在:①探究式学习,学生是主动的、积极的知识探究者;②情境化学习,情境体验贯穿学习者学习的始终;③问题导向学习,学习者在解决问题过程中扮演积极的角色;④社会性学习,学习者采用协作和讨论的方式互教互学、质疑释疑;⑤内在驱动学习,学习者有强烈的好奇心和求知欲,学习者渴望理解、掌握知识以及陈述与解决问题。

教学实践表明,学生通过"4步法"学习,将碎片化的知识进行整合,内化学习内容,深刻理解了学习内容;将惰性的知识激活,将陈述性知识转化为程序性知识,学会了应用;将不灵活的知识盘活,实现了广泛而灵活的迁移和创新[2-3]。

三、对提高教学方式有效性的反思

（一）以学习者的认知规律为依据

认知规律是指个体认识活动中客观存在的规律。对认知规律的认识是一切课程建设的前提[3]。建构主义是 20 世纪 80 年代以来兴起的一种具有广泛国际影响的学习理论,建构主义强调学习者的主动性,认为学习是学习者基于原有的知识经验生成意义、建构理解的过程,而这一过程常常是在社会文化互动中完成的[4]。作为人类认识世界的一种认知方式(但不是唯一的),建构主义在教学领域里总是有意无意地存在着并发生着影响,特别是一些优秀教师或多或少都进行着建构主义的教学实践[5]。选择教学方式的判定依据是这种方式是否更有助于知识的建构,是否更有效。

（二）需要创造性地情境设计,引人入胜是关键

情境是学生实现知识意义构建的物理和精神环境。建构主义强调"情境"在教学中的重要地位,这是因为相比于单纯的讲授,让学生看见和身体力行地做更有利于学生对知识的理解和运用[6]。一个好的情境设计好比是一个好故事,能够打动学生的情感,拉近学生与知识之间的距离,达到引人(学生)入胜的效果[7]。教师应该在课堂教学中使用真实的任务和日常的活动或实践,要富有参与性、互动性、结果不确定性或可期待性、挑战性。情境不是静态的,要根据学生的学习情况动态调整。学生必须参与分析、推理的过程,让他看到观点、思想、理论是如何产生的。

（三）教师的角色——"导演"而非"演员"

教师不仅仅需要有相关的专业知识,重要的是要具备教育理论知识,不仅能够讲清楚知识,更应该具备引导学生提高学习能力的本领。渊博的知识和富有感染力的演讲口才对成为优秀教师起锦上添花的辅助作用,但并非优秀教师的必要条件。超强讲台表现力会引起学生的崇拜,但如果仅限于精彩的讲授,则还远远不够。如果将课堂比喻成剧场,称职的教师不应该是舞台中心的演员,而应该是幕后的导演,应该将舞台的中心让位给每一位学生。优秀的教师应该做好 4 件事:教学形式的设计和教学内容筛选;教学情境的设计和搭建;组织教学环节推进;服务学生。

结构模型设计与制作这门课具有明显的理论与实践并重的特点,担当好"导演"角色对教师的能力储备是多方面的。对任课教师的基本要求是:教师本人必须亲自完成课程中涉及的所有模型制作题目,要做到对每一个细节了然于胸。只有经历了这种体验,才有可能将理论知识与具体的情境结合,才能够在亲身体验中发掘批判性思维和创造性思维的着眼点、才能够言之有物、才能够在面对新的挑战性难题时成为学生的表率[8]。

（四）学生的角色——"演员"而非"观众"

经历了多年小学、初中、高中的应试教育,学生们已经习惯于在课堂上当观众,被动地接受知识。建构主义要求学生面对认知复杂的真实世界的情境,并在复杂的真实情境中完成任务,因而学生需要采取一种新的学习风格、新的认识策略,形成自己是知识与理解的建构者的心理模式[9]。在教学中,教师不仅需要力图做好自己的角色定位,同样重要的是要引导学生做好角色定位,实现从"观众"到"演员"的转变。

（五）教育需"留白"

在大学里,教师特别注重理论的系统性和完整性,生怕有所漏失。学生被动接受,课堂上听知识、考前背知识、考后忘知识。需要认识到我们现在所处的时代,具有高度的不确定性、复杂性、模糊性、快变性。由是能力、素养和智慧就变得越发重要。能力需要训练和实践,素养需要熏陶和滋养,智慧需要感悟和启迪。这些不是简单的以灌输知识为主的课堂教学可以获得的。

在信息爆炸的今天,知识迅速更新,获得知识的途径有许多种,教师的知识传授不必也不可能面面俱到,新局面下教师应该学会"留白",为学生的独立思考留白。应该给学生们以更多的可支配时间、更宽容的环境,以激发他们的好奇心,发挥他们的想象力,培养他们的批判性思维能力。"留白"的含义是为学生的思考和建构留出空间,既不是一味地做,也不是一味地讲。

应该将教学内容精炼到核心概念和基本命题上,用一个逻辑线条将它们连接起来。对于基础力学,这条逻辑线条就是固体力学的三大基本方程。在这之下,展开第 2 层、第 3 层的概念与命题。主干逻辑连接的内容,会被学生反复实践、理解并运用。次层展开的内容,不求周全但求深入。不求周全不是说其他知识不重要,而是取其中一个问题,通过与学生一起分析、解决,让学生获得各种能力。人的一生会遇到许多问题,教师不要试图将解决问题的所有知识都教给学生,而是培养学生分析问题,解决问题的能力,学生不仅要学习知识,更要学会学习,学会和别人合作。

（六）小班教学的组织形式

鉴于建构式教学的形式和特点,班级规模宜小不宜大。小班教学有利于教学的组织,进行基于情景的问题导向的教学;有利于教师倾听学生的看法,洞察学生、想法的由来;有利于学生针对某些问题进行探索、交流和质疑、合作[10]。在结构模型设计与制作课堂上,25 人左右是理想的学生人数。一旦超过这个数字,教学效果将随学生人数的增加下降。这种师生比例对教学的师资配备提出了很高的要求。

（七）注重教学的实效性

学生的学习是否有效是检验教学模式的唯一标准,在确定教学设计时应该实事求是,针对课程的性质和特点,具体问题具体分析,不可过分强调形式和技巧。"4 步法"教学方式比较适合学生通过先修课程已经具备了一定数量的相关知识储备的情况,只不过这些知识更多地属于陈述性的知识和处于碎片化、惰性和不灵活状态,需要借助本课程进行整合、转化、激活和迁移。这种方法更适合操作性和实践性很强的一些学科课程,而对于经典的理论密集型的课程可操作空间不多,特别是对于讲座式的基础课教学,留给老师和学生的空间就比较小了。关键的一点是在教学思想上贯彻"建构主义"的思想,在行动上体现"学生中心"的理念即可,不必搞形式主义。

四、结　语

本文回顾了我校实验类课程结构模型设计与制作的授课模式的发展演变过程,介绍了以"教、做、论、拓"为教学步骤的"4 步法"教学模式,探讨了"4 步法"教学模式与建构主义教学理论的契合。经过 9 年的实践表明,这种授课模式可以有效激发学生的专业热情,将原本零碎的知识加以整合,可以培养学生的团队协作能力、动手实践能力、口头表达能力和创新能力。选修过这门课程的学生在国内外各个级别的结构设计竞赛上均有优异表现。

正如没有"包治百病的良方",任何教育模式都有其适用的范围。教育技术是次要的,教育思想是首要的。教学的关键是老师换位思考,站在学生的角度想一想学生的接受能力、学习能力和学习效果,而不是一味地以老师固有的观点来传授知识。知识固然重要,但更重要的是让学生通过被启发的探索,获得持续性的学习兴趣和动力,这对他们的终身学习是大有裨益的。

参考文献

[1] 赵炬明. 聚焦设计:实践与方法(上)——美国"以学生为中心"的本科教学改革研究之三[J]. 高等工程教育研究,2018(2).
[2] 陈琦,刘儒德. 当代教育心理学[M]. 北京:北京师范大学出版社,2007.
[3] 高文,徐斌艳,吴刚. 建构主义教育研究[M]. 北京:教育科学出版社,2008.
[4] 李方. 教育知识与能力[M]. 北京:高等教育出版社,2011.
[5] 冯忠良,伍新春,姚梅林,等. 教育心理学[M]. 北京:人民教育出版社,2015.
[6] 丁邦平,胡军. 建构主义理论与我国基础科学教育改革的若干问题[J]. 比较教育研究,2005(7):1-6.
[7] 沈晶. 建构主义学习理论与教学革新[J]. 湖北教育学院学报,2005,22(2):97-100.
[8] 宋晓冰,陈思佳. "结构模型设计和制作"课程实践和反思[J]. 力学与实践,2019,41(5):620-623.
[9] 宋晓冰,陈思佳. 以第一性思维引导实践创新——以结构设计竞赛为例[J]. 高等工程教育研究,2019(6):83-86.
[10] 段丹. 创新素质与中学教育改革[J]. 基础教育参考,2007(4):18-20.

［11］陈冰."研究导向＋混合"教学模式的应用探索［J］.中国成人教育,2018(12)：85－89.

Exploration of Constructive Experimental Teaching: Taking the Course of "Design and Fabrication of Structural Models" as an Example

SONG Xiaobing，CHEN Sijia

Abstract： This paper introduces the teaching practice in the experimental course of structural model design and fabrication, summarizes the evolution process of teaching methods, introduces the final "four-step" teaching mode, which takes "teaching, doing, discussing and expanding" as the teaching steps, and probes into the conformity between the "four-step" teaching mode and the constructivist teaching theory. The course construction process introduced in this paper is a useful exploration of integrating constructivism theory into the teaching practice of civil engineering. This paper has a good reference significance for the relevant courses.

Key words： civil engineering；experimental teaching；constructivism

（本文原载《实验室研究与探索》2020 年第 7 期）

多层次闭环反馈项目式教学模式探索

——以上海交通大学机械与动力工程学院"卓越计划 2.0"为例

张执南　诸葛洵　王丽伟

摘　要：主动式"理论＋实践"项目教学模式被广泛使用于高等工程教育。工程教育实践中,高校面临的主要问题是知识快速更新、学科交叉融合背景下学生所学理论知识难以满足产业前沿技术需求,致使以课程为导向项目式教学模式面临挑战和机遇。依托上海交通大学机械与动力工程学院"卓越工程师教育培养计划2.0",以学生知识、能力和素养培养为中心,从企业、导师、助教三个角度出发,构建基于多层次闭环反馈项目式教学模式的教学实践证明,项目式教学模式有利于提高学生项目管理与规划能力、企业需求理解与把控能力以及实际问题分析与解决能力。

关键词：工程教育;卓越工程师教育培养计划;产教融合;项目式教学

一、引　　言

高效可靠而富有创新性的工程技术人才教学实践培养模式是新工科建设必经之路。2010 年教育部"卓越工程师教育培养计划"[1]旨在培养造就大批创新能力强、适应经济社会发展需要的高质量各类型工程技术人才。2017 年,教育部先后推动形成新工科三部曲"复旦共识"[2]"天大行动"[3]和"北京指南"[4],发布《关于推进新工科研究与实践项目的通知》[5],强调加快工程教育改革创新、抓住新技术创新和新产业发展机遇,加速形成工程教育"中国力量"。2018 年,教育部《关于加快建设发展新工科实施卓越工程师教育培养计划 2.0 的意见》[6]提出树立工程教育新理念及创新工程教育教学组织模式,标志着卓越工程师教育培养计划进入 2.0 时代("卓工计划 2.0")。

近年来,国内外许多高校都在积极探索工程教育新型实践培养模式,广泛应用以学生为实践主体的主动式"理论＋实践"项目教学模式,形成了以学习者为中心的工程教育培养模

作者简介：张执南,上海交通大学机械与动力工程学院副教授、博士生导师;诸葛洵,上海交通大学机械与动力工程学院硕士研究生;王丽伟,上海交通大学机械与动力工程学院副院长,教授。
基金项目：教育部人文社会科学研究专项任务项目(工程科技人才培养研究)(17JDGC008),2019 年上海市重点教改项目。

式，如：美国的欧林工学院、荷兰代尔夫特大学[7]等，我国哈尔滨工程大学[8]、华中科技大学[9]、上海理工大学[10]、兰州理工大学[11]和上海交通大学[12,13]等，均立足本校实际，从课程、教师、教材、设施和培养计划等各方面进行了改革和探索实践，对新型工程教育改革有一定借鉴意义。项目式教学模式在研究和实践中推陈出新，不断被赋予新的内容。[14-16]

本文旨在以学生知识、能力和素养培养为中心（以学生为中心）、以成果产出为导向，打造多层次闭环反馈项目式教学模式，以上海交通大学机械与动力工程学院的"卓工计划2.0"为例进行实践，为新工科产教融合"卓工计划"人才培养提供借鉴。

二、项目式教学模式剖析

项目式教学模式主要依托课程展开，其形式通常是"教师授课＋学生立项"，执行流程包括：规定立项要求、建立项目团队、确定项目方案、组织项目实施和评价项目成果。这种课程主导的项目可帮助学生快速应用课堂教师传授的理论知识，以实践形式更好地掌握与巩固知识；通过项目组的形式展开，小组成员各司其职，可有效锻炼学生团队合作能力、项目管理能力、沟通技巧和领导力。从整体看，尽管课程主导项目式教学模式"知行合一"教学理念，比单一遵循以"原理＋案例"教学逻辑的教学形式更具优势，但其教学设计也存在以下问题。

（一）以"课程任务"为中心

课程为主导的项目以教师给出的立项要求为依据，需在有限时间内完成规定内容，一般是一学期，难免让学生以纯粹完成任务为目标。学生想的是如何能快速实施项目、如何能快速将符合要求的解决方案构建出来。缺少前期对项目方案的综合评估，使得项目执行风险增大，设计出的作品创新性不强、实用性不高，项目实践效果大打折扣，变成了以"课程任务"为中心。

（二）以"教学内容"为中心

多学科交叉融合背景下，项目实施往往需要综合运用机械结构、电气控制、软件开发、材料校核乃至项目管理等各学科知识，单一课程内容往往局限于某个领域，学生项目执行过程中会有意无意地将项目主要精力往课程教学内容偏斜，如：为满足某门课程（如机械原理）知识点需求，过分注重机械结构设计而忽略材料校核，项目被教学内容绑架，变成以"教学内容"为中心。

（三）以"自我需求"为中心

由于课程项目大多不是实际企业项目，往往以学生巩固课堂知识为直接目的，学生自己是项目需求的提出者，项目对象选取局限于身边常见事物，缺少受众需求反馈，立意不够高远,作品创新价值、社会价值与人文价值不足,"打一枪换一个地方"思维让学生易陷入"固步自封"的"伪需求"陷阱,使项目作品难以进行后续成果孵化,项目需求与企业实际需求间断层仍然存在。

有效项目式教学模式应回归以学生为中心,在接触企业实际项目前提下,充分发挥项目助教,教师和合作企业的互补作用,培养、传授学生实现企业实际需求所需的多方面能力与相关领域知识;同时,做好闭环反馈工作,教师及项目助教能及时掌握项目进展,帮助学生识别项目风险及解决项目问题,突出学生项目全生命周期综合能力的培养,缩短学校—企业两端人才供需间的距离。

三、多层次闭环反馈项目式教学模式框架

(一)基于闭环反馈原理构建项目式教学模式框架

应用闭环反馈(Closed-loop Feedback)基本原理(见图1),在学生与企业合作执行实际项目背景下,以学生为中心,强调项目助教、指导教师和合作企业在项目中承担的角色并发挥积极作用,根据角色自身特点与优势对项目开展情况进行快速有效信息反馈并做出相应指导。通过"任务计划安排—任务情况汇报—任务情况反馈—再安排—再汇报—再反馈"使项目出现的矛盾和暴露的问题得到及时解决,从而提高学生对项目的认知与保障项目执行质量。

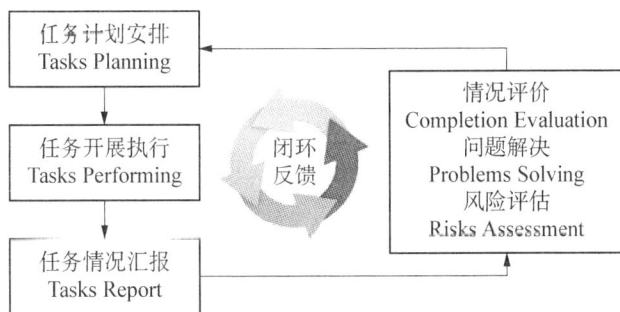

图1 闭环反馈基本原理

基于闭环反馈原理及高等工程教育实践,建立多层次闭环反馈项目式教学模式架构,如图2所示。架构自上而下共4个层次:项目周期尺度、学年尺度、月尺度及周尺度;自内向外设置5种闭环反馈机制:助教工作闭环、导师工作闭环、合作企业工作闭环、需求分析闭环及项目工作闭环。

(1)项目周期尺度中,第一步确定项目及学生团队。按项目管理流程,学生首先要分析企业项目需求,与合作企业导师进行对接,明确利益相关者需求,定义项目需求,进而定义系

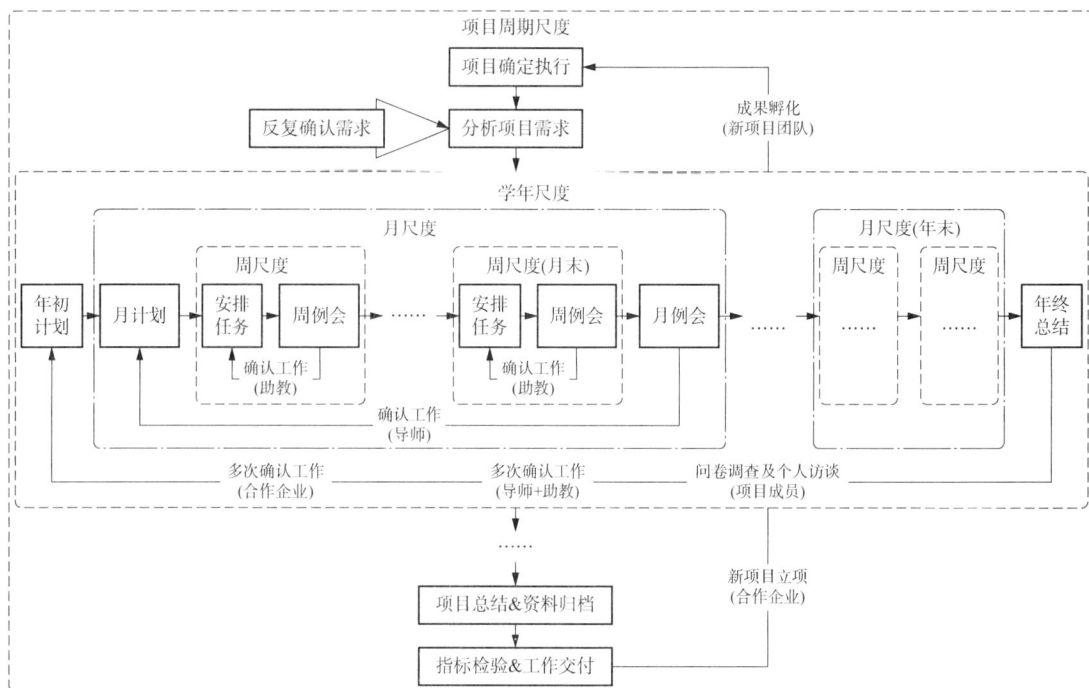

图 2 多层次闭环反馈项目式教学模式架构

统需求和任务场景。分析项目需求阶段,需挖掘并分解企业模糊需求并反复与企业确认需求,为第一个闭环反馈——需求分析闭环。

(2) 学年尺度中,项目组向企业汇报项目总体进展情况,同时向教学团队汇报学习进展和项目成果。教学团队做好项目组学习与工作情况反馈收集工作,分析学生课程学习及项目执行中的问题与收获。随着项目的深入,教学团队改变项目启动阶段企业联系者和教学组织者身份,鼓励学生直接与企业导师对接,增强学生团队的主动性。由企业根据学年工作成果与实际需求的对应程度进行评价与任务调整,教学团队根据学生团队及企业意见反馈进行项目进展评价与教学调整,为第二个闭环反馈——合作企业工作闭环。

(3) 月尺度中,项目组以月度汇报形式、以小组为单位向学校导师汇报情况,导师根据项目进程进行本月项目情况评价和下月项目计划调整。月尺度中,导师根据项目执行情况进行课堂教学内容调整。以项目导师作为决策、控制和反馈主体,为第三个闭环反馈——导师工作闭环。

(4) 周尺度中,项目成员以周例会形式、以个人为单位向项目助教汇报每人周工作进展,助教负责解答问题,把控项目细分进度和每人分工安排,识别后续项目风险,由项目组长对小组成员下一周工作任务做出安排。以项目助教作为决策、控制和反馈主体,为第四个闭环反馈——助教工作闭环。

(5) 项目周期尺度中,项目经过验收和归档后,由项目组与合作企业确定是否继续进行后续立项以更好地孵化项目成果。以合作企业作为决策、控制和反馈的主体,决定项目周期是否开启新一轮迭代,为第五个闭环反馈——项目周期闭环。

(二) 框架主体及其关系

框架主要有4个主体:企业、导师、助教和学生,他们之间关系如图3所示。各主体通力合作以学生为中心开展项目式教学及学习。

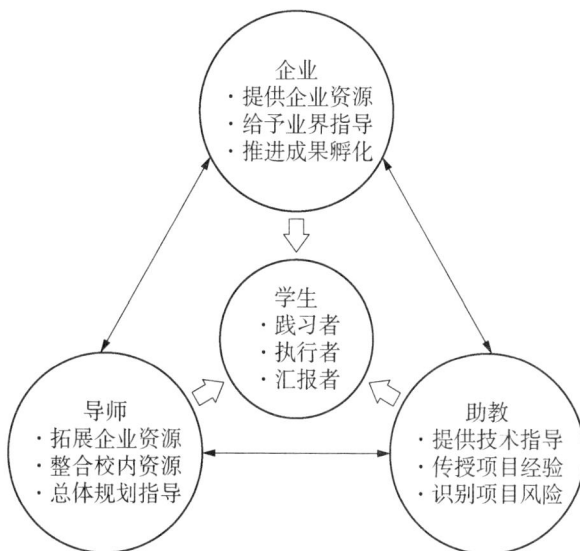

图3　以"学生"为中心的项目式教学支持体系

(1) 积极发挥助教的引领作用。助教一般由优秀高年级研究生担任,同时具备丰富项目经历,在某领域具有较为扎实技术基础,主要负责为学生提供技术指导,梳理项目难点,识别项目后续风险,解决学生项目执行中遇到的问题,组织例会和协调组内矛盾等。助教在项目式教学体系中发挥"领头雁"作用,辅助项目成员了解项目需求、明确项目内容、实现项目目标。

(2) 积极发挥导师的指导作用。导师拥有较多合作企业资源,在确定企业项目合作方面发挥关键作用,是项目前期与企业联系的主要角色;导师拥有丰富教学和项目管理经验,能从项目管理角度指导学生团队、提供学校实验室完善的研究资源与必要基础设施,为学生完成项目提供设备与条件基础。另外,任课导师还可邀请院内教师、相关行业校外专家指导评估项目,为项目目标的实现提供保障。

(3) 积极发挥企业的监督作用。企业是项目需求提供者及成果验收者。项目实施过程中,一般由企业指定企业导师负责项目对接。由于项目跟企业实际需求相关,所以项目执行中需要企业提供一定技术和资源支持,企业导师定期监督项目进展与阶段性成果,对项目组提供技术指导,推动项目成果符合企业实际需要,切实可用,提高项目成果后续孵化的可能性。

四、项目式教学模式设计案例——以"卓工计划 2.0"为例

上海交通大学机械与动力工程学院卓越工程师教育培养计划，每年选拔致力于解决工程实际问题的大二学生加入。机械与动力工程学院依托大平台优势，为学生提供参观、学习、深度参与企业项目的机会，联合企业设置校企合作科研实践项目。该计划培养模式主要以企业实际需要的项目为主，课堂教学为辅，不仅教授学生项目管理基础知识，而且注重培养团队组织、沟通与协调能力，为学生提供工程问题认知、分析与解决的机会。基于多层次闭环反馈的目式教学模式，从培养模式，管理模式和教学模式三方面阐述"卓工计划 2.0"教学案例。

（一）全面打通的培养模式

"卓工计划"的目标是培养创新能力强、适应社会经济发展需要的高质量工程型人才。[1]面向"卓工计划 2.0"，培养模式如图 4 所示。

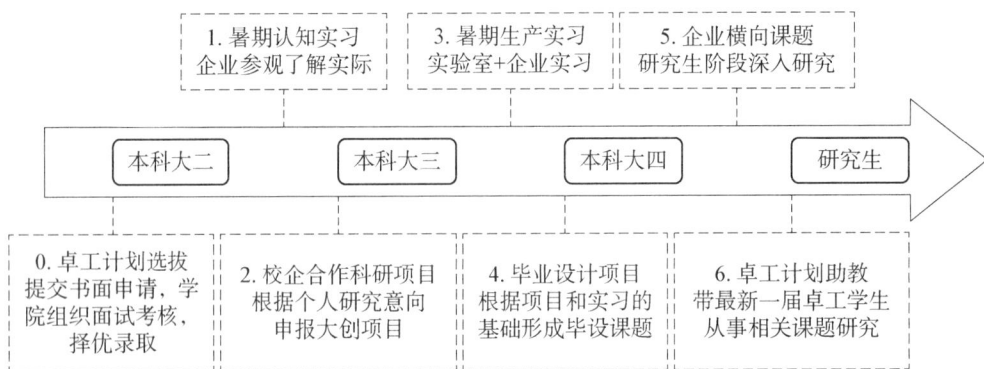

图4 "卓工计划 2.0"全面打通项目式教学培养模式

学生参加"卓工计划 2.0"后，主要以项目式教学形式培养，除学校必修课程外，先后经历校企合作科研实践项目、暑期生产实习及毕业设计项目。其中，校企合作科研实践项目是培养阶段第一个与企业合作的以实际业务场景为背景的联合立项，该项目周期结束后产出成果原型，之后进入项目工作闭环阶段，项目团队在暑期生产实习阶段继续与该企业合作，进行成果原型孵化，之后的毕业设计阶段将成果落地并进行小范围试验，后续能在研究生阶段实践课程继续承担该合作企业相关课题，将产品进行大范围推广试验。整个产品生命周期的设计与制造过程跨度达 2.5 年，项目团队有足够时间将产品制造出来，解决课程为导向的项目式教学模式中"课程任务"为中心存在的学习成果与满足现实需要不匹配问题。

（二）知识共享的管理模式

企业实际项目由明确问题和需求驱动，一切项目工作都围绕需求展开。在满足企业需求过程中，学生综合运用多学科知识，如企业需要制造和开发物料分拣系统，需要用到机械工程、软件工程、电气工程和材料科学乃至项目管理等学科知识。执行项目过程中，学生们往往分工学习项目实施所需知识，通过每周例会进行知识分享和成果汇报，将知识积累与会议记录以文档形式存储在云端知识库，一方面达到学生个体"学 1 知 N"的效果，培养学生团队协作和快速学习的能力，也培养他们实时记录、整理与共享知识的意识；另一方面提升了学生学习的积极性，解决了课程导向项目式教学模式以"教学内容"为中心存在的知识内容局限问题。

（三）持续发展的教学模式

企业、导师和助教在卓工计划培养中都起到了积极作用：合作企业导师定期来学校与项目团队讨论企业需求和项目进展情况，确保企业需求准确无误地传递到项目团队；学校导师会每月听取项目团队阶段性报告并提出下阶段任务安排，为团队提供方法论指导及实验场地与实验设备等基础设施；项目助教每周监督项目组成员工作执行情况与下周计划，以自身项目经历提出参考技术路线，识别项目风险并提出项目后续计划建议，同时充当团队倾听者的角色，积极解决团队内部可能存在的矛盾。在企业、导师和助教的积极参与下，能确保项目始终朝既定目标，项目内容能切实满足企业实际需求，且可最大程度地锻炼学生工程应用能力，解决课程为导向的项目式教学模式以"自我需求"为中心的问题。

以闭环反馈理论为基础，上海交通大学机械与动力工程学院"卓工计划 2.0"从培养模式、管理模式和教学模式三方面进行创新性的尝试，以科学教育理论作为实践基础进行工程教育改革，该举措有效提升了卓工计划学生项目管理与规划能力、企业需求理解与把控能力和实际问题分析与解决能力。该模式将成为"卓工计划 2.0"的借鉴，为高等工程教育改革与完善提供参考。

参考文献

[1] 教育部.教育部启动实施"卓越工程师教育培养计划"[Z].2010-06-23.
[2] "新工科"建设复旦共识[J].高等工程教育研究,2017(1)：10-11.
[3] "新工科"建设行动路线（"天大行动"）[J].高等工程教育研究,2017(2)：29-30.
[4] 新工科建设指南（"北京指南"）[J].高等工程教育研究,2017(4)：25-26.
[5] 教育部.教育部办公厅关于推荐新工科研究与实践项目的通知[Z].2017-06-21.
[6] 教育部.工业和信息化部,中国工程院.教育部工业和信息化部中国工程院关于加快建设发展新工科实施卓越工程师教育培养计划 2.0 的意见[Z].教高[2018]3 号.
[7] 朱佳斌,张国洋,刘群群,等.代尔夫特理工大学项目式教学的实践与启示[J].高等工程教育研究,2019(3)：81-86.
[8] 路勇,郑洪涛,谭晓京,等."新工科"背景下能源动力类人才培养模式探索与实践——以哈尔滨工程大

学船舶动力创新人才培养实验班建设实践为例[J]. 高等工程教育研究,2019(S1):14-16.

[9] 王晓墨,陈刚,成晓北. 新工科背景下能源动力类专业建设探索与实践——以华中科技大学能源与动力工程专业为例[J]. 高等工程教育研究,2019(S1):9-10+19.

[10] 陈家星,赵志军,崔国民,等. 新工科建设背景下实验教学改革实践与探索——以上海理工大学能源动力类专业实验教学为例[J]. 高等工程教育研究,2019(S1):49-52.

[11] 权辉,李仁年,魏列江,等. 基于SC-OBE-CQI理念的卓越工程师培养新模式探索——以兰州理工大学能源与动力工程专业卓越计划培养为例[J]. 高等工程教育研究,2019(S1):6-8+13.

[12] 张执南,陈珏蓓,朱佳斌,等. 逆向教学设计法在项目式教学中的应用——以上海交通大学"工程学导论"为例[J]. 高等工程教育研究,2018,173(6):151-155.

[13] 蔡小春,刘英翠,熊振华,等. 全日制专业硕士产教融合课程教学路径的案例研究——以上海交通大学为例[J]. 高等工程教育研究,2019,175(2):166-171.

[14] 张安富. 项目化教学是提高工程型人才培养质量的有效之法[J]. 高等工程教育研究,2019(3):166-169.

[15] 韩婷,郭卉,尹仕,等. 基于项目的学习对大学生工程实践能力发展的影响研究[J]. 高等工程教育研究,2019(6):65-72.

[16] 张惠,雷庆. 基于真实项目的创新型工程人才培养路径——以康奈尔大学AguaClara项目为例[J]. 高等工程教育研究,2018(3):111-116+152.

Exploring the Project-based Learning Model of Multi-level Closed-loop Feedback
—A Case Study of Excellent Engineer Education and Training Plan 2.0 in Shanghai Jiao Tong University

ZHANG Zhinan, ZHUGE Xun, WANG Liwei

Abstract: The dynamic "theory + practice" project-based leaching (PBL) model is widely used in higher engineering education. With the rapid knowledge updating and disciplines integrating, colleges and universities are undergoing difficulties and challenges in the practice of engineering education. For example, the theoretical knowledge learned by students failed to met the technological demands of the industry's cutting-edge technology, and PBL model disappointed the trend in this era. Backed by "Excellent Engineer Education and Training Plan 2.0" of the School of Mechanical Engineering at Shang hai Jiao Tong University in teaching practice, the authors focused on training students' knowledge, ability, and literacy from the perspectives of cnterprises, mentors, and teaching assistants and established a multi-level closed-loop feedback PBL model in this paper. The results in practice has proved that the new PBL model is conducive to further improving students' ability of managing and planning projects, understanding and controlling corporate needs, and analyzing and solving problems.

Key words: engineering education; excellent engineer education and training plan 2.0; industry-education integration; project-based learning

(本文原载《高等工程教育研究》2020年第4期)

"高等数学"在法国工程师预科教学中的实践创新

欧亚飞　　陆佳亮

摘　要:"高等数学"作为高校基础课程之一,在高等教育中起着极其重要的作用。在"高等数学"教学中创新教学方法,提高教学质量,一直是高等数学教育工作者直面的重大课题之一。本文借鉴法国工程师预科阶段"高等数学"的教学模式,结合课堂教学、课外教学及考核方式的实施及教学效果的数据统计分析,总结归纳独有的教学特点,期望为高校"高等数学"乃至其他基础理科教学方法创新提供新的思路和改革途径。

关键词:法国工程师预科教育;"高等数学";教学模式;教学方法创新

一、背　景　介　绍

上海交通大学(交大)-巴黎高科卓越工程师学院(以下简称上海交大-巴黎高科学院)创办于2012年,是为响应《国家中长期教育改革和发展规划纲要(2010—2020)》中提出的"卓越工程师教育培养计划"重大改革项目的号召,为社会发展储备精英人才,由上海交大与巴黎高科集团合作创办。2013年法国总统弗朗索瓦·奥朗德访华时亲自为学院揭牌,学院致力于培养适应经济社会发展,具有国际视野、专业技术、领导才干的精英人才。

在法国,工程师学校的预科阶段非常重视理科的基础教学,学生能够受到强化优质的数学物理学科教育。作为上海交大-巴黎高科卓越工程师学院的"高等数学"专职教师,笔者在近几年的教学实践中,深深感受到法国工程师预科"高等数学"教学注重学生能力的培养,重在提高学生学习兴趣和培养学生良好的学习习惯,期望该教学模式得到普及与推广,并能够对其他基础学科教学改革提供帮助。

基金项目:上海交通大学教学发展基金"'延展课堂'及'过程式'考核在中法合作项目中的实践探索"(编号:CTLD18B0024)。

作者简介:欧亚飞,博士,上海交通大学上海交大-巴黎高科卓越工程师学院讲师;陆佳亮,博士,上海交通大学上海交大-巴黎高科卓越工程师学院副教授。

二、法国工程师预科"高等数学"教学模式的特点

（一）形式丰富多样的课堂教学

传统的"高等数学"教学模式，通常是定义的给出、定理的证明、公式的推导、解题方法和解题技巧的训练。然而，随着现代教育信息技术的发展，这种照本宣科的课堂教学模式，难免会使得课堂教学比较枯燥，束缚学生的思维，不利于提高学生的创新和实践能力。在上海交大-巴黎高科学院，"高等数学"课堂教学采取了黑板板书证明运算这种传统模式与数学计算软件进行编程验算相结合的模式，使学生及时理解数学理论知识在实际中的应用。众所周知，传统的黑板板书证明计算能够体现数学解题的基本思路和证明方法，对提高学生的逻辑思维能力以及抽象思维能力培养起到至关重要的作用；而通过数学软件将抽象的数学问题直观表现出来，能够极大地帮助学生理解问题。这两种教学方式有机地结合，能够很好地优化课堂教学过程，大大提高学生的学习兴趣。为了说明上海交大-巴黎高科学院"高等数学"课堂的授课方式，笔者给出下面的简单例子。

例 1：求极限 $\lim x \to 1 \frac{x3-3x2+5x-3}{4x4+x2+x-6} \lim x \to 1 \frac{x3-3x2+5x-3}{4x4+x2+x-6}$。

由传统教学计算（由洛必达法则可得）：

$\lim x \to 1 \frac{x3-3x2+5x-3}{4x4+x2+x-6} = \lim x \to 1 \frac{(x3-3x2+5x-3)'}{(4x4+x2+x-6)'} = \lim x \to 1 \frac{3x2-6x+5}{16x3+2x+1} = \frac{2}{19} \lim x \to 1 \frac{x3-3x2+5x-3}{4x4+x2+x-6} = \lim x \to 1 \frac{(x3-3x2+5x-3)'}{(4x4+x2+x-6)'} = \lim x \to 1 \frac{3x2-6x+5}{16x3+2x+1} = \frac{2}{19}$。

然后应用 Wxmaxima 运算。这样的验算能够使学生一目了然，并且增加学生学习和探索知识的欲望。

（二）与课堂内容相结合的课外教学

在传统的"高等数学"教学模式中，通常只强调课堂教学，课堂外师生之间的交流互动有限，而且时效性较差。在法国，工程师预科"高等数学"的教学非常强调课堂"教"与课外"学"的密切结合以及学生在教学过程的主体地位。在上海交大-巴黎高科学院，课堂教学在内容、时间和空间上都有很大延伸，教师的"教"与学生的"学"从时间上不再仅限于"课堂"，从空间上也不再仅限于"教室"，实现了封闭式的课堂教学到开放式课堂教学的转化。

1. 以"学生"为主体的学习兴趣小组

在以往的"高等数学"教学中，课堂教学结束后，教师都会鼓励学生提问题，以此能更好地了解学生对课堂知识的掌握情况以及学习的难点所在，以便及时解决存在的问题。然而，来咨询的学生寥寥无几。为了鼓励学生之间的讨论，增强互助学习，上海交大-巴黎高科学

院成立了以"学生"为主体的学习兴趣小组。学生们带着当天学习过程中遇到的问题与巴黎综合理工的学生进行讨论学习,及时解决课堂学习的疑难点,尽量做到问题不堆积,以便顺利进行接下来的课堂学习。

2. 教师"引导式"学习的课后随堂测试

除了组织以"学生"为主体的学习兴趣小组外,在上海交大-巴黎高科学院"高等数学"的教学过程中,课堂教学后,老师都会及时和同学们进行沟通,了解他们学习难点,并且根据课程的重要知识点为学生准备"课后随堂测试"题,学生通过完成测试题来检验自己对于知识点的掌握,加强对知识的理解。同时,学生也可以在网上对于自己不清楚的内容和知识点向老师留言提问。通过网上学生答题的统计数据,教师能够及时掌握学生的学习情况,对于学生出错率较高的题目和重要知识点给予及时解释。这种老师与学生"零距离"的交流与沟通,使得老师能以不同的方式在不同的时间给学生的学习以引导,从而以更加弹性的方式引导和配合学生达成学习目的,使得学生不再是被动的接受知识,而是主动学习和主动思考。

3. 数学习题课与数学计算机实践课相结合

除了课堂上采用传统板书授课和数学计算软件应用相得益彰的授课方式外,在上海交大-巴黎高科学院"高等数学"的课后辅导课则采用了数学习题课(TD)和数学计算机实践课(TP)相结合的方式。

"高等数学"习题课(Travaux Dirigés,TD)老师通常会鼓励学生在黑板进行证明计算,在学生解题过程中出现困难时,老师会通过提问并引导全组同学共同讨论的方式,开拓学生的思路,帮助学生顺利完成问题的解决。这种提出问题—相互讨论—引导学生解决问题的模式,培养了学生的数学逻辑推理和思维能力。但这种习题课(TD)主要偏重数学演绎论证的训练,而忽视将数学思维方法应用到分析和解决实际问题中的训练。为此,在上海交大-巴黎高科学院"高等数学"辅导课开设了数学计算机实践课(Travaux Pratique,TP)。

数学计算机实践课(TP)与课堂教学以及数学习题课(TD)的内容紧密结合,根据课堂的进度,教师会设置相应的实践课(TP)的内容,让学生能够及时了解数学课堂上的理论知识在实际问题中的应用。实践课(TP)主要培养学生的创新思维和实践能力,使学生在提高解决有固定答案的问题能力外,解决开放性问题的能力也得到提高。

(三)体现学生"综合素质"的考核方式

课程考核不仅可以考查学生对知识的掌握程度,同时也可以对教师的教学效果进行检验。现阶段,不同高校对"高等数学"的考核方式不尽相同,但大体都采用期中、期末闭卷笔试和平时作业相结合的考核方法。这种单一的笔试考核,一方面只注重学生对数学理论知识的掌握,不利于提高学生的学习兴趣,致使学生们忽视整个课程的教学过程,考前突击、考试结束后即遗忘知识的现象严重。另一方面,这种单一的笔试考核方式,不是以发展学生的创新意识、实践能力、团队合作意识等综合能力为根本目的所给出的考量，不利于学生综合素质的全面提高。在上海交大-巴黎高科学院，"高等数学"的考核过程采取月考、数学计算机实践课（TP）考核、小组家庭作业以及口试考查（Colle）等多种方式对学生的综合素质给予合理的考核。

1．月考

众所周知，知识的掌握是一个不断积累的过程，对知识的考核也需要一个持续的过程。在上海交大-巴黎高科学院，每月都要对学生进行一次"高等数学"考试，这在很大程度上督促学生不断学习，避免期末考试前临时抱佛脚，而且也可以持续不断地检验教师的教学成果，及时改进教学计划。

2．数学计算机实践课（TP）考核

与通常"高等数学"考核采取单一的笔试考核不同，在上海交大-巴黎高科学院，教师会根据"高等数学"课程进度以及课堂内容对学生进行数学计算机实践课程考试。学生通过电子邮件在收到当天的考试题目后，必须在规定的时间（通常为 2 小时）内对问题进行分析、明确问题考察的数学理论知识点、设计程序算法、完成计算机编程并提交实验报告。整个过程能够充分考查学生将数学理论知识转换为计算机实际应用的能力以及组织和成果展示等高阶的综合能力。

3．小组家庭作业

与传统教育仅重视通过成绩区分学生的竞争式学习不同，法国工程师预科"高等数学"的教学方法非常注重培养学生相互协作能力，强调合作式互助学习。在上海交大-巴黎高科学院，老师每月都会给学生布置家庭作业，作业的完成通常是以 2～3 人为小组合作完成，小组成员间需要互相讨论协作完成。通过这种团队合作、互助学习的方式，能大大提高学生团队合作能力，将学生与学生之间的竞争学习转换为自我竞争的主动学习，同时这种互助的学习方式，可以在增强学生学习能力的同时，帮助提高层次较弱学生的学习能力。

4．口试考查

口试考查（Colle）[1]作为最具特色的法国工程师预科教育的考试模式，在上海交大-巴黎高科学院也进行了实践创新应用。Colle 的考试模式是一位教师同时对 3 位学生进行为时 1 小时的考查。学生需要在指定的黑板区域内对教师给出的不同问题进行证明计算，并且能够回答老师提出的关于题目的不同问题。教师根据每位学生具体表现给每个学生打分，满分为 20 分。这种教师与学生面对面的笔试和口语结合的考查方式，能够极大地增强学生的口语表达能力和人际交往能力，同时也大大提高了学生的抗压能力。

（四）"高等数学"创新教学方法在教学中的反馈研究

为了更好地了解"高等数学"创新教学方法对学生学习兴趣的提高以及学习效果的影响，笔者对上海交大-巴黎高科学院预科阶段大一和大二的学生进行了一次匿名问卷调查，问卷结果如图 1 所示。

您在做课后随堂问答测试的主要困难在于
（答题人数106）

我认为小组家庭作业(devoirà domicile DM)能更好地促进我与同学间的互助学习、共同进步
（答题人数106）

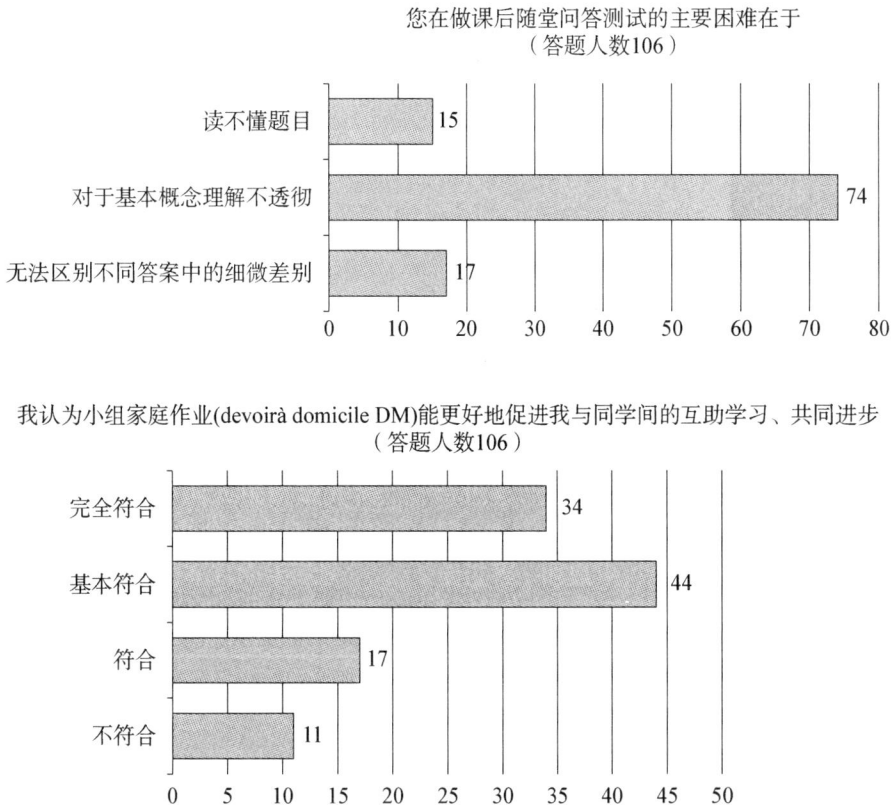

图1　问卷调查结果

从图1可以看出,近70％的学生在进行课后随堂测试题目时遇到的主要困难是对数学基本概念理解不透彻。据此,每道测试题后教师都对题目中的每个选项给出详细的解释,学生可以查看这些解释,及时纠正和加强对概念的正确理解。

综上,笔者针对小组家庭作业对促进学生互助学习、共同进步以及口试考查对养成良好的学习习惯的效果也进行了问卷调查。从调查结果可以看出,这些考核方式对于促进互助学习、提高学生学习效率和养成良好的学习习惯等方面都产生了积极有效的影响。

借鉴了法国工程师预科"高等数学"的教学模式,上海交大-巴黎高科学院对"高等数学"的教学方法进行了积极的改革,在进行了多年的教学实践后,取得了良好的教学效果。在调动学生学习的积极性及提高学生学习"高等数学"的兴趣的同时,也培养了学生的创新及解决实际问题的能力,明显提高了学生交流沟通能力。笔者希望这种教学模式下的创新教学方法能更好地推广及应用,对我国高等院校"高等数学"教学改革提供参考。

参考文献

[1] 钟圣怡,李萍,陆佳亮,等.浅谈口试在联合办学中的作用及影响[J].高等工程教育研究,2015(05):183-185.

New Perspectives of Teaching Reform of Advanced Mathematics of Preparatory Courses of French Engineering Universities

OU Yafei，LU Jialiang

Abstract："Advanced mathematics"，as a basic discipline in universities，has played a significant role in higher education. There is always a heated discussion among the educators about how to improve the teaching method of advanced mathematics so as to promote its teaching quality. This paper will demonstrate the characteristics of the teaching model of preparatory courses of French engineering universities by detailed data analysis and examples of the classroom teaching，after-class teaching and assessment methods of advanced mathematics，which may provide new perspectives of teaching reform of advanced mathematics and even the other basic disciplines of sciences in China's higher education.

Key words：French pre-engineering education；"advanced mathematics"；teaching model；teaching method innovation

(本文原载《高教学刊》2020 年第 21 期)

视频反馈法对网球技术在线教学的应用研究

王雅卓

摘　要：在全球新冠疫情的影响下，本文探讨了在线教学下应用视频反馈法提高网球技术教学的效果，对丰富网球在线教学手段、提升在线教学效果具有理论与现实意义。本文以高校选修网球课程的大学生为实验对象，运用文献资料法、问卷调查法、实验法、数理统计法等，对视频反馈法如何改善在线教学效果进行分析，认为在在线教学环境下，视频反馈法能够显著促进大学生网球学习初期正反手技术的形成；同时，自主控制反馈内容更利于激发大学生的自我效能感，从而有效地提升网球技术的在线教学效果。

关键词：在线教学；视频反馈法；自我效能感；网球技术

在全球新冠疫情影响下，中国教育部和上海市部署了"停课不停教、不停学"的统一安排，高校体育课程开展"延期开学、在线教学"。如何充分发掘大学生自主运动动力、增加师生互动、保持和提高教学效果，成为体育教师在线教学中迫切关注的问题。随着平板电脑或智能手机等移动设备在日常生活和运动中的频繁使用，运动学习过程的视频分析和反馈被证明是非常有效的体育训练或教学工具。国外视频反馈研究主要被应用于职业网球训练领域、用于教练员指导专业网球选手特定的技术或战术训练中[1-3]。而国内相关研究多见于大学体育专业的网球课程，通过运用视频反馈法提高专业训练效果[4-5]，研究人群相对单一，不能对当前形势下普通大学生的体育教学提供普遍性的参考建议。本文探讨了视频反馈法如何提升在线网球技术教学效果，以及如何影响高校普通大学生在线学习的自我效能感，以期为高校网球技术教学提供有效的参考依据。

一、研究对象与方法

（一）研究对象

本文以上海交通大学 2019 级本科网球选修课大学生为实验对象，人数共 60 名，分 3 组进行实验：实验 A 组（N＝20）、实验 B 组（N＝20）与对照组（N＝20）。参与者均未进行过网

基金项目：上海市交通大学校级课题（JYJX200167）。
作者简介：王雅卓，硕士，上海交通大学体育系讲师。

球正反手技术学习，3组均由同一位网球教师教学，并采用相同的教学内容和考核方式。

（二）研究方法

（1）文献资料法。本研究查阅视频反馈法、网球教学与训练相关的中外文献资料，了解国内外视频反馈教学的研究现状及学术前沿，为研究提供理论支持。

（2）问卷调查法。实验采用由 Schwarzer 等人编制的并由王才康等人于 2001 年翻译修订的一般自我效能感量表（General Self-Efficacy Scale，GSES）中文版量表（简称 GSES 中文版量表）。GSES 中文版量表符合心理测量学要求，具有较好预测效度[6]。

笔者分别于实验开始周和测试周发放 GSES 中文版量表，于测试周发放体育课程教学效果评价问卷。

（3）实验法。教师教学前录制标准动作视频，利用网络平台 ZOOM 进行在线教学，讲解动作理论和关键动作，学生进行线下练习和统一测试。对照组采用线上授课，线下自主练习，无反馈作业。

为了探究教师控制反馈内容与学生自主控制反馈内容对网球技术在线教学的效果，以及大学生在线学习中自我效能感的影响，实验组分为 A、B 两组。实验组学生的课后作业均是递交一份 2 min 的练习视频，并使用手机、照相机录制练习视频。实验 A 组由教师控制反馈内容，即学生按照教师布置的作业，录制视频，教师给予指导。实验 B 组则由学生自主控制反馈内容，教师依据学生反馈内容，给予指导。

4 周教学后的测试内容是 3 组学生都上传一份相对静态的网球正反手击球的动作视频，以及对墙击球测试。为避免实验主观偏差，技评考核由非实验教师执行（网球专业教师），确保技评标准和测试标准的一致性。

对墙击球测试由学生站在距离墙 3 m 外的有效区域，进行正反手击打落地球。若学生在测试中进入无效区则为无效击球，需重新回到有效区域发球继续测试，最终将击打球的累计数计入成绩，测试时间为 1 min。对墙击打落地球测试场地如图 1 所示。

图 1　对墙击球测试场地示意图

（4）数理统计法。实验所得数据均通过 SPSS15.0 处理和分析。

二、研究结果与分析

（一）静态及动态网球技术的形成

1. 显著促进静态网球技术的形成

网球是一项隔网对抗类项目，每一次有效击球需要学习者动作稳定，脚步移动配合双手协调发力完成。随着网球教学后期移动击球的增加，初期技术动作的形成与稳定显得十分重要。本研究招募的普通高校大学生均未学习网球技术，对网球运动的认知较少。同时，网球初学者在技能形成初期具有注意范围狭窄、知觉准确性低、动作不协调、错误动作反复出现等特点。因此，结合视频反馈的在线教学可以及时有效地帮助大学生纠正网球技术初学中易犯的错误，直观理解击球原理，学习和掌握静态的网球技能。

静态网球正反手技术考核满分各为 10 分，主要从准备姿势、侧身引拍、击球动作、随挥动作 4 个部分，对大学生上传的正反手技术视频的关键动作呈现、动力链的完整及重心的转移等方面进行考核，评定结果如表 1 所示。

表 1　静态网球技术评定结果（X±SD）

项目	实验 A 组（N＝20）	实验 B 组（N＝20）	对照组（N＝20）
正手技评/分	6.50±0.95	7.15±1.18	5.60±1.57
反手技评/分	6.95±1.15	7.55±1.05	5.95±1.23

从表 1 可以看出：实验 A、B 组静态动作评定的均分高于对照组，实验 B 组的均分最高。正反手击球技术是网球运动的基础，更是该项运动的主要技术。该项实验表明，及时的视频反馈对增强正反手技术的初步形成能起到促进作用。

3 组组间的静态技术评定结果显示：实验 A 组与对照组的正反手技术评定 P 值分别是 0.0342 和 0.0115，呈显著性差异（P＜0.05）；实验 B 组与对照组的正反手技术评定 P 值分别是 0.0011 和 0.0010，呈显著性差异（P＜0.01）。这说明在网球技术动作形成效果方面结合视频反馈教学的实验 A、B 组显著优于无视频反馈教学的对照组。同时，实验 A 组与 B 组间的正反手技术评定 P 值为 0.0624 和 0.0924。这说明实验 A 组和 B 组之间的评定结果虽有差异，但不显著。以上结果说明：自主反馈内容与教师控制反馈内容对普通大学生网球正反手技术形成的促进作用相当，对照无视频反馈教学均能对静态正反手动作教学效果起到显著的提升作用。

综上所述，在相对静止状态下，实验组整体动力链完整，身体重心转移和平衡感好，动作形成效果明显；实验 B 组，正反手技术关键动作清晰到位，教学效果更为突出；而对照组的整体动力链虽然比较完整，但关键动作不准确，部分学生存在明显的错误动作，比如类似羽毛球持拍的直腕和直臂挥拍。由此可见，针对网球技能学习初期进行可视化、关键信息的反馈，有利于大学生短时间内形成正确的动作认知。尤其是满足个体需求的自主控制反馈内容方式，更利于大学生关注和识别个人的关键技术信息，例如持拍手手腕与拍柄的角度、上臂与身体的夹角、身体重心的转移程度及击球拍面的角度等，促进了静态网球正反手技术动作的形成。

2. 显著促进动态网球技术的保持

网球反弹变化对练习者的移动和控球能力提出了更高的挑战，与相对静态的动作技能评测相比，练习者动态击打落地球的任务难度增加。网球初学者动觉感受性和动作控制力较弱，初期的动态击球过程中常会出现顾此失彼的问题，比如：关注动作，击球的数量减少；关注数量，动作难以到位。因此，保持稳定性对初学者掌握动态网球技术至关重要。实验采用"1 min 对墙测试"来检验大学生动态网球正反手技术的掌握程度。数量考核以实际完成的击球数计分，不设满分，完成的数量越多，则代表技术的稳定性越好。技术评定主要从对墙测试中呈现的动作完整性、稳定性、关键动作掌握等情况综合评定，满分为 10 分。测试结果如表 2 所示。

表 2　动态网球技术评定结果（X±SD）

项目	实验 A 组（N＝20）	实验 B 组（N＝20）	对照组（N＝20）
数量评定/个	12.20±1.91	13.30±2.08	12.90±4.22
技术评定/分	6.95±0.76	7.55±1.10	6.35±1.23

从表 2 可以看出，3 组学生对墙测试的有效数量均值从高到低依次是：实验 B 组、对照组和实验 A 组；技术评定均值从高到低依次是：实验 B 组、实验 A 组和对照组。综合考量，视频反馈法对增强大学生动态下的控球能力起到了显著的提高作用。

3 组组间的动态技术考核结果显示：实验 A 组与对照组的数量和技术评定 P 值分别是 0.502 9 和 0.070 5，无显著性差异。实验 B 组与对照组的技术评定 P 值分别是 0.705 7 和 0.002 4，技术评定差异显著（P＜0.05），数量评定差异不显著。实验 A 组和 B 组评定 P 值分别是 0.089 5 和 0.051 7，无显著性差异（P＞0.05）。以上结果说明，教师控制反馈内容和学生自主控制反馈内容对大学生正反手动态下的控球能力的促进作用相当，相对无视频反馈教学均能起到提升作用。实验 B 组采用自主控制反馈的方法，在获得教师反馈前，对比视频标准动作回顾与总结了练习中出现的问题，提交符合自身需求的反馈内容，得到反馈后的练习效果更好，因此实验 B 组比 A 组的动态正反手技术的稳定性更高。

综上所述，实验 A、B 组，视频反馈作业中展现了个人练习的实际情况，教师对主要问题给予针对性的反馈指导，测试的综合效果更好。对照组无视频反馈，测试中部分学生错误动作出现的频率高，不能有效地保证动态正反手技术的稳定性。

（二）激发大学生自我效能感

自我效能感是 Bandura 社会认知理论的核心概念，指个体对自己面对环境中的挑战能否采取适应性行为的知觉或信念，它强调人是行动的动因，以及人对于自己能力的主观性感受。大多数行为受事先设定的目标调节，而个体目标设定受自我评估的影响[7]。网球技术动作认知的一种主要功能是使学生预见学习和练习中出现的情况，创造控制这些情况的方法和手段。相信自己有较强能力的学生，对一些复杂的网球技术动作能够有效地分析、思考，从而更容易掌握该技术。实验 A、B 组和对照组在实验前后自我效能感的变化如表 3 所示。

表 3　实验前后自我效能感调查结果（X±SD）

组　　别	实验前	实验后
实验 A 组（N=20）	2.74±0.05	2.76±0.06
实验 B 组（N=20）	2.72±0.12	2.80±0.11*
对照组（N=20）	2.74±0.06	2.76±0.05

GSES 中文版量表共 10 个项目，涉及个体遇到挫折或困难时的自信心，采用李克特量表，各项目均为 1～4 评分，分值越高则自我效能感越好。自我效能感是以自信理论来看待个体处理生活中各种压力的能力[8]。表 3 显示：实验 A 组和对照组在实验前的均值比较接近，分别是（2.74±0.05）和（2.74±0.06），实验后两组自我效能感略有提高，分别是（2.76±0.06）和（2.76±0.05），这两组实验前后的差异不具有显著性（P＞0.05）；实验 B 组的自我效能评分从实验前（2.72±0.12）提高到实验后的（2.80±0.11），差异具有显著性（P＜0.05）。在线教学中，实验 B 组的学生常常表现出更愿意参与教学，与教师积极互动，有更清晰的目标和主动改变的意愿，对自我学习的掌控力和体验感更好。该调查结果表明自主控制反馈内容更利于激发大学生在线网球技能的自主学习意识，使其获得更强的动力，形成良性循环。

（三）提升网球技术的在线教学效果

网络直播教学是体育教师在疫情期间必须面对的新型教学方式，教学情境单一，调动学生积极性非常困难，且不可控因素较多，比如网络延时或者学生出现突发情况等，教学效果更难于保证。因此，需要一些辅助的教学手段，一方面可协助教师完成教学内容和目标；另一方面能增加有益互动，解决学生遇到的练习困难，保持和提高在线教学效果。笔者参考上海交通大学体育课程的教学评价体系，从教学能力、教学手段、师生互动及学习效果 4 个维度对实验教学效果进行评价。问卷的每个维度有 3～4 个选项，每个选项采用 1～4 级评分，满分为 64 分。实验 A、B 组和对照组的评教结果如图 2 所示。

(分)

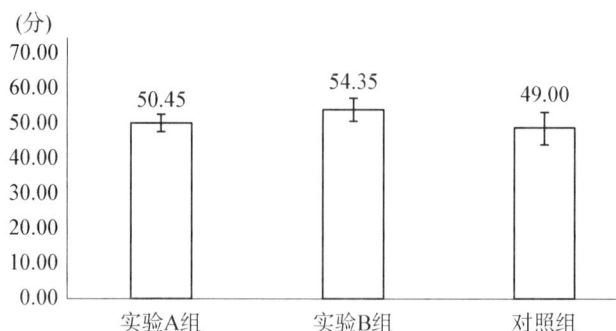

图 2 教学效果的评价结果

从图 2 可以看出：实验 A 和 B 组，教学效果均分（括号内转换成百分制）从高到低依次是实验 B 组的 54.35 分（84.92 分）、实验 A 组的 50.45 分（78.83 分）和对照组的 49 分（76.56 分）。结果说明：3 组学生对 4 周的在线教学效果的认可（按照满分为百分，均超过了 75 分）。同时，有视频反馈教学的实验组对在线教学效果的认可度高于对照组。4 个维度教评的具体分值如表 4 所示。

表 4 实验教学效果的评价情况（X±SD）

项目	实验 A 组（N＝20）	实验 B 组（N＝20）	对照组（N＝20）
教学能力/分	11.25±0.21	11.44±0.36	11.81±0.35
教学手段/分	12.13±1.60	12.78±1.40	11.52±0.41
师生互动/分	13.12±1.25	14.57±0.42	12.46±0.83
学习效果/分	13.95±0.53	15.56±0.32	13.21±0.88

从表 4 可以看出，3 组学生对教师的教学能力评分比较接近，对照组略高于实验 A、B 组。在教学手段、师生互动和学习效果 3 个维度，实验 A、B 组评分整体高于对照组。教学能力评价主要是对教师讲解与示范能力、语言表达能力、处理教学现场和突发事件等能力的检验。由于实验组和对照组的在线教学均为同一位老师，讲解与示范相同的教学内容，因此 3 组学生对教师的教学能力评价比较一致。同时，对照组的评分略高于实验组，这说明：教学实验中，教师对不同组别的教学态度一致，没有偏倚，注重了组别及学生的个体差异。

教学手段评价主要是对教师的教学内容设计是否合理，各环节安排是否妥当，教师授课中是否会传授相关的运动负荷、运动损伤等运动知识，教师的教学内容是否丰富，教学手段和方法是否多样化等能力的检验。在线教学中，教师设计了相同的课上教学环节及课后的配套练习。从表 4 结果可以看出，3 组学生对教学手段的评价均分从高到低依次是实验 B 组（12.78±1.40）、实验 A 组（12.13±1.60）和对照组（11.52±0.41）。结果显示，实验组学生对在线教学中运用视频反馈法的态度是认可的。这表明在原有网球正反手技术的教学方式基础上增加视频反馈，能丰富教师的教学手段和教学方式。

　　师生互动评价主要从教师是否鼓励学生主动锻炼,是否注重培养学生的运动和自主学习能力,与学生的关系是否融洽,学生在课程中是否感到放松、心情愉悦等方面进行检验。从表4来看,评价从高到低依次是实验B组(14.57±0.42)、实验A组(13.12±1.25)和对照组(12.46±0.83)。结果显示,在线教学下,实验组在师生互动的认可度上高于对照组。这表明有视频反馈的实验组要完成反馈作业,能主动安排自主练习。实验组在练习过程中,通过对教师上传的专业教学视频与自己拍摄的练习视频进行对比,减轻了大学生在网球学习初期由于缺乏指导、盲目练习而导致的挫败感,保持了最初选修网球课的兴趣与动力。同时,视频反馈方式在增进师生有益互动、弥补在线教学师生疏离感中的作用明显。尤其实验B组,调查结果表明师生间的关系更为融洽,学生在课程中感到更为放松。

　　学习效果评价主要从本学期的在线授课中大学生是否掌握1～2项网球技术,是否学会网球的几种自我锻炼方法,身体素质是否得到提升,课外是否会自主锻炼,是否对网球运动认识加深等方面的检验。从表4可以看出,学习效果评价均分从高到低依次是实验B组(15.56±0.32)、实验A组(13.95±0.53)和对照组(13.21±0.88)。本次实验教学的目标与考核方式对没有网球基础的普通大学生来说,具有一定的难度与挑战。网球课程的在线教学与常规面授教学相比,教师普遍关心教学方案能否顺利实施、教学目标能否达成、教学效果能否保证等问题。结果显示4周在线教学实验均达到设定的教学目标。有视频反馈的实验组能利用空余时间结合教师的针对性反馈进行改进,正反手技能的学习效果优于无视频反馈的对照组。尤其采用自主控制反馈内容的实验B组,在课程中掌握了更多的网球自我锻炼与纠正的方法,更愿意积极地参与课外自主练习,因而学习效果更好。

　　综上所述,视频反馈法丰富了网球教师在线教学手段与方法,增进了师生有益互动,促进了在线教学目标实现,提升了网球技术的在线教学效果。

三、结 论 与 建 议

(一) 结论

　　(1) 在线教学环境下,视频反馈法能够显著促进普通高校大学生网球学习初期正反手技术的形成。采用视频反馈的实验组通过反复观看教师上传的标准动作视频,与个人的练习视频进行对比、分析,结合教师的针对性反馈进行改进,正反手技能的学习效果优于无视频反馈的对照组。

　　(2) 视频反馈法中自主控制反馈内容更利于激发普通高校大学生的自我效能感。在线教学中,自主控制视频反馈内容的大学生更愿意主动参与教学,与教师积极互动,有更清晰的目标和主动改变的意愿,对自己学习行为的掌控感和体验感更好。因此,实验证明自主控制反馈内容更利于激发大学生网球技能初期学习的自主学习意识,获得更强的动力,形成良性循环。

（3）视频反馈法提升网球技术的在线教学效果。采用视频反馈法的网球在线教学实验,丰富了网球教师在线教学的手段与方法,增进了师生有益互动,促进了在线教学目标的实现,提升了网球技术的在线教学效果。

（二）建议

（1）在线教学环境下,标准教学视频更需专业化的剪辑,应重点突出关键技术动作,同时采用简单易操作的配套练习辅助教学。

（2）在线教学环境下,应开发网球运动专业视频分析程序,提供拆分屏幕和覆盖层功能,将技术与模型进行比较或添加注释功能,方便体育教师教学使用,以提高教学效率与效果。

参考文献

［1］EMMEN H H, WESSELING L G, BOOTSMA R J, et al. The effect of video-modelling and video-feedback on the learning of the tennis service by novices ［J］. Journal of Sports Sciences Summer, 1985,3(2)：127－138.

［2］GARCIA-GONZALEZ L, MORENO A, GIL A, et al. Effects of Decision Training on Decision Making and Performance in Young Tennis Players：An Applied Research ［J］. Journal of Applied Sport Psychology, 2014,26(4)：426－440.

［3］BORN P, VOGT T. Video analysis and video feedback in tennis ［J］. Coaching & Sport Science Review, 2018(75)：29－30.

［4］蒙可斌,李彦.视频反馈教学法在普通高校网球选修课教学中的应用研究［J］.当代体育科技,2018,8 (32)：170＋172.

［5］韦安雨.视频反馈教学法在网球普修课底线击球教学中的实验研究［D］.开封：河南大学,2018.

［6］王才康,胡中锋,刘勇.一般自我效能感量表的信度和效度研究［J］.应用心理学,2001(01)：37－40.

［7］BANDURA A. Self-efficacy：toward a unifying theory of behavioral change ［J］. Psychological Review, 1977,84(2)：191－215.

［8］邱宣凯,王杰龙.身体活动的干预策略研究综述［J］.体育科研,2020,41(02)：89－97.

Research on Application of Video Feedback Method to Online Teaching of Tennis Skills

WANG Yazhuo

Abstract：Amid COVID－19 pandemic, this research explored how to use the video feedback method to improve the effect of online tennis skill teaching. The research is supposed to have theoretical and practical implication for enriching online tennis teaching methods and improving online teaching effects. This research investigated college students taking the tennis course, and analyzed how the video feedback method could improve the effect of online teaching by using methods of literature review, questionnaire survey, experiments, and mathematical statistics. The research shows that in the online teaching environment, the video feedback method can significantly promote the acquisition of forehand and backhand skills in the early stages of tennis teaching. At the same time, the self-control of feedback content is more conducive to boost the sense of self-efficacy among college students, thereby effectively improving the online teaching effect of tennis skills.

Key words: online teaching; video feedback method; sense of self-efficacy; tennis skill

（本文原载《中国大学教学》2019 年第 11 期）

从行路者到引路者

——玛莎·施瓦茨的设计教学、实践与研究哲思

莫 非

摘 要：玛莎·施瓦茨是首位获得哈佛大学风景园林方向终身教职的女性设计师，在风景园林设计实践及教育领域具有广泛的国际影响力。专访中，玛莎就设计教学、实践和研究阐述了自己的核心思想。在教学方面，最根本的理念是帮助学生克服对设计的畏惧，建立个人的设计哲学与表达方式，启发他们通过观察和眼手协作的思维训练促进直觉和认知的发展。在实践方面，设计不仅要解决问题，更要建立设计与使用者的情感联系，并重点讲述了"面包圈花园"背后的故事及其发表后的影响。在研究方面，强调了风景园林对缓解城市环境问题、建立低碳地球系统的意义。

关键词：设计教育；设计实践；眼手协作；直觉；面包圈花园；脱碳；地球系统

2019年11月20～21日，上海交通大学设计学院召开首届设计教育理念国际研讨会，来自国内外近百位知名院校的学者、设计教育专家及设计大师受邀参会，与会嘉宾是来自风景园林学、建筑学、城市规划学、设计学领域的领军人物。此次会议旨在探讨设计教育如何应对当下人类社会面临的重大挑战，以及设计教育背后的伦理和技术问题。应邀做大会主旨报告的发言人玛莎·施瓦茨教授，在参会期间，接受了本刊特约编辑莫非老师的专访，就其在设计教育、实践及研究方面的哲学思考展开了深入探讨。

LAJ（《风景园林》杂志）：施瓦兹教授，很荣幸能有机会在上海交通大学与您探讨风景园林设计教育，在对交大的学生设计作业进行点评后，您认为交大风景园林设计教学的主要优势是什么？

Martha（玛莎·施瓦茨）：被邀请到上海交通大学并有机会与学生交流是我的荣幸。同学们丰富的知识令我印象深刻，并且能够将其运用到对场地环境、社会等要素的分析评价中。他们对气候变化有着非常全面的认识，甚至提出通过引入社区参与机制来应对气候变

作者简介：莫非，博士，上海交通大学设计学院风景园林系讲师，本刊特约编辑。
［美］玛莎·施瓦茨，哈佛大学设计研究生院风景园林设计实践教授，玛莎·施瓦茨合伙人事务所总裁。

化。同学们学习了多样的设计理念及实践案例,并展现出通过构建新的体系,建立使多方受益的"良性循环"的能力。

LAJ:您认为教授风景园林设计最好的方法是什么? 可以谈谈您核心的教学理念吗?

Martha:我最根本的教学理念是帮助学生认识自我,并找到表达个人设计理念的方式。我从不教学生我怎么做,也不教他们按我的想法去思考。我认为,教设计最好的方法是帮助学生去发掘自己的感受,认识自己拥有什么,作为一个人,有什么是从内而外的、可以给予外界的东西。我坚信这也是培养创造力的关键。

在从事了 28 年的设计教学之后,我逐渐认识到,必须让设计师或艺术家来教设计。设计不能让没有足够设计或艺术创造经验的人来教。创造,首先是从内在产生的,是个性化的尝试,所以我们每个人的创作过程各不相同。但是,艺术家和设计师可以用自己的视角和经验教别人如何进行设计。好的艺术或设计学校不存在适合所有人的课程或老师。举例来说,哈佛大学设计研究生院有许多设计师,而且每年还会邀请来自世界各地的设计师,开展设计课教学,这样就会有非常多样的想法、方法、美学和哲学思想给予学生,并由学生去寻找自己的方向和想法。设计教学必须教会学生如何自由而批判地思考。

我认为设计不能通过计算机来教,我的设计课(见图 1、图 2)、设计实践在设计概念阶段都要求手绘(见图 3)。原因很简单,计算机并不能培养人的创造力。参数化设计使用算法能将一个构想演化为数百种变体,但是最初进入计算机的想法只是一个。从这个角度来说,这是一种对想法的"垂直"探索,限制了"水平"思维,最终产生的想法会更少。而通过手绘进行设计时,是视觉思维,构图、观察、思考、评估、修改、塑形等同时进行;设计过程更流畅、更快捷、更易产生新想法,也更有尺度感。只有通过眼和手的协作,才能培养非线性的直觉思维。

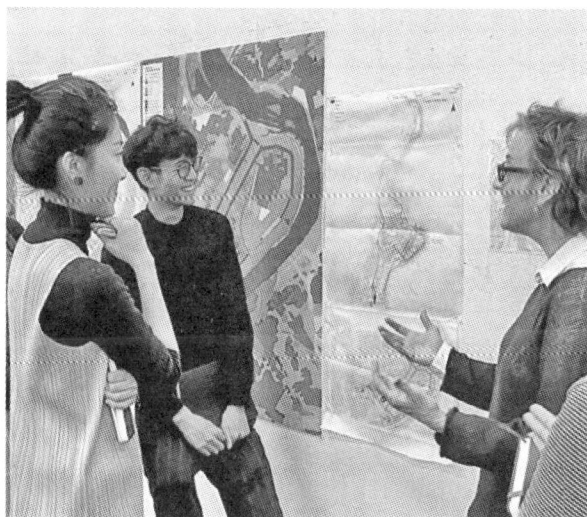

图 1　玛莎在设计课上对学生手绘的概念设计方案进行指导
(2020 年春季的哈佛大学设计课)

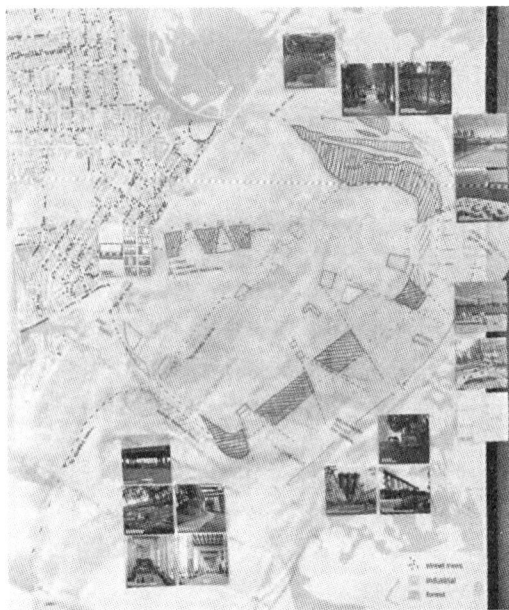

图 2 应对气候变化的未来城市景观总体规划方案
（玛莎 2020 春季设计课：Holyoke 未来城
市景观规划）

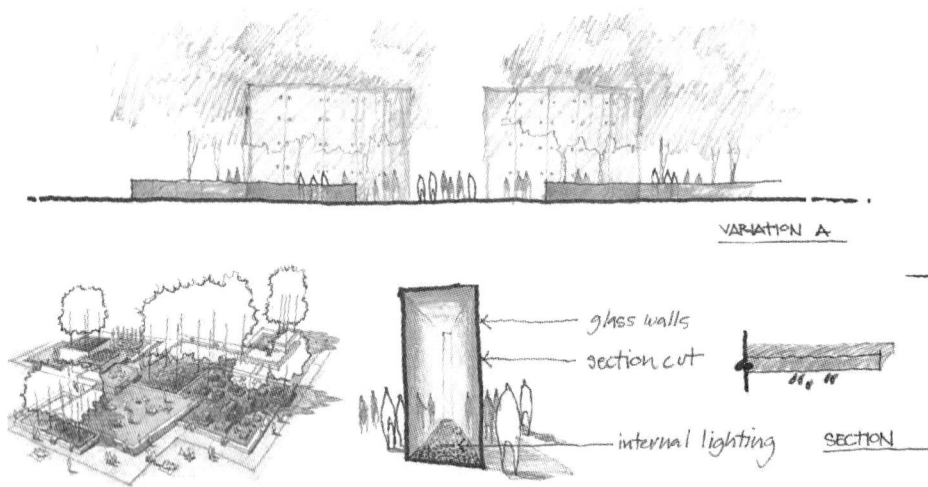

图 3 北京北 7 家科技商业园设计概念手绘图（玛莎·施瓦茨合伙人事务所设计）

在设计教学中，我们必须提升对直觉的价值的认识，并通过加强相关训练，激发学生的潜力。直觉（或称非线性思维）就好比一个混乱的蜘蛛网，比"线性逻辑"能建立更多随机连接，从而在设计过程中产生新的想法（见图 4）。我是一个"直觉"式思维的人，这意味着我可能不知不觉地接收了很多信息，然后在没有使用任何线性分析的情况下，内心就被某种事物吸引了(或觉得不感兴趣)——一件雕塑、一个想法、森林里的一棵树,或者也许是一个人。如果我被吸引了,我会进一步进行线性分析式思考,去理解到底什么吸引了我。但是,我最初的反应是让我的大脑通过直觉,去找到那些使我好奇或感兴趣的点。对于设计师和艺术家来说,在头脑中建立这一"门户"至关重要,会帮助你认识自我(你喜欢什么、不喜欢什么、被什么吸引等)。对于任何成功的艺术家或设计师而言,知道自己是谁都是必要的。

图 4　直觉思维类似"蜘蛛网"结构

最后,如果一个人对艺术不感兴趣,那他就不能成为"完整"的设计师。艺术家是视觉领域的"研究者",从研究现有的艺术形式开始,对其进行探索,然后进行延伸或重新诠释。热爱艺术意味着需要保持好奇心,挑战现状,行事和思维都须打破常规。为什么艺术家经常被视为"激进",因为他们挑战了大多数人认为的"正常"或"传统",而他们所谓的对"正常"感兴趣,也只是为了通过探索新的观察、思考和制作方式来挑战它。这就是艺术家做的事情,也因此他们对文化和社会发展如此重要。我们的教育不仅是培养学生的审美,更要鼓励他们像艺术家一样自由而批判地思考,充满好奇和勇气。

LAJ:上海交通大学的学生背景非常多样,其中有一部分学生在进大学前有美术基础,但相当一部分学生没有相关经验,哈佛大学设计研究生院是什么情况?

Martha:哈佛大学设计研究生院也有类似的情况,我们学生的背景非常多样,这本身是一件很好的事。真正的挑战是如何帮助学生克服"对设计的畏惧",这是最常见的也最难克服的障碍。较晚开始接受设计教育的学生,因为害怕失败,往往会很犹豫,不敢表现自己。哈佛的学生并不习惯失败,这种对于手绘和构图的犹豫不决,是一座学生们难以翻越的高山。

犯错是一件好事! 作为教师要允许学生犯错,并培养"尝试—失败—重试"的毅力。如果做到了这一点,学生将逐渐能摆脱"对设计的恐惧"从而开始越做越好。在手绘过程中,犯错是更能直观感受到的学习过程,因为在手绘时,可以很容易地识别出自己不喜欢的东西,然后重画，直到画到"正确"为止，这本身就是学习的过程。

另外，必须要有足够的时间进行基础性训练，帮助学生来适应设计课程。比如教会学生如何观察、建立艺术基础、动手制作模型，通过 3D 思维进行批判性的思考，这样慢慢地才能建立足够的信心开始自己的探索。

LAJ：您提到在设计方面认识自我的重要性，但要了解自己的喜好和在设计方面的天赋并不容易。在这一点上您有什么特别的建议吗？

Martha：这确实不容易。就设计而言，最基本的是训练"看"的能力。比如思考你会被什么所吸引？展现在你眼前的究竟是什么？材质意味着什么？对不同的颜色和空间我们会有什么不同的反应？如果让你画画，你究竟会如何诠释光影在水面上的跳跃？很多时候我们看了却没有思考。我喜欢和别人一起旅行去看艺术作品，并问他们最喜欢其中哪些部分。我们也一起做各种实验，比如在一个盒子里做一个小型设计，并试着诠释它，以此来真正感受与了解：为什么我要这么做？为什么我觉得它重要？如何才能通过某种设计形式把想法表达出来？通过这个过程，训练他人相信直觉，并认识与表达自我。有时候人们不敢表达自我的想法，是因为害怕遭受批评，但克服这种恐惧真的不容易。我想，很重要的一点是帮助对方认识到，自己才能决定自己的喜好，而不是他人。

LAJ：就设计而言，您最根本的设计哲学是什么？

Martha：我会考虑设计的很多方面。从根本上说，设计是一种创造的行为。是的，我们解决问题，但是设计必须超越解决问题的层面，仅仅是"解决问题"还不够。作为设计师，我们决定该如何设计。通过设计，我们要实现的、也是最后最重要的一步——建立与使用者的情感联系。建立这种情感联系可以给使用者带来另一个层次的情感体验，比如创造记忆，引发惊喜或好奇，还有当我们感受美好事物时会产生的愉悦感。

LAJ：您有没有最喜欢的作品，比如一项最能反映您的设计哲学的建成作品？

Martha：我实在无法对自己的作品进行排名，就像无法在自己的孩子里选出哪个最好，这是不可能的。但是和他人共同创作的一些艺术装置至今令我印象最为深刻，因为其中蕴含了很多回忆。面包圈花园对我来说依然是一个十分难忘的作品，它同时给我带来羁绊和幸运，这正是它如此特别的原因。

LAJ：能不能详细谈谈为什么面包圈花园如此特别？

Martha：它起源于一个微不足道的想法，创作之初我只是想开个玩笑，给出差回来的丈夫一个"惊喜聚会"。我用面包圈在我们波士顿后湾区的房子前造了这个花园（见图 5）。当时来参加聚会的朋友鼓励我把照片发给美国风景园林师协会（ASLA）的官方杂志——*Landscape Architecture Magazine*。杂志主编格雷迪·克莱（Grady Clay）[①]回复说他愿意发表这个作品，但是我必须写明为什么我要设计面包圈花园。

---

① 格雷迪·克莱（Grady Clay）1960—1984 年担任美国 *Landscape Architecture Magazine* 主编，被誉为无所畏惧的格雷迪·克莱，详见：https://landscapearchitecturemagazine.org/2013/03/20/grady-clay/.

图 5　面包圈花园(The Bagel Garden)

　　当时,我对风景园林行业非常批判。以我个人长期的艺术积累和对艺术界发展的了解,我看到风景园林行业使用的设计语言非常局限,而形式又几乎千篇一律的"现代主义",我对当时一味追求优质的材料和精细的细节的风气感到沮丧。

　　我那篇介绍面包圈花园的文章,找了很多理由来说明为什么面包圈是一种"合适的材料":"面包不贵(比起植物材料便宜多了)、易获取(在街角的小店就可买到)、易于维护(不需要浇水或除草)、不需要阳光(对于这个朝北的花园来说是必须考虑的因素)。"其实我就是在找些"理由"以自圆其说,而真正想通过这个作品表达的内容写在后面一段:"当前艺术界有大量的新的材料和空间组织的想法可以引入到景观设计中。从社会的角度而言,使用我们传统的主流材料和施工技术的造价日益攀升,使得我们提供的服务,远远超出了本该极大地受益于我们的才华的人们的经济承受能力,特别是那些生活在衰落的城区的人群。然而,我们必须谨记:设计的本质不是材料,而是和不同形式的空间的关系。"[1]

图 6　面包圈花园刊于美国 *Landscape Architecture Magazine* 1980 年第 1 期封面

　　面包圈花园作为 *Landscape Architecture Magazine* 1980 年 1 月封面刊登(见图 6),同期刊载了我介绍这个花园的设计理念的文章(见图 7、图 8)。由于这是 ASLA 的官方刊物,在当时引来了巨大的争议。在同年 5 月,该杂志又以《面包圈花园:响亮而清晰》为题,刊登了持不同立场的读者来信[2],足见当时这一作品的发表对业界产生的思想冲击。比如,有的人批评说它实在太丑了! 但也有很多人持不同观点,认为这是一个有趣的作品,或许我们应该换个角度来思考。

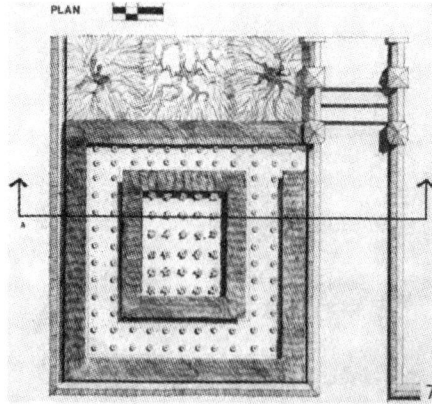

图 7　面包圈花园的平面设计图

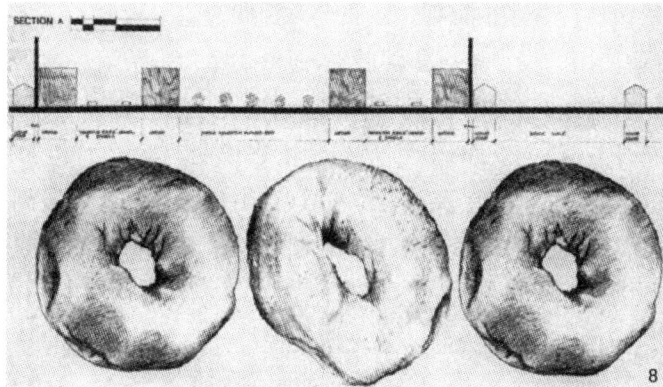

图 8　面包圈花园剖面图[1]45

其实,争议的根源在于我们到底应该如何与景观产生连接? 为什么景观设计就不能抽象? 为什么不能引发争议? 为什么不能是未来主义的? 为什么要看上去恰当合宜? 这个作品本身引发的争议和思考,在当时促进了行业的转变,但这与格雷迪·克莱以及 *Landscape Architecture Magazine* 的勇气密不可分。

LAJ: 一幅封面照片为何可以引发如此巨大的影响?

Martha: 这就好像一个想法、一幅画、一本书何以改变世界。没有为什么,该发生的时候就发生了。这就是为什么我们认为某些人或事物重要。作为一个个体,你也可以改变世界。甘地、毕加索、《圣经》,哪个没有给世界带来深刻改变? 做和别人不一样的事情是一种冒险,因为凡事总有代价,它总是困难的。但格雷迪·克莱就是一位英雄,如果不是他,我不确定这个行业现在会成什么样。

LAJ: 感谢您与我们分享面包圈花园背后的故事,可以从设计师的角度,再列举几个您所喜爱的设计吗?

Martha: 我最喜爱的设计包含一些小型的艺术装置和几个大型项目,如怀特海德研究所拼接花园(见图 9)、迈阿密音墙、致敬奴隶妇女的"斯波莱托节"(见图 10)、戴维斯住宅花园(见图 11)、瑞士再保险公司花园(见图 12)、梅萨表演艺术中心花园(见图 13)、大地艺术项目"IBA 电源线"(见图 14)、明日之城"马尔默·柳"园(见图 15)、51 个花园装饰品园(见图 16)、铝矾土 - 雷克雅未克当代艺术博物馆、2011 西安世界园艺博览会"城市与自然的和谐关系"展园(见图 17)、重庆火锅园(见图 18)。还有一些未建成的,那个名单就太长了!

图 9　怀特海德研究所拼接花园(Whitehead Institute Splice Garden)

图 10　"斯波莱托节"致敬奴隶妇女(Spoleto Festival Tribute to Slave Women)

图 11　戴维斯住宅花园(Davis Residence Garden)

图 12　瑞士再保险公司总部花园(Swiss Re Headquarter Garden)

图 13　梅萨艺术中心花园(Mesa Arts Center Garden)

图 14　IBA 电源线(IBA Power Lines)

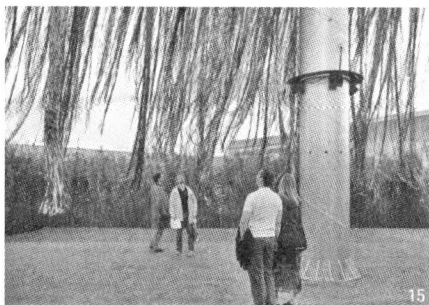

图 15　明日之城(马尔默·柳)(City of Tomorrow (Malmo Willow))

图 16　51 个花园装饰品园(51 Garden Ornaments)

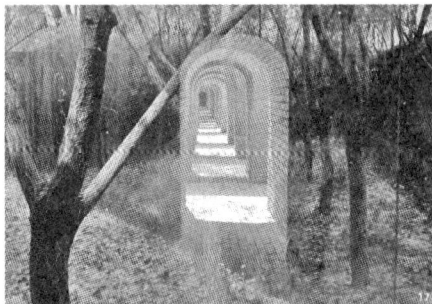

图 17 西安世界园艺博览会"城市与自然的和谐关系"展园（Xi'an International Horticultural Exposition "The Harmonious Relationship Between City and Nature"）

图 18 重庆火锅园（Chongqing Hot Pot Garden）

LAJ：您是出色的设计师、教育家、艺术家，请问您在众多角色中是如何平衡的？

Martha：我并不认为自己的每个角色都称得上出色。我是一位母亲和妻子，我有自己的事务所，都需要投入很多精力，我还教学，现在我正在建立一个应对气候变化的非营利组织，确实在做很多事情，很难面面俱到。对我来说，家庭角色始终是最重要的，但平衡各种角色确实很不容易。我有 3 个孩子，最难的是如何平衡工作和家庭，估计绝大多数职业女性都会有同感。

我很幸运有自己的事务所，可以在同一个地方工作和生活，这对于有孩子的女性来说是一种理想的状态，但大多数女性并没有这样的条件。在我年轻的时候，如果我不能一边工作，一边照顾孩子，我可能会选择待在家里。一路走来，我做了很多选择。特别是关于我应该去哪？做些什么？是不是该为了一些事情而放弃另外一些？我只能说我做得还不错。现在我比以往更加重视教学。当我年轻的时候，我会更愿意去实现设计构想，看到设计作品的建成，而现在，我更愿意去思考。

我们行业有相当数量的女性，许多因为无法兼顾高强度的工作和照顾孩子而选择了离开职场，我完全能理解她们。但我们也必须认识到，如何设计、建造工作场所，如何控制工作时长，能否建立更有弹性的工作机制，能不能推动对妇女和儿童更具支持性的政策实施，这些都会影响很多人的人生选择，而这需要我们共同努力。

LAJ：您认为风景园林研究在未来环境发展中会扮演怎样的角色？

Martha：有很多事情我们可以做，我的研究重点关注城市区域，因为到 2050 年，全球会有约 70% 的人口生活在城市。现在全球的城市有太多的环境问题需要解决，比如城市的热岛效应会影响很多人，还有特别重要的贫民问题。水资源管理、食物获取、气候变化等会给城市环境造成压力的议题，都能成为我们的研究机会。如果能够找到某种更好地将设计理念与技术产业相结合的方法，更有可能运用技术来改进生态服务。

脱碳（decarbonization）会是一个很有潜力的研究方向。世界的土壤、森林、草原、湿地和泥地只吸收了大气中所有碳的 25%，风景园林专业应该致力于降低碳含量。如果我们要引导脱碳，就需要学习新的思想、设计和技术，这是一个刚刚起步的会收益数万亿美元的产业。当建筑师和建筑商将二氧化碳排放到大气中时，风景园林设计师要知道如何进行脱碳，这是我们必须要了解的。

在我看来，我们领域充满了研究机会，但如果仅仅认为我们专业的核心任务就是做设计，那知识面就会过于狭窄。事实上，我们越了解所生存的世界，就越能产生富有创造力的想法和发明。很多时候，我们的创造力受到抑制是因为我们没有去懂得更多。比如我们学院会与机械工程、地球科学等学院展开紧密合作，因为我们必须对整个地球系统有更全面的认识。我们正在面临全球范围气候变化的影响，只有理解了"地球系统"（earth system），才能在全球范围内达成更多共识并开展行动。我们的生态思维必须从本地或区域的规模范围转变为"地球系统"规模（全球范围）的思维。

致谢：

特别感谢上海交通大学设计学院、风景园林系，玛莎·施瓦茨合伙人事务所纽约部、上海部对本次专访的支持。

中文稿审校：王云（上海交通大学设计学院风景园林系主任、教授）、李清韵（上海交通大学设计学院风景园林系本科生）。

英文稿审校：玛莎·施瓦茨（哈佛大学设计研究生院教授）、金伯利·特里巴（玛莎·施瓦茨合伙人事务所商务发展总监）、亚伯拉罕·扎姆查克（上海交通大学博士候选人）。

采访稿整理与校对：李清韵、杜柳君、吴哲群；摄影及图片处理：唐飞龙、吴蔚文、黄际澍、吴炯（以上均为上海交通大学设计学院学生）。

图片来源：

采访现场图由吴蔚文摄，黄际澍后期处理。图 1、图 5、图 9—图 18 由玛莎·施瓦茨合伙人事务所纽约部提供，并授权刊登。图 2 由哈佛大学设计研究生院 2019 级学生陈海纳提供并授权刊登，李清韵后期处理。图 3 由玛莎·施瓦茨合伙人事务所上海部提供，并授权刊登。图 4 由莫非拍摄。图 6—8 原图刊登于美国 *Landscape Architecture Magazine* 1980 年 1 月刊，玛莎·施瓦茨合伙人事务所纽约部授权刊登，*Landscape Architecture Magazine* 授权转载。

参考文献

[1] SCHWARTZ M. Back Bay Bagel Garden：Le Petit Parterre Embroiderie [J]. Landscape Architecture Magazine，1980，70(1)：43 – 46.

[2] HEPTING J，DAUPHINE S，HSU R，et al. The Bagel Garden：Loud and Clear [J]. Landscape Architecture Magazine，1980，70(5)：266 – 268.

From Explorer to Pioneer: Martha Schwartz's Philosophy of Design Education, Practice and Research

MO Fei

Abstract: Martha Schwartz is the first female designer who obtained a tenured position at Harvard Graduate School of Design. She has a remarkable international influence in the domain of landscape architecture education and practice. In this interview, Martha explained her core philosophy of design education, practice and research. Her fundamental teaching philosophy is centered on the need to help students to overcome the fear of design; the formation of their design philosophy and expressions; development of intuition and cognition through observations and hand-eye-coordination training. She stated that design should not merely aim to resolve environmental issues, but to build emotional connections with people through design. In this conversation, the history of creating the Bagel Garden was covered, together with the influences produced by publishing it in the Landscape Architecture Magazine. The discussion also highlighted the role of landscape research in resolving urban environmental issues and potential contributions to a decarbonized earth system.

Key words: design education; design practice; hand-eye-coordination; intuition; Bagel Garden; decarbonization; earth system

（本文原载《风景园林》2020 年第 6 期）

美国护理学博士的培养及对我国的启示
——以美国伊利诺伊大学芝加哥分校护理学院为例

朱冰倩　朱卓非　章雅青

摘　要：以美国伊利诺伊大学芝加哥分校护理学院为例，着重介绍了护理学博士的培养目标、课程设置（包括课程内容、授课形式、考核方式）和毕业标准，结合我国护理发展现况，指出在未来的护理哲学博士教育中，我国要从国家、地区及学校层面为护理学科发展创造良好的环境，进一步完善护理哲学博士培养体系，同时教师和学生作为一个共同体均要积极参与到教学活动中。

关键词：护理学博士；护理教育；护理科研；教学环境；美国

传授具有"护理学"学科针对性的系统知识体系是护理教育的核心。其中，护理学博士教育（doctor of philosophy，PhD）对于发展护理科学、统筹护理学科及教育护理人至关重要[1]。护理学博士教育的目的是培养具有运用护理理论及开展护理科研能力的护士科学家，其能够承担科研和教学任务，并将护理科研与临床实践有效结合，同时通过承担领导角色而不断促进护理学的进步和发展[2]。随着护理事业的发展，我国对博士教育也进行了大力推进。2004年，我国正式开始了护理学博士教育，2011年护理学成为一级学科，到2019年已有29所高校设有博士授权点。然而，我国护理学博士教育仍处于探索阶段，各博士点在培养目标、专业课程设置及学生能力要求上仍需进一步完善[3-4]。相比而言，美国针对护理学博士教育已建立了比较健全的体系，至2017年，美国博士授权点已达128个[5]。目前，有不少学者针对美国护理学博士教育及启示进行了介绍。2006年，尤黎明等[6]对美国护理学博士教育的项目类型和数量、课程设置和研究方向、学位授予、质量要求等进行了概述。近10年后，胡静超等[7]更加有针对性地介绍了美国护理学博士教育的培养目标、课程设置、学术指导和考核及学位论文。既往的文献综述为我国护理学博士教育的统筹规划指明了方向，然而，其在具体实施过程中涉及的细节并未深入探讨。如果能够以在美国接受过全职博士教育为基础，更加深入地介绍博士项目中的每个环节，其指导意义可能会更强。本文对美国伊利诺伊大学芝加哥分校（University of Illinois at Chicago，UIC）护理学院博士的培养模式[8]进行总结并结合笔者的学习经历提出相应的

作者简介：朱冰倩，上海交通大学医学院护理学院副研究员，博士；朱卓非，上海交通大学医学院护理学院研究生辅导员；章雅青，上海交通大学医学院研究员。
基金项目：上海高校青年教师培养资助计划人才项目。

启示。UIC 护理学院于 20 世纪 70 年代开设了伊利诺伊州第一个护理学博士项目，针对护理学博士教育建立了系统、完善的体系。UIC 护理学院致力于护理研究，至 2018 年获得美国国立卫生研究所基金，全美护理院校排在第 9 名。UIC 护理学院每届录取来自全球各地 20 名左右护理学博士学生，多数学生毕业后会继续完成博士后培训或在高校任职，在护理学科的发展中发挥着重要作用。笔者在 UIC 护理学院完成了 4 年的全日制护理学博士学习并取得学位，拟对 UIC 护理学院的护理学博士培养模式[8]进行介绍，以期为我国护理学博士教育提供新的借鉴，进而促进护理学发展。

一、UIC 护理学院博士教育的概述

（一）培养目标

UIC 护理学院博士项目的目标是要培养可以独立承担科研，并在注重科研的高校和健康医疗机构成为具有远见性领导者的科学家。为了达到这一培养目标，UIC 护理学院制订了统一但又具有个性化的护理学博士培养方案。具体每个学期所修课程（学分）及整个博士项目的进程计划，均由学生和导师共同协商制订。根据学生是否为全日制，其取得学位所需年限也不同。全日制学生可以在 4～5 年内完成；而在职学生则可以在 6～7 年内完成。一旦达到毕业标准，学生可在任何一个学期内（包括春季大学期、夏季小学期和秋季大学期）申请毕业。

（二）课程设置

1. 课程内容

围绕着"提高学生的科研能力"这一核心目标，UIC 护理学院设置了相应的理论课程，包括核心课程（如护理理论、哲学、科研设计和方法、测量学、质性研究、高级统计学）、高级课程（即与本人研究相关的课程）、科研实践相关课程（如文献回顾、基金撰写、研讨会）。这些课程同时也培养了学生科研写作能力、学术交流能力和科研诚信。除了科研能力的培养，UIC 护理学院还设置了相应的课程以提高学生的教学和领导管理能力。对于一个全职学生，修完理论课程大致需要 1.5～2 年。之后，学生可注册预考试；通过预考试后，可开展毕业研究。每个学生的培养计划都因人而异，在导师与学生的商议下共同制订。导师与学生还需完成每年 1 次的学习进展报告。表 1 展示了一个 4 年全日制的博士培养计划（以笔者为例），包括学年、课程（学分）、考核方法及所培养的能力。

2. 授课形式

博士项目中各理论课程均以学生为主体，在教学过程中学生是课堂上的主角，而教师多发挥着引导和统筹的作用。除了最常见的课堂讲授外，教学形式还包括课堂讨论、小组学习、辩论赛、课堂演示、课外实践及自学。其中，课堂讨论是最常用的一种。在讨论过程中，

表 1 UIC 护理学院博士培养计划(全日制)

学年	学期	课程(学分)	考核方法	培养能力
第一学年	秋季	哲学(3)	等级制	科研能力—理论
		高级统计学(4)	等级制	科研能力—理论
		独立学习①(3)	S/F	科研能力—实践
		教学方法②(2)	S/F	教学能力
	春季	护理理论(3)	等级制	科研能力—理论
		科研设计和方法(4)	等级制	科研能力—理论
		基金撰写(3)	等级制	科研能力—实践
		高级统计学(3)	等级制	科研能力—理论
第二学年	秋季	测量学(4)	等级制	科研能力—理论
		文献回顾(3)	等级制	科研能力—实践
		科研实践①(1)	S/F	科研能力—实践
		健康教育和促进②(3)	等级制	科研能力—理论
		高级统计学②(4)	等级制	科研能力—理论
	春季	质性研究(4)	等级制	科研能力—理论
		科研实践①(2)	S/F	科研能力—实践
		预考试①(6)	S/F	科研能力—预考试
第三学年	秋季	领导力及职业规划(1)	S/F	领导管理能力
		研讨会(1)	S/F	科研能力—实践
		博士毕业论文⑤(9)	S/F	科研能力—毕业论文
	春季	研讨会(1)	S/F	科研能力—实践
		博士毕业论文⑤(10)	S/F	科研能力—毕业论文
	夏季	博士毕业论文⑤(5)	S/F	科研能力—毕业论文
第二学年	秋季	研讨会(1)	S/F	科研能力—实践
		高级选修课(3)	等级制	科研能力—理论
		博士毕业论文⑤(6)	S/F	科研能力—毕业论文
	春季	研讨会(1)	S/F	科研能力—实践
		高级选修课(3)	等级制	科研能力—实践
		博士毕业论文⑤(5)	S/F	科研能力—毕业论文

注:哲学、护理理论、科研设计和方法、基金撰写、测量学、文献回顾、质性研究、预考试、领导力及职业规划、博士毕业论文为必修核心课程;高级统计学、科研实践为选修中的必修课程;S/F 为通过/不通过;等级制分为 A,B,C,D,F。①此课程为注册到导师名下的一对一课程;②所修课程在非护理学院完成,其他课程均在护理学院完成;③毕业时,需有教学相关证明(例如助教 1 年、教学经历或选修教学相关课程);④预考试不列入课程,所修学分不计入学位学分中;⑤博士论文不列入课程,所修学分至少 24 个。

每名学生都需要积极发言,并对他人发表的内容进行回应(讨论参与度占一定的成绩)。这种教学形式可加深学生对于理论知识的学习,同时还可培养学生的评判性思维。另一种形式是小组学习,小组成员一般由教师随机抽取构成,每组 4~5 名,小组不设组长,每个学生都是小组的积极贡献者,各成员的匿名互评成绩也会计入期末成绩中。多数情况下,小组作为一个团队需要完成 1~2 份作业。辩论赛中,授课教师会提出几个与护理学相关的观点,学生分组(多个小组、正反方)就某个观点进行辩论,此种授课形式有利于促进学生对于知识的分析、评判和整合。

3. 考核方式

UIC护理学院博士项目中课程考核与其培养目标相契合：课程考核可分为 A—F 5个等级（90～100分＝A，80～89分＝B，70～79分＝C，60～69分＝D，＜60分＝F）或 S/F 二分类（通过/不通过）。采用等级制的课程考核多使用形成性评价，课程成绩由不同的板块构成，如小论文、小组考核、课堂展示、课堂讨论、书面理论考试、互评及考勤。对于这类课程，在整个博士学习过程中，最多只能有1门课程拿到C或者更低的成绩。多数课程并没有理论考试这一形式；即使有，其所占比例也较小（约10%）。小论文则是最常用的形式。小论文在涵盖课程主要内容的同时，一般多结合学生的科研兴趣展开，例如：护理学博士项目中的一门课程是文献回顾，本门课程的主要考核方式则是在期末时提交1篇文献综述。以笔者为例，笔者结合自己的研究兴趣完成了1篇文献综述，经过后期修改，该文成功发表于 *J Clin Nurs*。这种考核方式可达到3个目的：有效地对学生的综合能力进行评估；有力地推动学生不断思考自己的课题方向；为后期文章发表打基础。对于采用S/F考核方式的课程，课程教师（或导师组）会根据学生对课程作业的完成情况进行评价，给出S或F的成绩。对于这类课程，学生必须拿到S的成绩。

(三) 毕业标准

UIC护理学院博士学生在毕业时需修满96个学分（1个学分相当于4个学时）。对于已获得了硕士学位的学生，可减免32个学分。在所修的学分中，至少有48个学分在UIC取得。除此之外，完成预考试（包括笔试和口试）也是毕业标准之一。只有通过了预考试，学生才真正成为博士候选人。一般情况下，学生需花费1个学期左右准备预考试（所注册的学分不计入学位学分）。预考试的形式有3种：对委员会提出的问题进行作答；2篇综合性文章；与课题相关的开题报告。导师指导学生根据自己的情况，选择其中之一。对于第1种形式，学生在一个为期2天的过程中，每天回答委员会提出的2～4个问题。这种考试形式花费的时间较短，但是对于知识的快速整合及语言表达能力要求极高。第2种形式中的两篇文章的内容多由学生根据自己的兴趣，并结合所学理论知识而定。此种形式费时较长，但撰写的文章可在后期润色后投稿发表。笔者采取了此种考试形式，撰写了一篇概念分析，在后期经过修改后，成功发表于 *J Clin Nurs*。第3种形式可以为即将开展的课题（即开题报告的答辩）做好充足的准备。

完成至少24个学分的博士毕业论文也是毕业标准之一。学生在完成预考试后，即可开始准备研究课题，包括组织答辩委员会（至少5名教授）听取开题报告。通过开题报告后，方可提交伦理审查相关材料，继而开展课题。在开展课题期间，学生每个学期还需注册至少1个学分的课程，且毕业答辩与预考试之间至少间隔1年。毕业论文的书写形式有两种：传统的5章式论文（引言、文献回顾、方法、结果、讨论）或新型3章式论文（引言＋两篇论文）。对于后者，这两篇文章已经到了可以投稿的程度，且至少1篇是基于课题数据的原著。其他的毕业条件还包括提交教学和科研实践相关文件。

二、UIC 护理学院博士培养模式对我国的启示

美国 UIC 护理学院博士培养模式对我国博士教育进一步的细化具有一定的启示作用。现着重阐述完善博士培养体系,同时结合我国的发展现况及笔者的学习经历,从宏观和微观层面介绍构建良好的学科发展大环境,明确教师/学生共同体的职责。

(一) 完善博士培养体系

1. 加强核心能力及其他综合能力的培养

我国护理学博士各方面能力的培养上仍与美国存在差距。有学者提出护理学博士应该具备的核心能力包括科研、临床实践、教学和领导管理能力[3]。这一模式中对于科研、教学和领导管理能力的提出与美国博士项目是一致的。然而,与偏向于临床实践的 DNP(Doctor of Nursing Practice)不同,护理学博士项目的培养重心是科研能力。笔者认为博士项目可适当地降低对于临床实践的培养要求。事实上,在美国,有一部分护理学博士学生并没有临床实践经验,甚至有些学生有着非医学背景。以 UIC 护理学院为例,博士项目中的学生来自不同的教育背景,例如社会学和工科。这种多元化的模式可将来自不同学科背景的学生融合在一起,促进学科交叉。另外,近期研究表明,我国护理学博士课程侧重于研究能力的培养,而缺乏对于非研究能力的培养[4]。在今后的探索中,可以借鉴 UIC 护理学院的模式,增加对于博士学生其他方面能力的培养,例如科研写作能力、学术交流能力及职业规划能力。学院可以设置相应的写作课程、研讨会及研究分享日,为学生与教师及同辈间加强交流和合作提供平台。同时,科研诚信是做研究的基础,学院需加强博士学生的科研诚信意识,为其提供一定的资源、培训,甚至是课程。

2. 完善课程设置

(1) 课程内容。目前,我国护理学博士的课程设置中仍缺乏具有护理学特色的课程,尤其是核心课程[4]。针对护理核心课程缺乏这一现状,美国中华医学基金会中国护理网的 8 所高校进行了探索,并构建了 3 门护理核心课程,包括护理哲学和理论、高级循证护理和高级质性研究[9]。这些课程的构建,为进一步完善和加快护理学博士的培养奠定坚实的基础。近期数据也支持护理哲学和理论这门课程实施的可行性和必要性[10]。目前,这些课程仅对中国护理网中的护理院校开放。在今后的探索中,可考虑加大资源共享,如借鉴 UIC 的培养模式,允许其他学校的学生跨校注册。与此同时,各高校还可参考 UIC 护理学博士培养项目中的其他课程设置,根据自己的师资力量构建护理学相关必修课程(测量学、科研设计和方法)和选修课程(科研写作、基金撰写、独立学习)。对于后者偏重于实践的选修课程而言,其可采用一对一(多)的形式,有利于营造"传帮带"(mentoring)的科研氛围。

(2) 授课形式。在构建护理学博士核心课程的过程中,我国采用了在线教学(13~16

周)和翻转课堂(1周)的混合教学模式[9]。这种模式是基于我国护理发展现况而构建的,具有可行性和有效性。在未来的探索中,可以考虑进一步引入多样化、以学生为主导的授课形式。建设线下金课、线上金课、线上线下金课等,并广泛推广和辐射到其他高校与地区[11]。基于在 UIC 护理学院的学习经历,并以我国已有的核心课程为基础,建议在构建纯理论课程时(如护理哲学和理论)可以引入辩论赛的形式就某一观点进行辩论,将抽象内容具体化;在进行课程设计时(如质性研究),可以安排学生在真正的研究对象身上进行实践,将理论应用于实践。同时,还应进一步加强学生与导师的互动,建立积极良好的"传帮带"关系;加强校际的合作,实施优质核心课程共建共享。

（3）考核方式。课程考核是课程设置中十分重要的环节,博士课程的考核非常具有挑战性。中国护理网[9]为开设的3门护理核心课程提出了多种考核方式,包括课堂讨论、小组作业、个人作业及汇报。基于对于 UIC 护理学院课程考核的回顾,在今后的探索中还可根据课程特点增加考勤和互评考核方式。以某院校研究生课程的互评为例:在完成小组作业和汇报时,其他小组和教师共同参与评价,也可以组内成员互评,占据一定的平时成绩;在学生完成1篇小论文后,要求导师和另1名学生对该学生的论文进行评价。教师在布置作业时,尽量向学生说明评分标准,不仅有利于加深学生对于知识点的认识,而且可以加快教师的考核过程。

3. 优化毕业标准

目前,我国护理学博士项目均要求学生在毕业时修满相应的学分,完成开题报告和博士论文,这与美国是一致的。就毕业论文格式而言,我国多采用传统的专题论文形式。同时,多数高校还规定学生毕业时发表 SCI 论文,不少学校甚至对所投期刊的影响因子也做出规定[12]。这与美国不同。这一要求可促进学生掌握发表文章的技巧并丰富其科研经历,但也易引发学术造假等不良的科研行为。在未来的探索中,可以参考 UIC 护理学院博士学生的毕业标准,增加毕业论文形式的多样化。例如采用以上提到的 3 章节形式。这一形式既考察了学生对于文献的整合,又可推动科研产出。同时,有必要淡化对于 SCI 的推崇,而增加对于其他方面的要求,如教学经历,还可以考虑增加预考试,进一步培养学生的知识整合能力。

（二）构建良好的学科大环境

护理学科的建设(尤其是护理学博士教育)离不开大环境的支持,包括国家、地区和学校的支持。近几年,我国对于护理科研的投入有所增加,例如国家自然科学基金委设立有"健康服务管理"(申请代码:G040605,隶属于 G. 管理科学部)这一板块,可供护理人员(包括博士学生)申请。在未来的探索中,我国国家基金委还可考虑设立 Pre-doctoral training grant 为培养博士学生课题申请能力奠定基础。在美国,国家医学基金委下设有护理研究这一分支,专门为护理人员(包括学生)申请基金提供路径。这种将学校与国家连接起来的培养模式也值得借鉴。地区和学校(及护理学院)也可尝试设立小课题(small grant)或奖项

(award),为培养护理学博士学生撰写及申请基金奠定基础。在美国,多个护理学会均设有基金供博士学生申请。当然,我国的中华护理学会及其下设的省市分会,也设立有小的基金和课题。然而,这些课题多针对高校教师,而非为博士学生专设。在将来的探索中,可以考虑为护理学博士学生设置相应的基金。目前,我国护理院校也在不断加大对博士科研能力的培养。以某院校为例,其所获的某基金中设立有"研究生创新基金"供博士学生申请。以上举措不仅可以提高博士学生的科研能力,也可丰富其简历,促进学生就业。

(三)明确教师/学生共同体的职责

护理学博士教育离不开教学活动的客体和主体,即教师和学生。在博士学生教育过程中,教师要积极调动学生的主观能动性,与学生保持一种平等、积极、互动的关系。一项研究表明,导师对学生成功完成博士起着至关重要的作用[13]。当然,学院要在学生培养手册上明确并细化导师的职责,进而落实各项要求。美国护理学院协会[1]对护理学院的博士导师提出了一定的要求,每位导师都应该:①保持系统、高效的科研项目;②通过研究、社会服务和参与政策制定而促进护理学科发展;③与其他学科有效合作;④通过运用学校及相关领域的资源进一步实现博士项目培养目标;⑤导师,致力于学生成功。值得一提的是,美国对于博士导师在职称上并没有硬性规定,其更多看重的是导师的科研能力和业绩,以及学生与导师之间研究方向的契合度。而我国对于博士导师在职称上的要求很高。以某院校为例,博士导师均需要有正高级职称,这可能在一定程度上限制了能够承担博士导师角色的教师数量。同时,我国在导师与博士匹配的过程中也与美国大不相同。在我国,多数情况下是国家分配博士名额给学校,学校再分配名额给学院。这种制度有可能会造成有些很优秀的学生因为名额有限而无法找到匹配的导师。在未来的探索中,美国在导师选择上的某些方面也是值得借鉴的。

作为护理学博士教育的主体,学生要能够严于律己、认真履行自己的职责。Conn 等[14]对博士学生提出了以下几点建议。①选择导师:学生要选择一个与自己科研兴趣较匹配的导师。理想情况下,该导师需要有在研课题、有较强的文章发表能力及指导学生的经历。学生要与导师进行沟通,明确自己对于导师的期望,同时积极参与到选择答辩委员这一过程中。②建立学术网:学生要与学院或学校的其他教师进行合作,在有可能的情况下,邀请其加入答辩委员会;了解本领域的科研专家,并与之进行学术交流(例如通过学术会议或者导师引荐);与其他博士学生针对博士课程及毕业论文中遇到的问题进行及时交流、讨论。③选择课题:学生要尽早地选择毕业课题,课题尽量与导师的研究领域有交叉;建立相关的文献库,为课题开展打基础;将毕业论文中涉及的板块穿插到平时的课程中。④积极发挥主观能动性:学生要多参加学术研讨会,积极投稿并在学术会议上做发言,参与到科研兴趣小组中。另外,承担助研工作可有助于积累科研经验。Ellenbecker 等[15]从美国护理学博士项目中随机抽取了 204 名毕业生进行了问卷调查,该研究发现读博期间做助研及经常参加学术会议的学生更容易取得学术成就,例如发表论文及取得课题基金。⑤职业规划:学生要明确职业规划,同时为其做好准备。例如,如果计划在注重科研的高校工作,尽量在毕业后完成一定的博士后培训。总之,要想在博士教学活动中取得成功,离不开教师与学生这个共同体的积极参与。

三、小　结

以美国 UIC 护理学院为例,本研究对其护理学博士教育的培养目标、课程设置(包括课程内容、授课形式、考核方式)和毕业标准 3 个方面进行了回顾与总结;同时,结合我国护理发展现况及笔者在完成护理学博士项目期间的经历,提出了一定的启示和建议。在未来的护理学博士教育中,我国要从国家、地区及学校层面为护理学科发展创造良好的环境,进一步完善博士培养体系(包括培养目标、课程设置和毕业标准)。从个人层面出发,教师和学生均要承担自己的责任,积极参与到教学活动中。

(感谢美国伊利诺伊大学芝加哥分校护理学院学术事务副院长 Catherine Vincent、市场和公关部门主任 Elizabeth H. Miller 对本文提供的建议)

参考文献

[1] AACN. The research-focused doctoral program in nursing pathways to excellence. Report from the AACN task force on the research-focused doctorate in nursing [G]. Washington, DC: American Academy of College of Nursing, 2010: 1.

[2] RICE D. The research doctorate in nursing: the PhD [J]. Oncology Nursing Forum, 2016, 43: 146 - 148.

[3] 姜小鹰,刘敦,肖惠敏. 护理博士研究生四阶段式能力培养模式构建与实践[J]. 中华护理教育,2018, 15(6): 415 - 418.

[4] 张利兵,刘霖,张兵,等. 我国护理学博士研究生课程设置现状的调查研究[J]. 中华护理杂志,2019,54 (2): 265 - 269.

[5] AACN. PhD in Nursing [EB/OL]. [2019 - 01 - 29]. https://www. aacnnursing. org/News-Information/Research-Data-Center/PhD.

[6] 尤黎明,刘可,汪宗芳. 美国护理学博士教育的概况及对我国的启示[J]. 中华护理杂志,2006,41(5): 471 - 473.

[7] 胡静超,章雅青. 美国护理学博士教育概况及其对我国护理教育的启示[J]. 护理学杂志,2015,30 (17): 90 - 93.

[8] UIC College of Nursing. Sample program plans [EB/OL]. [2019 - 01 - 29]. https://nursing. uic. edu/ programs/phd/sample-program-plans/.

[9] 贾守梅,胡雁,郭桂芳,等. 我国护理学博士核心课程的设置及混合式教学模式的构建[J]. 护理研究, 2017,31(25): 3110 - 3114.

[10] 路潜,郭桂芳,刘宇,等. 护理哲学与理论构建博士课程的设置与实施效果[J]. 中华护理教育,2018,15 (6): 405 - 409.

[11] 章雅青,胡静超,袁晓玲,等. 慕课在护理专业课程中的实践与反思[J]. 中华护理教育,2018,15(5): 342 - 346.

[12] 绳丽惠. 博士生延期毕业现象:影响因素与治理策略[J]. 学位与研究生教育,2019(6): 60 - 64.

［13］ NEHLS N，BARBER G，RICE E． Pathways to the PhD in nursing：an analysis of similarities and differences ［J］． Journal of Professional Nursing，2016，32：163－172．

［14］ CONN V S，ZERWIC J，RAWL S，et al． Strategies for a successful PhD program：words of wisdom from the WJNR Editorial Board ［J］． Western Journal of Nursing Research，2014，36：6－30．

［15］ ELLENBECKER C H，NWOSU C，ZHANG Y，et al． PhD education outcomes：results of a national survey of nursing PhD alumni ［J］． Nursing Education Perspectives，2017，38：304－312．

Cultivation Doctor of Philosophy in Nursing in America and its Enlightenment to China
—Taking College of Nursing，University of Illinois at Chicago as an example

ZHU Bingqian，ZHU Zhuofei，ZHANG Yaqing

Abstract：Taking the College of Nursing of the University of Illinois at Chicago as an example，this paper emphatically introduces the objectives，curriculum setting（including course content，teaching forms，assessment methods）and graduation standards of doctor of philosophy，and points out that in the future doctor of philosophy education，China should create a good environment for the development of nursing discipline from the national，regional and school levels，and further improve the education system of nursing philosophy doctors． At the same time，faculty and students as a community should actively participate in teaching activities

Key words：Doctor of Philosophy；Doctor of nursing；Nursing education；Nursing scientific research；Teaching environment；United States of America

（本文载《护理研究》2020 年第 17 期）

"以学生为中心"视角下通识教育的美国启示
——美国五所一流大学新一轮通识教育改革案例研究

季 波 刘 淼 郭 晶 陈 龙

摘 要："通专结合"是通识教育改革深化和优化的方向。在"以学生为中心"的改革中，如何平衡专业教育和通识教育受到高等教育研究者和高校教育实际操作者的关注。本文首先廓清了美国通识教育近一个世纪来从通专并存到通专平衡，再到通专融合的演变进程。其次，分析了美国五所一流大学新一轮通识教育改革的特征：追求卓越、服务社会，对通识教育价值理念进行再塑造；跨越学科、兼容并包，对通识教育与专业教育进行再融合；文理并重、巩固基础，对通识教育课程体系进行再重整。最后，从"以学生为中心"的视角给出美国通识教育的启示：以学生发展为基础，构建塑造核心价值观的通识教育价值理念体系；以学生学习为导向，构建激励学习的通识教育课程体系；以学生学习效果为目标，构建科学评估、协同优化的通识教育管理体系。

关键词：以学生为中心；通识教育；通专结合

2019 年 7 月，以"本科教育与通专结合"为主题的第四届"大学通识教育联盟"年会在清华大学举行，该联盟由北京大学、清华大学、复旦大学、中山大学于 2015 年发起成立，目前有 52 所高校加入联盟。该联盟的成立，正是 21 世纪以来通识教育作为我国本科教育发展与改革关键举措的真实写照。一流的本科教育是"双一流"建设的重要内涵，我们要树立先进的教育观和教育价值观，科学地借鉴国际经验，"以学生为本"改革、创新人才培养模式，多元化地探索提高本科人才培养质量的实践路径[1]。

美国作为国际高等教育领域通识教育的最早发起者和最深刻的实践者，有着最丰富的经验供全世界高校借鉴和参考。国内关于美国通识教育的借鉴研究始于 20 世纪 90 年代，讨论成果非常丰富。与此同时，美国的通识教育改革在不断推进、不断创新。我们如何在全球和国内已有的研究基础上，从"以学生为中心"的视角审视美国通识教育的最新改革和演进，国内还少有类似研究。本文在"以学生为中心"的视角框架内重新梳理美国通识教育近百年来的演进和演变过程，以 5 所世界公认的美国一流大学的最新通识教育改革为案例，进行特征分析，以期为我国高校"双一流"建设，尤其是为高质量本科人才培养提供启示。

作者简介：季波，上海交通大学生物医学工程学院副教授、博士；刘淼，上海交通大学电子信息与电气工程学院讲师；郭晶，上海交通大学图书馆副馆长、研究员；陈龙，上海交通大学生物医学工程学院助教。

一、"以学生为中心"视角下通识教育的内涵

美国作为国际本科教育改革的先行者和示范者,自 20 世纪 80 年代以来,在全国范围内的高校开展"以学生为中心"的本科教学模式改革,迄今已经历经了 35 年左右。该改革具有 3 个基本特征,即以学生的学习为中心、以学习的效果为中心、以学生发展为中心,简称"新三中心"[2],区别于传统的"以教师为中心""以教材为中心""以教室为中心"[3],也不同于近些年我国高校兴起和惯见的"以学科为中心"。"以学生为中心"的教育思想和理念可以追溯到 1952 年,美国人本主义学者、教育家卡尔·罗杰斯(C. Rogers)首次提出"以学生为中心"的理念[4];1961 年,罗杰斯发表《论人的形成》,"以学生为中心"的教学理论形成[5]。

20 世纪 80 年代,"以学生为中心"的教育教学改革进入实质阶段,在美国高校逐步展开。在这之后的 35 年间,被赵炬明称为"高校投入阶段"[6]。1995 年,罗伯特·巴尔和约翰·塔戈发表了具有里程碑意义的文章《从教学到学习:一种新的本科教育范式》,系统定义了"以学生为中心"的教学范式[7]。1998 年,联合国教科文组织在巴黎召开"世界高等教育大会",大会通过宣言《21 世纪的高等教育:展望与行动》[8],同时提出《高等教育改革与发展的优先行动框架》[9]。在宣言中首次以大会文件的形式确立了"以学生为中心"的历史地位,宣言指出:"在当今日新月异的世界,高等教育需要'以学生为中心'的新视角和新模式。"宣言要求与会的各个国家和高校的决策者"把学生的需求作为关心的重点""把学生视为教育改革的主要的、负责任的参与者""学生要参与教育重大问题的讨论、评估、课程及其内容改革、制定政策与院校管理等"[10]。"以学生为中心"的教育教学改革推向全球。欧洲的英国、瑞士、比利时、挪威、瑞典等国家,受英体系影响的澳大利亚、加拿大等国家,亚洲的日本等国家的高校纷纷学习、借鉴、效仿美国,不同程度地进行了"以学生为中心"的教育教学改革。

《21 世纪的高等教育:展望与行动》中同时提出,"高校必须培养学生能够批判性思考和分析社会问题,寻求问题解决方案,使学生掌握在多元文化背景下必备的有效表达能力、创新和批判性分析能力、独立思考和团队合作能力"[11]。在各学科的专业教育之前,适用于各个学科的"批判性思考""分析""有效表达""创新""独立思考""团队合作"等能力的培养正是通识教育的精神和价值所在。爱因斯坦(Albert Einstein)曾说过,通识教育的价值不在于学习许多事实,而在于训练学生的思维,去思考课本上没有的知识[12]。从"以学生为中心"的视角来看,学生学习不仅仅是单一的掌握知识,更重要的是对知识的建构、内涵的理解、可迁徙学习能力和思维模式的养成,以便于发展自身潜力,从而获得更好的学习效果。在"以学生为中心"的改革中,美国教育学家和高等教育的实操者们反思 20 世纪工业化大生产阶段的教育模式,重点聚焦在如何平衡专业教育和通识教育。理论研究者和高校的教育教学实践者们都认为,通识教育对提高学生的自身发展至关重要,利于培养学生批判性的观察、阅读、倾听、演讲和写作的能力,使学生能够适应未来社会的发展潮流[13]。

二、美国通识教育的历史演变

通识教育又称博雅教育,其内涵理念丰富,不同的历史时期呈现出不同的特点,具有鲜明的时代烙印和时代特征。早在19世纪初,美国博得学院(Bowdoin College)的帕卡德(A. S. Parkard)教授就首次提出:通识教育和大学教育具有重要关联性[14]。

(一)通专共存:美国通识教育的初始发展阶段(20世纪30—70年代)

第二次世界大战之后,科学与技术快速发展,知识与社会日新月异,美国的高等教育进入大众化阶段。通识教育首先在美国登上高等教育的历史舞台,进入快速发展时期[15]。这一时期的通识教育开始以课程制度的形式被确立,呈现与专业教育共存的特点。40年代初期,美国学者就对通识教育的功能给出了明确的界定:通识教育和专业教育一起构成了大学本科教育[16]。芝加哥大学带有理想主义色彩、雄心勃勃的四年一贯制的通识教育计划被认为是通识教育作为一种新的教育模式诞生的起始,该计划执行时调整为学生入学后前两年进行通识教育,后两年转向专业教育[17]。1945年,哈佛大学发表第一次通识教育改革纲领性报告:《自由社会中的通识教育》[18],指出:教育在广义上被分为通识教育和专业教育,这两部分既不能割裂也不能对立。次年,哈佛大学提出第一版通识教育计划,在课程设置中确立了通识教育和专业教育的两者共存的关系。1949年,麻省理工学院发布了著名的"刘易斯报告"[19],指出要加强对人文社会学科的建设,不仅要重视专业课程的发展,也要推进通识教育课程的发展。到了60年代,美国因卷入越战而不断出现政治运动,通识教育发展受到阻碍。

(二)通专平衡:美国通识教育的平衡发展阶段(20世纪70年代—20世纪末)

1978年,美国学者勒维(Levine)指出:专业教育代表本科生所学知识的"深度",通识教育则代表本科学习的"广度"[20]。同年,哈佛大学提出"核心课程"方案对通识教育进行改革,通过课程设置协调专业课程和通识课程的比例,帮助学生了解和掌握不同学科的方法和思维方式,"培养有文化的人"。哈佛文理学院院长罗索夫斯基(Henry Rosovsky)认为"有文化的人"的标准就是在某一专业领域有所建树的基础上:①有能力清晰而有效地思考和写作;②具有批判意识,获得并运用关于宇宙、社会和我们自身的知识和理解;③具有系统思考道德和伦理问题的能力和经验;④具有高度的审美能力和道德水平;⑤了解其他文化和其他时代[21],体现了专业教育和通识教育的平衡。哈佛大学"1978通识教育方案"由核心课程、专业课程和选修课程三部分组成。该方案最终以文学与艺术、科学与数学、历史研究、社会与哲学分析、外国语言和文化、道德评判、定量推理作为通识课程的七大领域,旨在兼顾高等教育的"深度"与"广度"。哈佛大学对其通识教育方案中课程和涉及领域的调整,标志着美国顶级高校开始注重通识教育与专业教育的平衡,不再只是把通识教育看成专业教育的补充。值得注意的是,"核心课程"方案被看作是 20 世纪最好的通识教育课程模式[22]。

(三)通专融合:美国通识教育的交融变革阶段(20 世纪末至今)

20 世纪末,信息与知识的传递更迭达到了前所未有的速度,多元与包容成为新的时代特征。在此背景下,人们更加认识到人文和基础科学在通识教育中的重要性,开始呼吁通识教育与专业教育建立更多的联系与整合。这一时期,美国的通识教育开始进入与专业教育交融发展的阶段。具有标志性意义的是美国学者高夫(Gaff)调研了美国近 600 所本科学院的通识教育实施的状况、改革和发展的趋势,提出如下建议:美国的通识教育应提供知识交叉更为紧密的课程结构;开设注重知识整合、跨学科课程,并加强对课程的评估和调整;将通识教育贯穿于大学 4 年中,注重和专业教育融合,取代前两年通识、后两年专业教育的区隔,消除通识教育和专业教育的割裂[23]。下文中美国 5 所世界一流大学在此时期的新一轮通识教育改革,无不鲜明地借鉴了这一建议。

三、美国五校新一轮通识教育改革的特征

如表 1 所示,笔者基于 4 种最具有权威的大学世界排名,结合美国高校的实际社会声誉,选取了 5 所美国一流高校。其中,两所私立高校麻省理工学院与哈佛大学属于世界范围内的顶级高校;三所公立高校密歇根大学、加州大学伯克利分校和伊利诺伊大学香槟分校一直被誉为美国公立学校三巨头。21 世纪后,他们对通识教育进行一系列新的调整和改革,引发了全球的关注热潮。表 1 系 5 所美国一流大学的世界排名。

表 1　5 所美国一流大学的世界排名

学校名称	性质	ARWU 世界大学学术排名(2019)	QS 世界大学排名(2019)	USNews 世界大学排名(2019)	泰晤士高等教育世界大学排名(2019)
麻省理工学院	私立	4	1	2	4
哈佛大学	私立	1	3	1	6
密歇根大学	公立	20	20	18	20
加州大学伯克利分校	公立	5	27	4	15
伊利诺伊大学香槟分校	公立	38	71	54	50

(一)追求卓越,服务社会:通识教育价值理念的再塑造

美国的通识教育一直承载着高校对学生进行价值塑造的期待,同时也承载着高等教育公共价值的社会承诺。交融变革阶段,麻省理工学院与哈佛大学等美国顶级私立高校率先重塑了其通识教育的价值理念,提出"培养具有高度社会责任感、卓越的社会人和国家公民"

这一主流的培养理念，得到社会各界认可。

麻省理工学院的通识教育理念在此阶段先后进行了两次改革。1998 年，麻省理工学院的学生生活与学习特别工作组评估了学校的教育使命及教育现况，指出：学院应该秉持"通过卓越的教育、研究或者公共服务，汇集科学、工程、建筑、人文学科和管理学的核心优势，为社会做贡献"的教育理念，将学生个人的卓越与对社会的贡献放在核心目标上[24]。在此基础上首次形成了学院通识教育要求。2006 年，麻省理工学院对其通识教育进行了评估，将通识教育的理念调整为"在科学、技术等领域促进知识和教育学生，使他们在 21 世纪更好地服务于国家和世界"[25]。此理念的提出充分考虑了经济全球化的影响，与时俱进地将社会责任感从美国社会扩充为全球的范围。

哈佛大学在融合阶段也进行了两次重大变革。2007 年，哈佛公布了一份关于通识教育的评估报告，提出构建新的"通识教育 1.0 方案"（GenEdu1.0），旨在通过"教授学生更广的知识和技能"，以"帮助学生将课堂所学与毕业后要面对的世界联系起来"，据此对核心课程构架进行改革。2016 年，哈佛大学承认 2007 年的改革过于强调功利主义色彩的实用性，与通识教育的初衷背离。同年，哈佛提出旨在培养"学生在不断变化的世界中，能够拥有公民意识和良好的道德，更好地参与这个社会"的"通识教育 2.0 方案"（GenEdu2.0）[26]，希望学生能够成为卓越的公民，认清个人与社会的关系，勇于承担对社会的责任，拥有正确的道德判断。新的通识教育方案力图将学生所学与人格成长、融入社会建立起紧密的联系机制，力图发挥更广泛层面上的学科价值。

（二）跨越学科，兼容并包：通识教育与专业教育的再融合

21 世纪以来，美国高校致力于将通识教育与专业教育的融合运用到实践中去，主要通过对多元知识的融合、跨学科人才培养的创新这一途径来实现通识教育与专业教育的交互。具体来说，美国高校提倡用包容的视角对多元的"知识单元"进行考量，认为通专融合程度的高低直接影响其通识教育的人才培养成效。在实践中，美国一流高校主要通过跨学科的课程、专业、研究计划方面的探索推进通识教育改革，以增加通识教育与专业教育"融合性"。

从课程实践来看，密歇根大学最重视跨学科特色的课程改革。学校于 2005 年发布了《关于跨学科学习与协同教学的研究报告》，并投入 250 万美元用于支持本科层次的跨学科协同教学。2010 年，该校跨学科协同教学委员会调研了该项目的学习成果，并指出："跨学科课程有助于让学生准备好应对未来变化中的问题，培养其解决复杂问题的技能、综合学习的技能、核心技能，培养其可转移的学习能力。"[27]这标志着跨学科的学习成为通识教育改革的中心环节。

从专业探索来看，加州大学伯克利分校认为 21 世纪的通识教育应该将学生培养为"跨越学科，拥有道德和历史的指南针，为将来的事业打下基础"。为了实现此目标，该校建立了致力于跨学科研究的"系统研究部门"，该部门下有百余个研究中心或研究所，有效地确保了

跨学科研究开展的稳定性[28]。此外,加州大学伯克利分校和伊利诺伊大学香槟分校均设有"跨学科研究领域专业",都规定学生至少学习3个或更多不同领域的主修课程,自主完成跨学科知识的研究整合[29]。

从研究计划来看,麻省理工学院每年推出的数以千计的跨学科"本科生科研项目"广受好评。时至今日,至少91%的本科生通过该项目到其感兴趣的、好奇的跨学科的实验室进行一个学期或者更久的学习,与教授建立直接联系,从而探索前沿的跨学科专业学术领域以发展其批判性思维和创新能力。

(三)文理并重,巩固基础:通识教育课程体系的再重整

课程是教学的基本载体,是教育的基本依托,是实现学校教育的基本保障,对人才培养起着基础性作用[30]。变化是21世纪最持久的时代特征。在此背景下美国一流高校的通识教育课程体系通过新一轮改革再次调整。这一时期,5所学校都强调了对日新月异的科学变革的理解、洞悉、分析与运用,不仅强调文理学科在通识教育中的作用,也强调基础逻辑能力的培养。

麻省理工学院率先体现了上述体系变化。2006年,该校对现有的通识教育课程设置提出两点改进建议:整合科技、文化与社会学科方面过多的课程分类,给出文理并重的结构;科学课程设置更偏向于基础学科,以适应科技发展日新月异的变化。这种改革理念在美国高校中被广泛借鉴。

在文理学科方面,上述5所高校秉持文理学科相辅相成、不可偏废的通识教育理念。麻省理工学院要求全体学生必修微积分、物理、化学导论或基础化学、生物导论4门基础科学课程,此外要求修读8门设计人文、艺术、社会科学3个领域的课程;哈佛大学要求学生在美学与文化、伦理与公民、历史与社会和个体、社会科学与技术四大领域中均必修1门课;同时,要在文理学院的三大学部艺术与人文、科学与工程、社会科学各修读1门;密歇根大学要求学生在自然科学、社会科学、人文学科、数学与符号分析、创造性表达五大领域修满30学分,且要求在自然、社会和人文3个方面均修满7学分;加州大学伯克利分校有"七课广度"(seven-course breadth)[31]要求,要求学生在艺术与文学、生物科学、历史研究、国际研究、哲学与价值观、物理科学、社会与行为学中各修1门课程;伊利诺伊大学香槟分校则要求学生在人文与艺术、社会与行为学、自然科学3个方面均修读6学时的课程。

在基础能力方面,上述5所高校都一致强调写作、沟通、数理逻辑等基础能力的培养。密歇根大学有写作必修、种族和民族学、英语和第二外语的要求;加州大学伯克利分校有阅读与作文、第二外语的"必备技能"要求;伊利诺伊大学香槟分校有高级英语、高级写作的课程要求。此外,这3所高校和哈佛大学都要求学生修读提高量化能力的定量推理课程或实证与数学推理课程;麻省理工学院则要求所有学生必修微积分、大学物理等数学物理方面的课程。

四、"以学生为中心"视角对我国高校通识教育改革的启示

（一）以学生发展为基础，构建塑造核心价值的通识教育价值理念体系

美国一流高校的通识教育无不在内涵和外延两个方面把社会核心价值理念融入对学生发展的支撑。通识教育对学生发展的内涵期待是"培养受过良好教育的人"。良好的教育首先体现在对人文社会的尊重与理解上，前文所述 5 所高校均有相应的要求，如麻省理工学院的人文、艺术和社会学科的选课要求；哈佛大学的关于历史、社会与个体领域课程方面的选课要求；密歇根大学的种族和民族学的选课要求；加州大学伯克利分校的美国文化课程的选课要求；伊利诺伊大学香槟分校的历史与哲学观的选课要求。通识教育对学生发展的外延期待是"成为道德的、合格的社会成员和国家公民"。这要求学生了解政治制度的逻辑，产生较强的社会责任感，认同美国核心社会价值理念。麻省理工学院鼓励学生"服务于国家和社会"；哈佛大学鼓励学生"拥有公民意识，更好地参与社会"；密歇根大学鼓励学生"成为公民和领导者，为共同利益做贡献"；加州大学伯克利分校鼓励学生"拥有道德的指南针"；伊利诺伊大学香槟分校则期望学生成为"合格的公民和领导者"，都反映了对学生道德、伦理、公民意识和爱国情怀等方面的观念塑造。

美国高校这种将国家核心价值观融入通识教育方案的做法很有启发性。我国的社会主义核心价值观在国家层面是富强、民主、文明、和谐；在社会层面是自由、平等、公正、法治；在公民个人层面则是爱国、敬业、诚信、友善。我们要借鉴上述 5 所高校经验，以批判学习的态度，通过自然学科、人文学科、社会学科、工程学科、艺术学科及其交叉学科的课程设置、课程设计来承载社会主义核心价值观，提升以文化人的成效，构建促进学生全面发展的通识教育体系，通过具有中国特色的通识教育，培养出与国家社会需求相结合的创新人才。

（二）以学生学习为导向，构建激励学习的通识教育课程体系

通识教育的主要实践途径是学生学习，而通识教育课程体系正是影响学生学习的中心环节。5 所高校的例子显示，在新一轮通识教育改革中，美国高校的课程体系注重跨学科化的兼容并包、文理并重与基础逻辑能力，以适应 21 世纪的不断变化的时代主题，使学生能够进行更加卓越的学习。在跨学科化方面，美国高校在课程实践、专业探索、研究计划等维度的措施都有效地推进了通识教育与专业教育的深度融合，学生通过跨学科学习可以实践对不同学科知识的整合，接触到最前沿的跨学科研究领域。在文理并重与注重基础能力方面，美国高校重新平衡了课程设计中各个部类的比重，既体现了对通识教育中文理各部类重视的传统要求，又兼顾了当今世界科技、信息迅速发展对数理逻辑、沟通能力的现实要求。

我国最早开始通识教育改革的高校大多沿用哈佛大学"核心课程"的设置。以上海交通大学 2018 级通识教育核心课程要求为例，仅要求学生在人文学科、社会科学、自然科学、工

程技术四大门类任选满足学分要求即可,并没有吸收新时期美国高校同时强调选课之间的关联性、学习的"跨学科"性的经验,使得学生习得的知识不能交叉融会、互补贯通,易造成碎片化学习的现象。我国应该学习美国通识教育课程体系的设置思路,注重关联性,推出更多注重多元跨越的课程实践、专业探索和研究计划,更好地激励学生学习。

(三)以学生学习效果为目标,构建科学评估、协同优化的通识教育管理体系

上述美国 5 所高校都设有由校长牵头的通识教育管理体系,如麻省理工学院的通识教育专项工作组、哈佛大学的通识教育常务委员会等。作为通识教育的管理机构,不仅要协调和连贯通识教育课程与活动,也要对开设课程的教师进行专门的技能培训,帮助推进课程的设计与创新。机构定期评估通识教育的学习效果,综合考虑学生的选课偏好及成绩,负责寻找、分析和评议问题,面向全校师生公布评议结果,出台对通识教育发展具有指南针意义的纲领性指导文件,进一步提出调整方案、调整课程、调整教师、调整教学方法的举措,征求专业意见和体验建议,积极寻求通识教育体系改进与完善。机构具有调动和整合全校资源的权利,可以根据现实需要直接邀请前沿人文、科技领域的专家开设相关课程,而不用受到烦琐的事务流程的制约,使得学生可以及时追寻前沿人文、科技的步伐,提升当前阶段的学习效果。

我国高校应该借鉴美国高校的这种做法,建立全校协同、科学评估的通识教育管理体系。具体来说,要在学校层面设立通识教育委员会,在教务部门设立专门的通识教育管理机构,赋予其调动全校教学和课程资源的权力,疏通政策的执行渠道,并对方案的实施、课程效果定期组织评估,发布通识教育年度报告或周期报告。根据报告审查方案执行的成效,及时做出调整,形成科学评估、不断演进的通识教育体系。

参考文献

[1] 钟秉林,方芳.一流本科教育是"双一流"建设的重要内涵[J].中国大学教学,2016(4):4-8+16.

[2] 赵炬明,高筱卉.关于实施"以学生为中心"的本科教学改革的思考[J].中国高教研究,2017(8):36-40.

[3] [10] 刘献君.论"以学生为中心"[J].高等教育研究,2012(8):1-6.

[4] SCHONBAR R A. The Carl Rogers Reader [J]. Teachers Colege Record, 2005:299-301.

[5] ROGERS C R. On Becoming a Person: A Therapist's View of Psychotherapy [J]. Personne Houghton Miflin Company, 1961.

[6] 赵炬明.论新三中心:概念与历史——美国 SC 本科教学改革研究之一[J].高等工程教育研究,2016(3):35-56.

[7] BARR R B, TAGG J. From Teaching to Learning—A New Paradigm for Undergraduate Education [J]. Change, 1995(11/12):13-15.

[8] UNESCO. Higher Education in the Twenty-First Century Vision and Action [R]. World Conference on Higher Education, Paris, 1998.

[9] UNESCO. Framework for Priority Action for Change and Development of Higher Education [R]. World Conference on Higher Education, Paris, 1998.

［11］ERDELEN W. United Nations Educational, Scientific and Cultural Organization（UNESCO）［J］. Polish Medical Journal，2009,7（3）：555 - 561.

［12］钱颖一. 批判性思维与创造性思维教育：理念与实践［J］. 清华大学教育研究,2018（4）：1 - 16.

［13］黄朝阳. 加强批判性思维教育培养创新型人才［J］. 教育研究,2010（5）：69 - 74.

［14］张凤娟. "通识教育"在美国大学课程设置中的发展历程［J］. 教育发展研究,2003（9）：92 - 95.

［15］陈向明. 对通识教育有关概念的辨析［J］. 高等教育研究,2006（3）：64 - 68.

［16］LEVINE A. Handbook on Undergraduate Curriculum ［J］. Journal of Higher Education, 1978,50（6）：697.

［17］沈文钦. 赫钦斯与芝加哥大学的通识教育改革［J］. 比较教育研究,2006（4）：41 - 45.

［18］ Harvard University. General Education in A Free Society ［M］. Cambridge，Mas.：Harvard University Pres, 1945：51.

［19］1949 Report of the Committee on Educational Survey ［EB/OL］.［2018 - 06 - 20］. http://libraries. mit. edu/archives/mithistory/pdf/lewis. pdf.

［20］LEVINE A. Handbook on Undergraduate Curriculum ［J］. Journal of Higher Education, 1978,50（6）：697.

［21］KELER P. Getting at the Core：Curricular Reform at Harvard ［M］. Cambridge，Mas：Harvard University Pres, 1982：42 - 43.

［22］梁桂麟,刘志山. 港澳台高校通识教育比较研究［M］. 北京：中国社会科学出版社,2008.

［23］GAF J G. Handout on Curriculum Trends ［Z］. 2003.

［24］［25］Report of the Task Force on the undergraduate educational commons ［EB/OL］.［2018 - 06 - 20］. http://web. mitedu/commites/edcommons/documents/tf_ful_report. pdf.

［26］Members of the General Education Review Commite. General Education Review Commite Final Report ［EB/OL］.［2018 - 06 - 20］. http://generaleducation. fas. harvard. edu/files/gened/files/gerc_final_report. pdf.

［27］Center for Research on Learning and Teaching. Impact of Multidisciplinary Learning and Team Teaching Courses ［EB/OL］.［2018 - 06 - 20］. http://crlt. umich. edu/sites/default/files/CRLT50/poster_pdfs/MLTT. pdf.

［28］李学伟. 拓展研究边界促进学科发展——加州大学伯克利分校学科发展的启示［J］. 现代教育管理, 2013（4）：117 - 122.

［29］张晓报. 论美国研究型大学跨学科人才培养理念［J］. 高等理科教育,2016（2）：53 - 58.

［30］刘献君. 大学课程建设的发展趋势［J］. 高等教育研究,2014（2）：62 - 69.

［31］Seven-Course Breadth Requirement of College of Letters & Science ［EB/OL］.［2018 - 08 - 20］. https://ls. berkeley. edu/seven-course-breadth-requirement.

American Enlightenment of General Education from the"Student-centered" Perspective

JI Bo，LIU Miao，GUO Jing，CHEN Long

Abstract：The combination of general education and professional education is the direction in deepening and optimizing the reform of general education. In the"student-centered" reform，higher education researchers and practitioners are very concerned about how to balance professional education and general education. This paper first outlines the evolution of general education in the United States in the past century: from the coexistence of general education and professional education, to the balance between general education and professional education, then to the integration of general education and professional education. Secondly, this paper analyses the characteristics of five first-class universities in the United States after the new round of general education reform: 1. Pursuing excellence, serving the society and remolding the value concept of general education; 2. Cross-disciplinary, inclusive, and re-integration of general education and professional education; 3. Paying equal attention to arts and science, consolidating the foundation, and reorganizing the curriculum system of general education. Finally, this paper reveals the enlightenment of American general education from the "student-centered" perspective: On the basis of student development, we should build a general education value concept system to shape core values. Oriented towards student learning, we should establish a general education curriculum system to encourage learning. Aiming at learning outcomes, we should establish an educational management system to implement scientific assessment and collaborative optimization.

Key words: student-centered; general education; the combination of general education and professional education

（本文载《江苏高教》2019 年第 11 期）

加拿大安大略省教学轨教职的发展现状、评价标准及现实启示

王思懿　赵文华

摘　要：近年来，在学生规模扩大、教育问责强化、财政资助缩减等压力之下，加拿大安大略省将引入教学轨教职作为提高教育质量的重要改革举措。与传统的终身轨教师相比，教学轨教师主要从事教学和学习活动；与兼职或临时讲师相比，教学轨教师对教学和学生的投入更多，与学校的聘任关系更加稳定。作为与终身轨教职平行的职业发展轨道，教学轨教职的评价标准主要侧重考察教师在教学技能、教学计划与课程发展、教学领导与成就等领域的贡献。教学轨教职的引入对大学而言是一次机会，可以重新审视教学与研究之间的关系，探索教学使命和研究使命如何相互促进。在当前的教师岗位分类改革中，我国高校可从教学模式和课程体系、聘任与晋升评价体系、晋升与岗位转换通道、教学荣誉体系等方面提高以教学为主型教职的认可度，促进教学为主型教师队伍的职业发展。

关键词：安大略省；教学轨教职；评价标准；教学质量；学习体验

近年来，受动荡的政治、经济和社会环境的影响，世界各国高等教育均经历着前所未有的剧烈变革，"不断扩大的学生规模、逐渐强化的社会问责和持续缩减的财政资助使得传统的高等教育模式面临挑战"。[1]为了回应不断增加的外部压力，各国高等教育机构在人事、财政、治理领域开展了一系列改革，其中以教师为中心的改革如终身教轨制度改革由于牵涉利益甚多，且对大学竞争力、综合实力及社会声誉的提升至关重要，因此受到尤其多的关注。相较于美国和欧洲国家，加拿大的公立高等教育系统更加强调公平，且保持着较强的重视教学和学术自治的传统，在教师专业发展和促进教学学术发展方面拥有丰富的经验。其中，安大略省是加拿大人口最多的省份，也是加拿大高等教育最发达的省份，拥有多伦多大学、麦克马斯特大学、西安大略大学、滑铁卢大学等世界一流的大学，因此，其教育政策与实践具有较强的现实影响力和理论研究价值。近20年以来，加拿大安大略省在教师人事制度领域所采取的最重要的改革举措之一即引入教学轨教师职位（Teaching-Stream Faculty，TSF）。与传统的以研究为重心的终身轨教师相比，教学轨教师主要从事教学和学习活动；与近年来

作者简介：王思懿，上海交通大学高等教育研究院博士生；赵文华，上海交通大学高等教育研究院教授，博士生导师。

基金项目：国家自然科学基金面上项目"研究型大学社会声誉的形成机理及提升策略研究"（项目编号：71774110）。

日益增加的兼职和临时讲师群体相比,教学轨教师对教学和学生的投入更多,与学校的聘任关系更加稳定。根据安大略省大学教师联合会(Ontario Confederation of University Faculty Associations, OCUFA)的定义,TSF 是那些与学校签订聘任协议、仅从事教学活动或与教学相关的研究和服务活动的全职教师。[2]

TSF 的职业发展及其对高等教育机构和学生的影响是一项极其复杂而多变的研究议题,目前已经有一些文献对此进行了探索性的研究,初步证实了 TSF 的正面作用,并提出了进一步发展 TSF 的建议。霍夫曼(Hoffman)等人对 1996—2005 年间一所加拿大大学的 40 000 名学生的教育数据进行分析后发现,处在教学型岗位的教师在教学效果方面的得分略高于终身轨教师和全职教授。[3]帕斯卡雷拉(Pascarella)等人也发现,专注教学的教师在学生满意度评分方面较其他教师更高。[4]吉布斯(Gibbs)等人通过研究发现,积极参与教学和学习发展活动的教师更有可能获得较高的教学成就。[5]达罗奇(Darroch)等人通过对研究型大学中教学轨教师的专业化、地位及发展困境进行分析,发现教学轨教师正面临较大的工作压力和角色冲突,其薪资待遇相对终身轨教师也更低,为了使教学轨职位进一步专业化,成为与终身轨职位平行的职业发展轨道,大学必须尽快解决这些问题。[6]西蒙兹(Simmonds)等人对教学轨教师专业认同感的形成进行了研究,提出可通过建立同行之间(peer-to-peer)的交流和指导机制提升教学轨教师的专业认同感,并促进教学学术发展。[7]基于现有文献基础,下文将首先介绍加拿大安大略省 TSF 的产生背景及发展现状,以多伦多大学为例对 TSF 的聘任与晋升评价标准进行深入论述,并对 TSF 的发展前景以及所面临的挑战进行分析,最后结合加拿大发展 TSF 的经验,对我国高校师资岗位分类改革后教学为主型岗位的发展提出建议。

一、TSF 的产生背景及发展现状

(一) 安大略省引入 TSF 的动因

加拿大的公立高等教育系统以公平性著称,其高等教育入学率居世界前列。近年来,加拿大的高等教育规模进一步扩大,学生人数持续增加,根据安大略省大学委员会的数据,2002—2003 年安大略省全日制本科生入学人数为 311 660 人,到 2012—2013 年增加至 400 272 人,同一时期的研究生入学人数从 36 654 人增加到 56 118 人,本科生和研究生总入学人数从 348 314 人增加到 456 460 人,增长比例为 31%。[8]这导致许多加拿大大学的教学负担不断加重。而社会公众和政府对于教育公平及可获得性的追求迫使大学更加关注教育质量,尤其是本科生教育。在该背景下,教学成为评价大学绩效评价的重点领域,确保学生学习体验、提高教育质量成为大学必须关注的问题。

在加拿大,安大略省是生师比最高的省份,教师的教学任务十分繁重。为适应不断增加的学生人数和班级规模,大学可以选择增设全职教师岗位,或探索不同的教学任务分配模式。直接增设教师岗位，探索新的教学任务模式具有更大的潜在风险，这可能会对加拿大公立高等教育的基础和学术界的传统构成挑战，且难以在一夕之间完成，因此相比之下，增加专职从事教学的教师岗位，对于大学而言是更加简单快捷地缓解教学压力且能保证教学质量的方法。而当前加拿大供过于求的学术劳动力市场也为 TSF 的产生提供了人才基础，不断增长的博士毕业生人数到高校寻找教职，而大部分大学的终身教职和终身轨职位空缺越来越少，取而代之的是更多临时的、灵活的合同制岗位的产生。在一些加拿大大学中，兼职讲师和合同制教师占到了教学人员总数的 40％[9]，大部分本科教学任务都由这些处于临时岗位或兼职岗位的教师完成，他们的薪资和福利待遇均比终身轨教师低，且难以获得充分的职业安全保障。在这种教职稀缺的背景下，TSF 岗位顺理成章地成为传统的终身轨岗位的"跳板"。由于全职的 TSF 岗位相比兼职教职更加稳定，职业发展前景也相对较好，因而相比大量雇佣兼职讲师的大学，那些有能力雇佣全职教学岗位的大学在学术劳动力市场中更具竞争优势，它们更容易招到那些教学能力突出的优秀教师。

此外，在加拿大高等教育系统中，高等教育机构的财政经费主要来自省级政府，联邦政府主要通过转移支付支持各省高等教育机构发展，而政府资助增长率低于通货膨胀率，导致许多大学面临经费不足的困境，因此大学更加依赖学费以维持日常运行。与此同时，为了获取专项政府资助（如专门用于拓展研究生教育项目的资助）和研究经费，很多过去非常重视本科生教育的教学型大学也开始转向研究。[10] 在财政紧缩和竞争加剧的压力下，好的研究意味着更充裕的经费与更高的声望，这导致教学和研究之间出现竞争性的矛盾。为了缓解这种矛盾，许多大学开始引入侧重教学的 TSF 岗位，尤其是在研究型大学中，这种矛盾更加突出。大学为了更好地实现研究使命，同时满足学生教育需求和保障教学质量，尝试通过减少教师教学工作量等方式以支持研究能力较强的终身轨教师专注于研究而获取更多经费。在晋升压力下，终身轨教师也可与院系协商适当减少其教学任务，因为晋升和终身制审查的关注重点主要是科研而非教学。

（二）TSF 的发展现状

在安大略省主要的高等教育机构中，仅有不足一半的机构设有 TSF 岗位，其名称各不相同。如表 1 所示，卡尔顿大学、温莎大学、滑铁卢大学均设有专职教学的讲师岗位，这类岗位又分为临时岗位或长期聘用两种类型，前者的聘任合同通常为 1 年，而后者的聘期最多可长达 6 年，和终身轨教师类似，他们需在聘期第五年接受续聘评估。劳伦森大学的教学轨教师同样为常设的临时性岗位，该职位同时从事本科生和研究生教学，无须承担研究任务。麦克马斯特大学、多伦多大学的教学轨教师岗位是与终身轨教职相平行的岗位类型，其学术等级结构也与终身轨相似，其中最高等级为教学型教授。圭尔夫大学将教学型岗位纳入常规的终身轨体系一管理，但这类职位的聘任与晋升标准更加强调教学。约克大学的教学型岗位为可转换轨（教学为主）聘任类型，包含助理讲师、副讲师、高级讲师 3 种学术等级，其中教学能力卓越且成就突出的教师将有机会获得终身教职。不同高等教育机构引入 TSF 的时间以及 TSF 规模差异较大，其中多伦多大学较早引入 TSF，且规模在安大略省各高等教育机构中最大。下文将以多伦多大学为例，对 TSF 岗位的聘任与晋升及其职业发展路径进行深入分析。

根据安大略省高等教育质量委员会 2011 年开展的一项覆盖安大略省多伦多大学、麦克马斯特大学、圭尔夫大学、滑铁卢大学、温莎大学（有效问卷数 134 份）的调查，相对安大略省高等教育机构中的其他教师，大部分 TSF 的学术等级都偏低，其中 75％左右的 TSF 头衔为讲师或高级讲师，拥有助理教授职称的 TSF 比例仅占 12％，副教授职称占比 7％，拥有教授职称的教师比例更低，仅为 1％（见图 1）。其中，约 74％的参与者认为他们的职位较为稳定，16％的参与者已获得终身教职或位于终身轨，10％的参与者表示其岗位属于有限期聘任岗位或临时岗位。在岗位职责方面，TSF 的岗位职责分配通常呈现 8∶1∶1 的比例（教学 80％、科研 10％、服务 10％），而传统终身轨教师的职责分配基本呈现 4∶4∶2 的比例（教学 40％、科研 40％、服务 20％），过高的教学工作量使 TSF 被认为是"教学机器"，从而受到诸多争议。但总体而言，TSF 教师群体对该职位的满意度较高。根据一项由安大略高等教育质量委员会（Higher Education Quality Council of Ontario）2011 年组织的针对安大略省

表 1　安大略省主要高等教育机构 TSF 概况（2011 年）

大学名称	是否设有 TSF	TSF 岗位名称	TSF 数量（人）
阿尔戈玛大学（Algoma University）	No		
布鲁克大学（Brock University）	No		
卡尔顿大学（Carleton University）	Yes	Instructor	86
湖首大学（Lakehead University）	No		
劳伦森大学（Laurentian University）	Yes	Permanent sessional	8～12
麦克马斯特大学（McMaster University）	Yes	Teaching-stream faculty	51
安大略艺术与设计大学（Ontario College of Art & Design University）	No		
渥太华大学（University of Ottawa）	No		
女王大学（Queen's University）	No		
皇家军事学院（Royal Military College）	No		
瑞尔森大学（Ryerson University）	No		
特伦特大学（Trent University）	No		
多伦多大学（University of Toronto）	Yes	Teaching-stream faculty	309
圭尔夫大学（University of Guelph）	Yes	Regular tenure stream	不详
温莎大学（University of Windsor）	Yes	Sessional lecturer	8
滑铁卢大学（University of Waterloo）	Yes	Continuing lecturer	29
西安大略大学（University of Western Ontario）	No		
威尔弗里德·劳雷尔大学（Wilfrid Laurier University）	No		
约克大学（York University）	Yes	Alternate-stream（teaching-focused）appointment	40

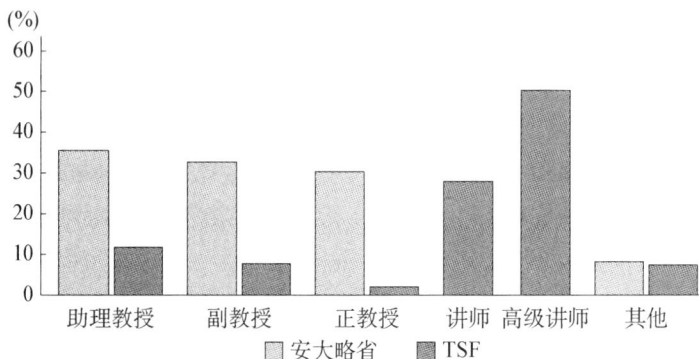

图1 安大略省 TSF 与其他类型教师的学术等级结构对比图（2011 年）
资料来源：Vajoczki, S., Fenton, N., Menard, K., Pollon, D.. Teaching-Stream Faculty in Ontario Universities［R］. Toronto：Higher Education Quality Council of Ontario，2011：19,22.

TSF 群体开展的调查，87％的受访者对其现有职位感到满意或非常满意；当被问及如果有机会获得传统的教学研究型职位时他们会如何选择，75％受访者选择继续留在教学轨教师队伍。[11]

二、TSF 岗位的聘任与晋升评价标准

早在 1991 年，多伦多大学就已经将校内现有的临时教学职位转换为常设的 TSF 职位，其学术等级也由指导教师（tutor）或高级指导教师（senior tutor）过渡为讲师（lecturer）和高级讲师（senior lecturer）。2015 年，多伦多大学治理委员会（Governing Council）与教师协会（Faculty Association）在进行了长达数月的协商谈判以后，宣布对教学系列的教师专业职称进行改革，率先引入了专门针对教学为主的全职教师的终身教轨制度，包括助理教授、副教授等职位，之前被学校聘为讲师（Lecturer）和高级讲师（Senior Lecturer）的专门从事教学的全职教师，根据条件全部评聘为终身轨教学系列的助理教授（Assistant professor, teaching stream）和副教授（Associate professor, teaching stream）。2017 年，学校在终身轨教学系列中增设了正教授职位（Full professor, teaching stream）。教学系列岗位的首聘期为 4 年，和终身轨教职类似，在其首聘期结束前一年，教师需接受试用期评估（probationary review），在评估合格后，教师可与学校签订为期两年的续聘合同；续聘合同结束之前，教师还需接受续聘期评估（continuing status review），这一评估和终身制审查过程类似；续聘评估通过后，学校将与教师签订长期聘用合同（continuing appointment）。尽管评估程序与终身教轨类似，但在评估标准方面，教学型教职主要侧重考察教师在教学领域的成就，具体包括：教学质量，如在课程与教材、学生指导、学生考试成绩等方面的成就；教学数量，如教学工作量、指导学生数量、教学会议出席情况、教学培训参与情况等；卓越的教育领导力及成就，即教师在教育领域的独特贡献和教学学术产出；对教学学术共同体的贡献，包括在教学咨询、教学研讨

等多种形式中贡献教学学术的前沿知识。

以多伦多大学文理学院 2018 年最新版本的教学系列教师续聘审查及副教授晋升评价标准为例(见表 2),教学轨教师不仅需要满足适用于所有教师的常规教学标准(如促进学生智力发展和学术成就、鼓励学生探索和理解专业知识、良好的沟通技能、采用科学合理的评价方式反馈学生学习成就等),还必须满足能表明教学卓越的额外标准,主要包括卓越的教学技能、创造性的教学计划、独特的教学领导和成就,其中:卓越的教学技能主要体现为长期的、持续的、能有效促进学生学习的教学能力;创造性的教学计划主要体现为在课程和教学项目发展方面持续做出的重要贡献;独特的教学领导和成就则主要反映为对课堂教学有重要影响的教学贡献。[12] 上述维度基本能较为全面地反映教师的教学能力和潜力以及教师在教学领域的成就和贡献。不同维度对应的参考标准相对细化,且侧重考察的对象和内容均有所差异,相较于终身轨教职的评价标准而言具有较好的区分度,因而对于晋升评价实践也具有较强的指导意义。

表 2　多伦多大学文理学院教学轨教师续聘审查及副教授晋升评价标准(2018 年)

评价维度	参考标准
卓越的教学技能	示范性的课堂教学或在线教学实践;能严谨而有见地地使用循证方法设计促进学生学习的活动、作业或课程;积极将自己的研究和学术纳入教学实践和课程发展;利用专业知识和经验加深学生的理解、丰富理论应用;能有效管理课程,并与对学生学习体验产生积极影响的助教进行良好的协作;善于创造机会促进本科生和研究生参与研究(例如与学生合作进行学术报告或发表,指导学生开展研究);为本科生或研究生完成论文或其他重要的研究项目提供成功的指导;被提名或获得某种教学奖励/荣誉
创造性的教学计划	开发新的课程或对现有课程进行改革;教学领域的成功创新,包括创建创新的、示范性的教学过程、教学材料、教学工具或教学评估方式;开发新的方法促进学生参与研究过程,并通过探索导向的方式为他们提供学习的机会;为学生开发独特的学习体验(如职业发展或社区参与的学习机会);对教学技术和课程的发展做出重大贡献(如通过开发或创造性地应用有效的新技术或媒介);利用捐赠或资金支持教学计划的制定和实施开展新的教学方法或课程的试点;制定支持教学和学习的新举措
独特的教学领导与成就	对学科或更广泛的教育背景下的教学发展或教学变革做出重大贡献,如引入新的教学技巧、开发新的教学材料(如教科书,教学指南)、开发丰富教学和学习的技术工具或多媒体资源、受邀在其他学术单位或机构担任课程或教学计划评估专家;对支持教学和学习的新举措进行监督指导;积极参与其他人的专业发展,如开展关于教学和学习的工作坊、研讨会或报告,积极参与带教活动或担任新同事的教学导师,在管理和领导助教及教学团队成员方面提供指导并探索最佳实践;大量参与有关教学和学习的专业组织/协会或与教学中心合作,如担任专业学术期刊的评论员或教育出版物的编辑、作为教学论坛的评审专家、在教学和学习的专业组织/协会中担任领导;在课堂之外大量参与与教学相关的活动,如与社区组织合作开展拓展活动;将参与专业组织的知识和经验应用到实际教学和课程中;组织重点关注教学和学习的会议或专题讨论会;参与教学学术和学习学术,如开展影响课堂教学或学习的研究,通过学术发表、会议报告、研讨会等方式传播自己在教学研究方面的成果

资料来源:Faculty of Arts & Science Guidelines and Procedures for the Assessment of Teaching Stream Faculty(for Probationary,Continuing Status and Promotion Reviews)[EB/OL].[2019 - 05 - 10]. https://www.aapm.utoronto.ca/wp-content/uploads/sites/129/2018/03/FAS-Divisional-Guidelines-Teaching-Stream.pdf.

TSF 的引入表明了大学对教学工作价值的认可，提升了大学作为学术共同体的凝聚力。多伦多大学的副校长谢丽尔·雷格尔（Cheryl Regehr）在一次采访中提到，"教学系列的教师第一次正式拥有了属于他们的专业职称和头衔，这充分体现了教学和学习在大学使命中的重要性，也鼓励了优秀的教学系列的教师努力提升学生的学习体验和学校的教学质量"。多伦多大学电脑科学系一位从事教学长达 16 年之久的教师保罗·格里斯（Paul Gries）对这一举措感到欣慰，"新的头衔让他和他的同事们获得了合法性，在不同国家，讲师这一头衔有不同含义，在北美，许多人都将讲师视为一种不那么重要的、临时性的职位，在参加会议时，这一头衔很容易造成疑惑，我总是需要多次解释，我是一名从事教学和教学研究的教师，和研究系列的职位没什么不同。但现在好了，新的职位名称将大大减少人们的这种困惑，我能自信地告诉别人，我是一名教学系列的专职教授"。格里斯还认为这一改革举措将增强学校在教师招聘方面的竞争力，"其他很多大学已经开展了这类改革，例如，UBC 在 2011 年设置了教学系列的教授头衔，改革之后，我们学校将能更好地和这些大学竞争优秀的教师"。[13]

三、扩大 TSF 规模的潜在风险与挑战

无论从教学质量、财政预算还是教学科研的平衡、教师职业选择等维度来看，TSF 都有独特的优势和价值，但与此同时，TSF 也存在一些可能的缺陷和不足（详见表3）。事实上，TSF 产生最直接的动力来自大学提高教学质量的需要，其存在也的确对教学质量的提升、学生学习体验的改善、课程创新与发展产生了重要的积极影响。但在实际的教育过程中，来自不同教师的、多元的教育观点和教学方式的融合更加有利于学生发展，因此，少数教师承担过多的教学工作量则容易削弱教育的多样性。此外，由于相比传统的终身轨教师，TSF 的主要工作集中在教学和学习领域，而教学和学习很难量化，教学方面的工作量也很难与研究成果放在一起进行衡量，因此对 TSF 的教学绩效进行评估将面临更大的挑战。从成本—效益的角度来说，教学型职位更加经济合算，因为他们通常承担比终身轨教师更多的教学任务，而学校为此所需付出的薪资和福利成本却相对较低，但将签订短期聘用合同的临时或兼职讲师转化为更加稳定的全职教学轨教师，将在短期内增加大学在教师薪资和福利方面的成本开支。

TSF 的出现和发展还对教学与科研之间的关系带来了一系列影响，一方面，TSF 的出现体现了大学对于教学的关注和认可，他们专注于教学并密切关注学生需求，当大部分教师专注科研而忽略教学时，他们通过确保高质量的教学和学习体验，有效避免了研究型大学中教学和研究进一步失衡。同时，TSF 承担大量教学任务，因此间接分担了部分终身轨教师的教学负担，为其专注科研提供了支持。但另一方面，TSF 的教学工作量与绩效和其他终身轨教师的研究工作相比不具备可比性，这可能加剧教学与研究的分化。同时，TSF 的存在也可能使终身轨教师丧失对教学的追求，更加疲于应付教学任务或提升教学技能，进而导致教学

与研究进一步被割裂。最后,TSF 的引入还为具有不同兴趣和专长的教师提供了更多可替代的、多元化的职业发展选择。由于它是侧重教学的、与终身教轨相平行的职业发展轨道,因此,它为对教学感兴趣的终身轨教师全身心投入教学提供了可能。另外,它还为学校短期聘任的合同制教师和兼职讲师提供了更具职业安全保障的发展机会。但在薪资福利方面,TSF 的待遇略低于终身轨职位。此外,研究至上的学术界传统和"研究优于教学"的固有理念可能使得专注于教学的 TSF 被边缘化,或被视为"二等公民",从而人为导致学术等级的进一步分化。一位受访者提到,"学校声称教学系列职位和终身轨职位是同等的,但事实上并非如此,教学总是被忽视,我们经常被视作二等公民,不是每个人都尊重和理解这个职位,在许多学科,我们没有机会给研究生授课,而且,我们没有资格任职系主任等学术管理职位,即便我们中有许多人都拥有出色的管理能力"。[14] TSF 如果不能获得终身教职或教授职位,待遇也比终身轨教师低,且被排除在大学和院系治理之外,那么 TSF 与传统的学术共同体之间的联系可能会进一步疏远。

表 3　TSF 的优势特征与可能的缺陷

维度	优势特征	可能的缺陷和不足
教学质量与学生学习体验	• TSF 在教学和课程创新方面的卓越能力直接提升了教育质量 • TSF 与学生的持续互动和对学生需求的关注改善了学生学习体验 • TSF 队伍的扩大能有效降低生师比,减少班级规模 • TSF 通过开展卓越的本科生教育提升了大学声誉,利于大学吸引更优秀的学生	• 削弱教育的多样性 • 对 TSF 的教学绩效进行评估和量化更加困难
财政预算与成本	• 在预算紧缩和学生规模增大的背景下,TSF 相比终身轨职位教学工作量更大,而薪资相对较低,因而具有更高的成本-效益比	• 将短期合同教师与兼职讲师转化为 TSF 短期内将增加大学在教师薪资福利方面的支出
教学与科研的平衡	• TSF 分担了部分终身轨教师的教学负担,为其专注科研提供了支持 • TSF 的出现能有效缓解研究型大学中大部分教师过度关注科研而忽视教学的情况	• TSF 的存在可能使终身轨教师丧失对教学的追求,缺乏提升教学能力的动力,导致教学更加被忽视 • TSF 的教学工作量与其他教师的研究工作不具备可比性,可能加剧教学与研究的分化
教师职业选择与职业保障	• 为教师职业发展提供了更多样化的选择,为学校短期聘任的合同制教师和兼职讲师提供了更具职业安全保障的发展机会	• TSF 相对传统的终身轨教师薪资待遇更低,人为导致学术等级的进一步分化

在引入 TSF 和进一步扩大 TSF 规模的过程中,大学依然面临诸多挑战,例如,依据教学 80％、科研 10％、服务 10％的岗位职责分配比例,TSF 需要承担少量的学术研究以确保教学质量和学生体验,但这类研究具体包括什么? 是否有必要要求他们承担一小部分基于学科

的学术研究？还是允许他们仅承担基于反思性教学、参与教学以及课程发展的教学学术研究？为了让 TSF 职位与传统的从事教学与科研的终身轨职位更具有可比性，规定其从事适量的基于学科的研究似乎是必需的，因为必要的学术有利于他们进行课程开发和创新，在科学技术迅速更新换代的知识经济时代，不从事研究可能导致他们难以跟上学科发展的步伐，过时的学科知识也将限制他们为学生提供高质量的学习体验；同时，如果 TSF 的岗位职责不包括研究和学术，这可能间接剥夺了他们的晋升机会，将他们限制在远离主流学术界的"工作贫民区"。尽管要求 TSF 花费 10% 的时间从事研究在理论上具有正当性和合理性，但实际上，学术研究通常需要持续投入大量的时间、精力以及财力，如此短的时间很难产生真正有价值的科研成果，而且还加重了他们原本就繁重的教学负担。与专注于研究的终身轨教师相比，TSF 在竞争经费获取方面也处于劣势，在研究经费缺乏的情况下，产出高质量研究成果的难度将进一步加大。此外，相比基于学科的学术研究，教学学术在现有学术评价体系中处于边缘地位，缺乏认可度和影响力，传统的以论文发表为主的学术成果呈现方式难以准确、全面、客观地传达复杂、动态的教学活动所蕴含的全部内容和有价值的信息，许多教学成果常以研讨会、教学工作坊、小组会议等小范围、非正式的渠道进行传播，导致教学学术的研究成果难以得到主流学术界的认同。因此，如何从更广泛的维度来看待教学的价值，如何建立多情境、多主体、多维度的教学评价体系，如何以 TSF 为中心营造教学学术的氛围，均是未来进一步发展 TSF 需要考虑的问题。与传统的终身轨教职相比，教学轨职位的工作职责分配、评价内容和方式以及薪酬待遇都需要各方利益群体重新协商和定义，这将是复杂而漫长的权力（权利）博弈过程。

四、小 结 与 启 示

毫无疑问，教学轨职位的设立对高度分化的、学术等级鲜明的、以研究使命为中心的大学文化提出了挑战，也促使传统的教学和科研并重的终身教轨制度进行自我变革。对于大学而言，TSF 的引入是一次新的机会，可以重新审视教学与研究之间的关系，探索教学使命和研究使命如何相互促进。在加拿大安大略省，不同高校基于学校传统、财政状况、师资情况等因素，对此作出了不同的回应，其中某些高校将教学轨职位设定为与终身轨职位相平行的岗位类型，有的高校将教学轨职位纳入终身轨体系统一管理，而另一些高校则将其定位为介于终身教轨和临时讲师之间的常设岗位。基于不同的定位和期待，安大略省不同高校中教学型职位的学术等级、岗位职责、考察标准及审查程序均有所不同，但整体来看，其教学型职位已经逐渐形成了一套有别于终身轨的、充分体现学校教育使命和教学特色的聘任与晋升标准体系与职业发展路径。这对于我国高校岗位分类改革以后地位和处境却日益尴尬的教学为主型岗位的改革和发展而言无疑有着特殊的启示。

近 10 年来，以 2007 年颁布《关于高等学校岗位设置管理的指导意见》为标志，岗位分类管理及考核评价机制改革成为我国高校人事制度改革的重要内容，也成为后续许多研究型大学开展预聘—长聘制改革的前提和基础。在岗位分类改革中,大部分高校都采纳了政策推荐的"教学为主岗、教学科研岗、科研为主岗"的岗位划分方式,在长期承担全校性公共课及量大面广的专业基础课教学岗位中设置教学为主型岗位。与加拿大的教学轨教职基本类似,这类岗位主要从事本科生教学,较少开展科研活动。但我国的教学型岗位又相对比较特殊,1949 年以后很长一段时间内,在苏联模式的影响下,我国高校的基层学术组织以教学研究指导组(简称教研组)为中心,主要依据经济建设和工业生产的需求培养人才,辅以少量的科研任务。直至 1985 年《中共中央关于教育体制改革的决定》颁布以后,随着我国高等教育体制改革的展开,教研组逐步瓦解,借鉴西方国家的院系、研究所等组织形式开始成为我国基层学术组织的主体。[15]这一特殊的历史背景导致我国高校存在一批年龄较大的、长期从事教学工作的教师,因此和西方国家相比,我国教学型教职的产生背景和岗位性质都更加复杂。借鉴加拿大安大略省引入和发展教学轨教职的经验,我国可从教学模式和课程体系、聘任与晋升评价体系、晋升与岗位转换通道、教学荣誉体系等方面提高教学为主型教职的认可度,促进教学为主型教师队伍的职业发展,以此深化师资岗位分类改革,提高师资队伍的整体水平和竞争力。

第一,推进教学模式和课程体系改革,拓展课程深度。目前,我国高校许多教学为主型岗位均设置在从事全校范围内公共课教学和院系内部分专业基础课教学的教学大院,尤其是外语、数学、马克思主义学院等院系,这些院系中的教学为主型教师承担着大量诸如大学英语、研究生英语、大学数学、思想政治教育等公共课程的教学任务,相比国外的通识教育课程,这类公共课程更加突出工具技能掌握、政治教育功能,以及服务于专业学习的自然科学基础教育。[16]课程内容相对陈旧、教学内容缺乏深度且教学质量参差不齐,这间接导致了从事公共课教学的教学为主型教师得不到充分的重视和认可;此外,繁重的教学课时量也使其普遍缺乏从事科研的精力和热情,从而进一步被主流的学术共同体边缘化。因此,要从根源上提高教学为主型岗位的受认可程度,需同时对现有的教学模式和课程体系进行改革,以学生发展为中心,拓展教学为主型教师所授课程的深度和广度,结合学生专业建立通识教育与专业教育相结合、全面发展和个性化发展同时兼顾的创新型课程体系,创新教学方式,综合运用课堂教学、实验室教学、研讨会等方式促进学生学习,不断探索教学领域的最佳实践。

第二,从教学技能、课程发展、教育领导与成就三维度重构聘任与晋升评价体系。当前,我国高校对教学为主型教师的岗位职责和评价标准的规定还相对比较宽泛,且习惯于用教学、研究、服务这一传统的三维度学术评价模式衡量教学。在教学要求上,通常要求达到固定的课时数且评教结果优秀,对于更加微观的学生学习体验、课堂管理、教学方法等则关注不够。在科研方面,通常要求"承担适量的科研工作,取得一定的科研成果,能不断将本学科前沿领域的研究成果融入教学内容",对于研究的对象、范围以及研究成果的呈现方式则没有明确说明;在教学学术方面,也仅规定"承担教学研究工作,主持或参与教学研究项目,掌握本学科教学发展动态,负责本学科课程体系建设",将教学学术的丰富内涵限缩为教学研究项目和课程建设,且未将教学学术与基于学科的研究进行区分。在服务方面,将教学管理、科研管理、学生指导等专业性较强的工作与常规的服务性工作相混合,未突出教学的核心地位。借鉴国外教学轨教职的评价标准,应以教学为核心,以改进学生学习体验和提高教学质量为目标,基于教学技能、课程发展、教育领导与成就等教育活动的内在维度重构教学为主型岗位的聘任与晋升评价体系,并设计除具备可比性和可行性的参考标准外,以研究反哺教学、服务促进教学为原则,将研究和服务融入教学,适度区分教学学术和基于学科的研究,明确规定研究的内容、范围和研究成果的呈现形式,将教学和课堂管理、课程评估与指导、教学学术的领导与管理等与教学活动相关性较强、专业要求较高的服务性工作整合进核心的教学维度评价指标,并将其与学校行政、社区服务等常规的服务工作相区分。突破以课堂教学为主的教学情境,建立实验室教学、研讨会教学、课外拓展实践教学、学生指导等多种教学情境的考察指标,改进学生评教和同行评价的方式,凸显教学为主型岗位评价标准与普通教师评价标准的区分度。

第三,建立畅通的晋升通道与严格的跨岗位转换机制。在岗位分类改革之后,学校和院系应基于财政状况、学生人数、师资概况等因素,合理设置教学为主型岗位总数与结构比例,明确教学为主型讲师、教学为主型助理教授、教学为主型副教授以及教学为主型教授的职务名称、聘任类型与聘期、岗位职责、审查标准与程序、晋升方式与条件等,为教学为主型教师提供畅通的晋升通道。在跨岗位转换机制的设置上,学校应通过制定严格的转岗标准和审查程序,避免教学为主型岗位沦为通往其他类型岗位的跳板,但给予个别科研能力尤其突出的教学为主型教师通过公平竞争转换岗位的机会。在教学轨岗位的转岗机制方面,加拿大的许多大学都采取不鼓励的政策态度。以约克大学的校内人事管理政策为例,其中提到,"教学型岗位和传统学术专业岗位的职业导向有本质差别,因此,学校并未设置这两类岗位之间的常设转换通道或联合聘任机制,以避免教师将可转换的教学型岗位作为通往终身轨职位的跳板,因为这一行为违背了学校设立该岗位的初衷,并且可能严重损害该职位的职业尊严。但在有证据表明教师的职业兴趣和专业能力发生较大改变的情况下,教师仍然有机会在学术专业岗位和教学型岗位之间进行转换,前提是他必须与其他申请该职位的候选人进行公平竞争"。[17]

第四,加大教学投入,完善教学荣誉体系。为吸引更多有志于投身教学的优秀教师加入教学为主型师资队伍,学校需加大对教学的支持和投入,整合各方资源,通过建立教学促进与发展中心、教师教学中心等组织,逐渐构建起教学研究与实践探索的平台以及有效提升教学质量的联动机制。与此同时,提高教学为主型岗位薪酬水平,完善教学为主型岗位薪资结构,教学型教职中教学能力突出且教学成就卓越的教师有机会获得和终身教授同等的薪酬,并享有同等的福利保障。构建主体多元、形式多样的教学荣誉体系,既有政府设立的教学类人才计划和奖励(国家"万人计划"教学名师、国家教学成果奖、省市级教学成果奖),也有各专业协会或其他社会组织设立的奖励,以及高校和院系设立的各种奖励,奖励形式既包括物质奖励,也包括声誉和社会地位等,充分发挥教学奖励的示范作用,在全校范围内营造支持和鼓励教学的文化和氛围。

参考文献

［1］ CLARK I, MORAN G, SKOLNIK M, TRICK D. Academic transformations: The forces reshaping higher education in Ontario[M]. Kingston, ON: McGill-Queen's University Press, 2009: 612 - 614.

［2］ Ontario Confederation of University Faculty Associations. Career Limiting Move? Teaching-only Positions in Ontario Universities[R]. OCUFA Policy Background Paper, 2008: 8 - 12.

［3］ HOFFMANN F, OREOPOULOS P. Professor Qualities and Student Achievement[J]. Review of Economics & Statistics, 2009, 91(1): 83 - 92.

［4］ PASCARELLA E T. How College Affects Students: Ten Directions for Future Research[J]. Journal of College Student Development, 2006, 47(5): 508 - 520.

［5］ GIBBS G, COFFEY M. The Impact Of Training Of University Teachers on their Teaching Skills, their Approach to Teaching and the Approach to Learning of their Students[J]. Active Learning in Higher Education the Journal of the Institute for Learning & Teaching, 2004, 5(1): 87 - 100.

［6］ DARROCH H T. Specialization, Status, and Stigma: Teaching-Stream Roles in Research-Intensive Institutions[J]. English Studies in Canada, 2017, (2): 40 - 43.

［7］ SIMMONDS A H, DICKS A P. Mentoring and professional identity formation for teaching stream faculty[J]. International Journal of Mentoring and Coaching in Education, 2018, 7(4): 282 - 295.

［8］ FIELD C C, JONES G A, KARRAM S G, KHOYETSYAN A. The "Other" University Teachers: Non-Full-Time Instructors at Ontario Universities[R]. Toronto: Higher Education Quality Council of Ontario, 2014.

［9］ Canadian Association of University Teachers. CAUT Almanac of postsecondary education in Canada: 2010 - 2011[R]. Ottawa, ON: Canadian Association of University Teachers, 2010.

［10］ CLARK I, MORAN G, SKOLNIK M, TRICK D. Academic transformations: The forces reshaping higher education in Ontario[M]. Kingston, ON: McGill-Queen's University Press, 2009: 612 - 614.

［11］［14］ VAJOCZKI S, FENTON N, MENARD K, POLLON D. Teaching-Stream Faculty in Ontario Universities[R]. Toronto: Higher Education Quality Council of Ontario, 2011: 20 - 46.

［12］ Faculty of Arts & Science Guidelines and Procedures for the Assessment of Teaching Stream Faculty (for Probationary, Continuing Status and Promotion Reviews)[EB/OL]. [2019 - 05 - 10]. https://www. aapm. utoronto. ca/wp-content/uploads/sites/129/2018/03/FAS-Divisional-Guidelines-Teaching-Stream. pdf.

［13］ U of T introduces new teaching stream professorial ranks[EB/OL]. [2019 - 05 - 10] https://www. utoronto. ca/news/u-t-introduces-new-teaching-stream-professorial-ranks.

［15］ 郑晓齐, 王绽蕊. 我国研究型大学基层学术组织的改革与发展研究[J]. 中国高教研究, 2009, (3): 51 - 54.

［16］ 庞海芍. 通识教育课程: 问题与对策[J]. 大学(研究版), 2011, (5): 15 - 22.

［17］ Collective Agreement bctween York University Faculty Association and York University Board of Governors(1 May 2015 - 30 April 2018)Tenure/Continuing Appointments and Promotion Documents for Faculty and Librarians and Archivists[EB/OL]. [2019 - 06 - 10]. https://www. yufa. ca/wp-content/uploads/2017/01/YUFA-Tenure-Promotion-Documents-2015-18. pdf.

Development Status，Evaluation Criteria and Realistic Revelation of Teaching-stream Faculty in Ontario，Canada

WANG Siyi，ZHAO Wenhua

Abstract：In recent years，under the pressure of expansion of student enrollment，strengthening of education accountability and reduction of financial aid，Ontario introduced teaching-stream faculty which is regarded as an important reform measure to improve the quality of education. Compared with traditional tenure-track faculty，teaching-stream faculty are mainly engaged in teaching and learning activities. Compared with part-time or sessional lecturers，teaching-stream faculty invest more in teaching and students，and their employment relationship with university is more stable. As a career development track parallel to the tenure-track position，the evaluation criteria of the teaching-stream position mainly focus on the faculty's contribution in the fields of teaching skills，teaching plans and curriculum development，teaching leadership and achievements. The introduction of teaching-stream faculty is an opportunity for universities to re-examine the relationship between teaching and research and explore how teaching missions and research missions can be mutually reinforced. In the current classification reforms of faculty's positions，Chinese universities can improve the recognition of teaching-oriented faculty and promote the professional development of them from the aspects of teaching mode and curriculum system，appointment and promotion evaluation system，promotion and cross-position channel，and teaching honor system.

Key words：Ontario；teaching-stream faculty；evaluation criteria；teaching quality；learning experience

（本文载《外国教育研究》2020 年第 2 期）

康奈尔大学教学评价体系探析

赵丽文

摘　要：教学评价是教学管理的重要手段，其根本目的在于以评促教。康奈尔大学对教学予以高度重视，发布了专门的教学评价手册来指导评价实践。本文介绍了康奈尔大学教学评价体系的内容及其特点，即多元评价主体，多维度、全过程评教及以学评教。康奈尔大学教学评价的经验对我国高校有一定的启示意义：一是高度重视评教工作；二是吸纳不同的参与主体；三是关注教学活动的全过程；四是转变评价模式，关注学生的成长进步。

关键词：康奈尔大学；教学评价；评价主体；评价标准；评价方式

　　良好的教学质量是培养高素质人才的关键，也是衡量高校水平的标准之一，如美国大学联合会常务副主席约翰·冯所言："一流大学就意味着其教育质量应该是世界顶级水平的。"[1]教学评价的根本目的在于以评促教，通过评价活动来促进师生沟通，这既为学生提供了向教师反映自身实际情况的途径，也有助于教师更好地了解学生的需求，实现信息对称，进而促进教学活动的改进与教学质量的提高。康奈尔大学是一所世界顶级的私立研究型大学，也是一所增地学院，它以提高州、国家和世界人民的生活质量作为自己的责任和使命，其创始人埃兹拉·康奈尔在创立这所大学时曾说，要"让任何人都能在这里学到想学的科目"。康奈尔大学作为研究型大学，其对教学十分重视，认为教学和科研并非相互竞争、此消彼长，而是一种统一与整合的关系。教师有教书育人的愿望，其在科研上也往往更具创造力[2]。为更好地开展评价实践，康奈尔大学发布了专门的教学评价手册。本文主要结合评价手册对康奈尔大学教学评价的内容加以介绍，在此基础上归纳其特点，以期对我国高校有所启示。

一、康奈尔大学教学评价体系的构成

（一）教学评价的组织架构

　　康奈尔大学没有统一的校级教学评价，只是为确保评教工作的统一而确立了校一级的

作者简介：赵丽文，上海交通大学高等教育研究院硕士研究生。

评价标准,其认为教学卓越是一个相对概念,因科目、课程设计和教师经验的不同而有所差异。教学评价工作在调查研究院的指导下进行,它是康奈尔大学提供全方位调查服务的研究机构,自 1996 年成立以来,为诸多学术机构、非营利组织、政府部门及企业提供了大量的调查研究、数据收集与分析等服务[3]。在调查研究院的协助之下,各院系结合学科、课程特征及实际需要自主设计问卷、开展教学评价[4]。各院系的院长或系主任要履行好教学评价工作保障者的角色,确保评价活动符合大学和院系的准则。

(二) 教学评价的内容与评价标准

康奈尔大学教学评价的内容主要包括 3 个方面:教学内容的专业性;教学设计技能;教学讲授技能。教学内容的专业性与教师的教育背景及研究专长密切相关;教学设计技能是教师进行课程设计、安排课程进度的必备技能,其中也包含设置考试和评价学生的能力;教学讲授技能包括教师与学生在课堂上的互动及其在日常会议、与学生交流时表现出的能力[5]。对应 3 个方面的评价内容,康奈尔大学从课程组织、课程内容、学生学习情况检测、课程目标、教学方法和课后作业 6 个方面设置了相应的评价标准,对教师的教学实践加以衡量。具体标准的设置如表 1 所示。

(三) 教学评价的主体及评价方式

康奈尔大学通过多元主体共同参与的方式来保障教学评价的全面、客观,其中最主要的

表 1　康奈尔大学教学与课程材料评价标准[6]

维度	评价标准
课程组织	• 课程目标与学院课程设置相符 • 课程目标明确 • 教学大纲中陈述了教学重点 • 课程大纲是否与课程概要相一致 • 课程概要是否有逻辑性 • 课程的难易程度适中 • 课程内容安排的时间充分 • 该课程能为其他课程做必要的准备 • 教学大纲中囊括了教学要求
课程内容	• 课程阅读清单中包括知名学者的作品 • 课程任务能够满足学生的需要 • 如果有实验,实验与课程相吻合 • 课程任务对学生来说具有一定的挑战性 • 课程内容是否与时俱进 • 教师在课程内容的时间安排上是否均等 • 是否有不一致的观点呈现 • 课程的深度和广度是否适中 • 教师是否对授课的重点有很好地掌握

维度	评价标准
学生学习情况检测	● 课程大纲中明确说明打分标准 ● 布置的课程任务能够反映课程目标 ● 考试内容能够较好地代表课程内容和课程目标 ● 考试的题目经过良好的设计和选择 ● 作业量与课程学分相一致 ● 考试是否与课程内容和目的相吻合 ● 测验的分数是否及时反馈 ● 学生能否理解评分标准 ● 试卷的问题很清晰 ● 对考试和课程任务能够及时反馈 ● 成绩评定公正合理 ● 试卷和论文及时反馈给学生 ● 给学生充足的时间来完成作业 ● 评分等级是否与课程水平相适应 ● 学生在更高阶的课程中表现如何 ● 学生在论文或作业中能否运用课程所学的内容 ● 家庭作业的总体质量如何
课程目标	● 是否清晰地将教学目标告知学生 ● 课程目标是否与学院的总体教学目标相一致 ● 该课程是否能为学生学习更高级别的课程做充分的准备
教学方法	● 教学形式(讲座、讨论、电影、实践等)是否与课程目标相适应 ● 教学进度是否合理 ● 学生是否运用图书馆资源来进行课程的学习 ● 一些多媒体技术是否有助于课程更好地开展
课后作业	● 作业是否对课堂讲解和课上讨论起到补充作用 ● 布置的任务是否反映了相应的课程目标 ● 布置的阅读书目是否与课程目标或学院教学目标相一致 ● 布置的任务是否与课程等级相适应

资料来源：https://www.cte.cornell.edu/.

评价主体是学生和同行，此外也包括教师和校友。不同评价主体的评价内容有所侧重。同行主要对教学内容的专业性做出评价，由学院内部或学院外部同行专家组成特设委员会对教学设计技能进行评价；学生则主要对教师的讲授技能和教学设计技能进行评价。

1. 同行评价

教学中的同行评价是由学科领域内、具备较高教学水平的教师或专家依据一定的标准来评定教师教学能力的一种评价方法[7]。在康奈尔大学，参与教学评价的同行包括院内和院外的本学科专家、学者，他们对被评价教师的授课内容、方法及专业性做出判断。同行评价主要以课堂观察的形式进行，分为 4 个步骤：观察前的会面、课堂观察与记录、观察后的沟通及书面报告的撰写，整个流程通常花费 2~3 个小时。观察员和教师会分别收到来自教学创新中心的表格，其明确双方在各环节的应尽事宜并予以引导[8][9]。在观察前的会面中，观察员与教师对教学材料及课堂教学情况展开讨论,教学材料包括教学大纲及与课程内容相关的材料,比如手册、课前小测验、当天需要提交的作业、教学笔记、PPT 等。在会面过程中,双方还围绕以下问题展开交流:①本课程涉及哪些学习成果;②课堂时间如何利用;③本堂课与整个课程的关系如何;④在上这堂课时学生要做哪些准备;⑤教师是否期待收到具体的反馈。在正式观察时,观察员要将观察到的具体内容记录在表格中,其所参照的核心标准主要有 9 项:①是否澄清课堂目的;②班级活动是否组织良好;③教师的教学是否涵盖课程的主要概念;④教学材料呈现的比例和涵盖范围是否合理;⑤是否创设了一个安全、尊敬且包容的课堂氛围;⑥对多样性的考虑,教师是否尊重学生的不同观点,是否通过多样化的教学方式来适应不同学生的学习风格;⑦教师是否对班级进行了有效的管理;⑧教师是否适度地平衡了抽象概念和具体概念;⑨是否有课堂评价,以及教师通过何种方式来征集反馈。在观察结束后,观察员和教师针对课堂的评价情况展开交流,根据课堂上发生的事情展开讨论,同时制订目标与教学发展计划。此外,观察员还要就本次课堂观察撰写一份书面报告,其核心内容包括:观察前的记录、课堂观察笔记、观察后的会议记录[10]。

2. 学生评价

学生评价可以帮助教师了解学生在学习过程中所遇到的问题,为教师完善课程设计提供良好思路。在康奈尔大学,除了学期末开展的教学评价以外,教师也可以在学期中收集评价信息,或者通过课堂评价及时快速、便捷地获悉学生的学习情况。学生评价有 6 项核心标准:①教师为课程做了充分的准备;②教师具备深厚的专业知识;③教师很好地讲授其课程;④教师激发了学生对课程学习的兴趣;⑤教师对学生表现出良好的态度;⑥教师在教学时表现出热情。教师通过线上或课堂发放问郑等形式来收集信息。学期中的学生评价通常在开学后的第 6 周左右,其主要目的在于帮助教师了解学生有效学习的教学要素,它既可以是一份较长的调查问卷,也可仅由一两个问题组成。康奈尔大学通常会提供一份模板供教师参考,其中既有根据五点式量表打分的封闭式题项,也有根据学生主观认知来加以阐述的开放式题项。课堂评价是一种快速收集信息的方法,它只需要学生花几分钟的时间对收到的问题进行匿名回答,常见的问题有:①今天讲座的主要内容是什么;②你是否还有问题要询问;③对于讲座还有何不理解。期末学生评价通常涉及两个方面:一方面与学习目标相关,如上了这门课的学习,我对某问题的了解有所增加;另一方面与具体行为相关,如参加了这门课,我对该领域更感兴趣了,或者认为教师对课程的组织很棒[11]。

3. 校友评价与教师自评

除了同行评价和学生评价,康奈尔大学还会邀请有一两年工作经验的校友从实际应用的角度来评价。校友问卷中的问题主要是关于学生在校期间课程学习的整体情况,不会调查学生在某门课程中的具体表现。校友评价的劣势在于问卷的回收率很低。

教师不仅是被评价对象,也是评价主体之一。在教学发展方面,通过学生问卷等方式得到的数据并不能展示出教师个人的教学经验。教师对自身教学实践的反思性陈述能够以不同于同行和学生的视角向人们展示教学全貌。此外,教师以文字的形式记录下自己的教学经验和授课情况,也有利于其自身教学技能的提升[12]。

(四) 教学评价分数的权重分布

要在学院内建立一套评价标准,还需对各评价数据来源进行赋权,这一工作通常由学院常设委员会负责。不同评教信息来源占总分的权重如表2所示,可以看到,同行评价共占据了60%的权重。其中,又为"教学实践的改进"赋予了20%的权重,在单一维度中占据主导地位。此外,学生评价和教师自我评价分别占30%和10%的权重,而校友评价的结果不纳入总体得分。

表2　教学评价中不同信息来源所占权重[13]

评教信息来源	占总评价的百分比(%)
学生对课堂活动的评价	30
同行对课堂设计的评价	20
条理性、组织性	5
目标	5
教学材料	5
评估方法	5
同行对教学质量的评价	30
学术的广度	5
教学投入程度	5
教学实践的改进	20
同行对学生成就的评价	10
教师对教学有效性和进步的自评	10

资料来源:https://www.cte.cornell.edu/documents/Teaching-%20Evaluation%.

二、康奈尔大学教学评价体系的特点

(一) 多元主体评教

评价主体是教学评价的重要组成部分。在康奈尔大学教学评价实践中,积极吸纳同行、学生、校友及教师自身等不同主体的观点,能够更好地保障教学评价的客观性。各主体在评价实践中都发挥着独特的作用。同行专家具备对教师授课情况做出判断的专业能力,他们能够判断教师授课内容及教学设计的专业性,有资格参与决定应该开设哪些科目[14];学生作为教学活动的接受者,他们对教师教学有着直接的体验,能够根据自己的学习经历和收获对教师的教学做出直接而真实的评价;已经走向工作岗位的校友,能够反馈其在校期间学习成果得到应用的情况,进而反映出学校的教学质量;教师作为教学活动的主体,对教学活动有着丰富且细腻的感知,其自我反思性陈述能够生动、真切地展现教学实践的原貌。

（二）多维度、全过程评教

康奈尔大学的教学评价还体现出多维度与全过程的特征。多维度教学评价一方面体现在评价内容上，其不仅关注教师的教学技能，还关注课程内容的专业性与教学设计技巧；另一方面通过收集各类材料对教学情况加以考察，包括课程大纲、同行观察材料、教学录像、学生打分、学生的学习成果、结构化访谈等，在综合考察各类材料的基础上对教师的教学做出评价。康奈尔大学的教学评价不仅重视教师的教学结果，也重视教学过程；不仅考察教师的课堂表现，也关注他们在课前的准备及课后对学生的辅导。同时，教学评价贯穿课程始终，教师可以实时邀请学生进行课程评价，也可以在学期中向学生发放问卷，了解学生的学习情况，及时对教学计划进行调整。在学期结束后，学校还会再次开展学生评价，通过封闭式题项和开放式题项相结合的方式来了解学生对教师教学的评价。

（三）以学评教

美国大学普遍持有一种教学评价观，即只有通过课程学习，学生在多方面取得明显进步，才能判定其教师的教学是成功的[15]。康奈尔大学教学评价设计也体现出这种以学评教的理念，即评价不仅关注教师的教学能力、在教学过程中对学生的帮助与关心，而且通过了解学生在各方面的进步来衡量教师教学的有效性。比如，有关学科知识理解和掌握的问题：(1)你是否学习并理解了本课程的主要内容；(2)通过本门课程学习，你的学科知识是否增加了很多。涉及课程学习态度和兴趣的问题有：(1)你认为这门课在智力开发上有没有挑战；(2)教师的反馈能否激发你进一步探究学科知识的兴趣[16]。从评价问题中可以看出，康奈尔大学十分重视学生的课程收获和学习情感反应。

三、康奈尔大学教学评价体系的启示

结合我国高校教学评价的实际及康奈尔大学教学评价的特点，本文提出以下几点建议。

（一）高度重视评价工作

教学评价的根本目的在于以评促教。当前，从我国高校开展教学评价的实际来看，高校自己开展的评价过于"软性"、浮于形式；在官方开展的自上而下的评价中，高校往往忙于应付上级的检查，而背离了教学评价工作的初衷。归根结底，提升教学质量是高校自身的责任，学校要建立完善的教学质量监督与管理体系。学校领导和任课教师有必要在理念上对教学评价工作予以高度重视，不应该为了评价而评价，而应当将其视为以评促改、以评促建的重要方式。要有效提升大学的教学水平，使其切实履行好教学职能。

（二）积极吸纳不同参与主体

教学是一项复杂的、涉及多个主体并受多种因素制约的活动,因此不存在一个绝对的评价主体和一种万能的评价方式。第四代评价理论也提出了多元主体共同参与的主张,即要为不同利益相关者提供机会以表达各自意见[17]。当前,我国部分高校教学评价的主体较为单一,校友评价更是少见,但各主体在教学评价中均有其不可替代的优势。根据康奈尔大学的教学评价经验,我国高校要积极吸纳同行、学生、校友、教师自身等参与到评价实践中,根据评价主体的不同特征采用不同的评价方式,以实现评价主体的优势互补,使评价更为全面、有效。

（三）关注教学活动的全过程

首先,教学不只是讲授,它还包括启发和友爱等方面[18]。教学评价并非只对课堂教学进行评价,它涉及整个教学过程。没有课前的精心准备与课后的辅导讨论,仅靠课堂上的讲授是难以取得良好教学效果的。因此,教学评价不仅要关注教师的课堂教学,也要涉及其课前和课后的表现,以全面反映教学的真实情况。

其次,教学评价也不是在学期结束后才进行的,它应当贯穿教学的全过程。借鉴康奈尔大学的做法,国内高校教师也可以尝试在平时测验后或学期中请学生对自己的教学进行评价,这将有利于教师及时了解学生的学习情况,进而调整和改善自己的教学内容设计与方法。

（四）转变评价模式,关注学生的成长进步

以教为中心的评价模式,更关注教师的教学方法和教学技能,因而忽视对学生学习情况的考察;在以学为中心的评价模式中,评价则更多围绕学生的学习效果进行。目前,国内高校多通过课业分数、毕业率等量化指标来评价学生的学习成果,未对学生的学习与成长做深入了解,进而制约着教学质量的全面提升[19]。康奈尔大学教学评价所体现出的以学评教理念值得我国大学借鉴,即在设计教学评价时,不仅考虑教师的教学表现,更关注学生这一知识接收者和教学受益者的进步与变化,实现评价模式从教到学的转变。

参考文献

［1］王晓阳,刘宝存,李婧.世界一流大学的定义、评价与研究——美国大学联合会常务副主席约翰·冯访谈录[J].比较教育研究,2010(1):13.

［2］［5］［6］［12］［13］［16］Cornell University. Teaching E-valuation Handbook [EB/OL]. https://www.cte.cornell.edu/documents/Teaching%20Evaluation%20Handbook.pdf,2018-05.

［3］Cornell University. About Us [EB/OL]. https://www.sri.cornell.edu/sri/aboutus.cfm,2018-05.

［4］李虔,阮守华.康奈尔大学教学评估体系的内容及特点[J].大学(研究版),2010(4):65-71.

［7］周玉容,沈红.大学教学同行评价:优势、困境与出路[J].复旦教育论坛,2015(3):47-52.

［8］ Cornell University. Peer Review of Teaching-Observer Form ［EB/OL］. https：//www. cte. cornell. edu/documents/Peer%20Review%20of%20Teaching%20-%20Observer%20Form. pdf，2018 - 06.

［9］ Cornell University. Peer Review of Teaching-Instructor Form ［EB/OL］. h ttps：//www. cte. cornell. edu/documents/Peer%20Review%20of%20Teaching%20-%20Instructor%20Form. pdf，2018 - 06.

［10］ Cornell University. Peer Review of Teaching ［EB/OL］. https：//www. cte. cornell. edu/resources/ documenting-teaching/peer-review-of-teaching/index. html，2018 - 07.

［11］ Cornell University. Student Evaluations ［OB/EL］. https：//www. cte. cornell. edu/teaching-ideas/ designing-your-course/student-evaluations. html，2018 - 07.

［14］ ［18］约翰·S. 布鲁贝克. 高等教育哲学［M］. 王承绪，等译. 杭州：浙江教育出版社，1987：31 - 32,102.

［15］蔡敏. 美国著名大学教学评价的内容特征［J］. 外国教育研究，2006(6)：25 - 28.

［17］ Heap J L. Constructionism in the rhetoric and practice of fourth generation evaluation ［J］. Evaluation & Program Planning，1995(1)：59.

［19］贾莉莉. 一流本科教学内部质量保障的长效机制探析——以卡耐基·梅隆大学为例［J］. 现代教育管理，2017(8)：77 - 82.

Analysis of Teaching Evaluation System in Cornell University

ZHAO Liwen

Abstract：Teaching evaluation is an important means of teaching management. Cornell university attaches great importance to teaching and has issued a special teaching evaluation manual to guide the practice of evaluation. This paper sorts out the contents and components of the teaching evaluation system of Cornell University，and summarizes its characteristics，that is to say，multiple evaluation subjects，multidimensional，whole-process evaluation of teaching and learning evaluation of teaching. The experience of teaching evaluation in Cornell University has certain enlightenment：the first is attach great importance to the evaluation of education；the second is absorb different participants；the third is pay attention to the whole process of teaching activities；the fourth is to change the evaluation model and pay attention to students' growth and progress.

Key words：Cornell University；teaching evaluation；evaluation subject；evaluation criteria；evaluation method

（本文原载《现代教育科学》2020 年第 1 期）